行
李
TravellingWith

沿路行走，直到自己变成道路。

行李
**TravellingWith**
01

# 寻隐记

黄菊——主编

人民文学出版社
PEOPLE'S LITERATURE PUBLISHING HOUSE

# 序

## 人生本来应该的样子

来谈谈人生吧。

谈人生这件事，虽然被王朔先生戏谑着调侃过以后很多人有了忌讳，其实还是时不时应该谈一谈的。事实上这是少数几个我们每个人都该认真面对的话题。对于只活一次的人生，全然依着惯性而活，希望凭着临场应变的本事而一世顺风顺水，似乎也有点过于托大了。

生而为人，我们天生被赋予了一些资产，也天然带着一些负担。我们的身体是与世界交互的操作界面，我们的生命意味着我们拥有可支配的时间。这两项是资产。然而吊诡的是，我们的资产同时也是我们的负担——让自己的身体存续，争取更多可支配时间，是我们命中注定要一辈子操心的事。另外，因为这副身躯天然就要占据一个物理空间，为身躯争取一个合法的安顿空间也是一个贯穿始终的任务。也就是说，我们以自己的智力和体力，再投入时间这个不可再生的消耗品，首先要完成的任务就是保卫自己。这件事让我们一辈子忙个不停。

以前在一个人的人生长度中，遇到战争、饥荒、皇朝更迭级别的动荡是大概率事件，死在床上是要付出很多努力且必须配合运气才能得到的善终。几千年的文明史一路走下来，好年景真没多少，忙忙碌碌的人生尽投入在一些基本需求上，一路战战兢兢依然朝不保夕，连皇上都没几个是活得安稳的。现在这样的和平富足，赶上的都是中了大奖的，无非是我们四下打量好几十亿都

1

是中大奖的就觉得这也太不稀罕了，都不当回事。其实我们有一个算一个，全是几千年险恶世道的幸存者，那些祖上稍稍不小心或者稍稍不走运的，后来再没机会跟我们一起吃饭聊天打豆豆。我们都是好不容易熬出来的，值得相遇的时候相互认真击个掌。这当然是非常值得珍惜的。

珍惜，好像是谁都明白的道理，好像也是每个人都自觉在做的事。然而这里还是很有些讲究的。仅凭直觉行事的话，主宰我们的是动物性本能也就是生存本能，从蝼蚁到智人莫不如此。我们会如此擅长趋利避害，便因为本能不需思索，如同膝跳反应般不由自主发生。对于漫长历史中的大部分人而言，这也就够用了。人类中超越了基本生存的忙碌，把焦虑驱动的人生转为梦想驱动的，只是些幸运的少数而已。

人生的驱动方式不同，表现出来的生活形态会有微妙不同，哪怕表面上看起来差不多。就好比是公派还是自带干粮去的西藏。如果你跟拉萨仓姑寺的拉漂们一起混过，或者读过这本《寻隐记》，你会知道我在说什么。都是珍惜生命，都害怕虚掷，有人选择大家都在一起走的安全的路，努力在这条路上走得长远；但也有人不惜放手一博，活成"任他一生北风紧，我自临风鸣素琴"的模样。少有人走的路难免让人忐忑，也不一定能走通，但是如果认真思考过，会明白其实人生并不是一个在终点决胜负的游戏，一路的风景才要紧。人生本来就是一场不太靠谱、没有太多规律但挺有意思的游戏，当成一定要做什么一定要怎么样一定要为谁而活的负担，太可惜了。

有人认为把人生当成游戏是个很要不得的态度，似乎不按照他们规定的方式活就是不认真严肃的态度，因而是虚掷了人生，因而不值得。这里面一定是有一些误解的。按照自己喜欢的方式活，在我看来不可能会有比这个更加负责任的人生态度了。有些人只看到表面上的轻描淡写,觉察不到那种人生背后的刻骨铭心。

这就是思考人生的重要性所在了。每个人似乎都有自由意志,都有选择人生道路的权利和机会,但凭着本能随着大队人马向前走,其实只是在给定的有限选项中挑选。真的思考过的人,才有机会明白自由真正的意味是什么。

随着自己的心意活着,一辈子做着自己喜欢和热爱的事,是上天的宠爱。这个道理很简单,大家也都懂,能做到的却永远只是少数人。我猜想之所以会这么不容易,是因为能在人生中找到自己真正热爱的人太少了。很多人都表示自己还是有梦想的,只因为要顾忌的事情太多,所以难免畏首畏尾。这当然是能够被理解的,但这也当然说明了这样的梦想并未倾注足够的爱。足够的爱,不问值不值得。这也是为什么说有资格追逐梦想的人不过寥寥。

在《寻隐记》中娓娓道来的众人,星星点点四散各地,活在自己选择的人生中,给世界带来了光,让人看到希望,看到梦想的力量。看过这么多隐仙的人生故事,重新审视一下自己,才是这些文字最大的贡献。我们这些凡人,能有人时不时来提醒一下自己,是好事。

生命太短暂了,不该苟且活着。

许嵩

有陶渊明，

才有桃花源

桃花源常有

而陶渊明不常有,

你也会发现自己的桃花源,

只是你去不去做这个陶渊明而已。

# 目 录

寻隐记

张小砚

原想去蜀中寻找暗器唐门，却遭遇汶川大地震，于是召集志愿者进山赈灾，在汶川建起七所帐篷学校和一所幼儿园。一年后，重返汶川回访帐篷学校，却因山石砸毁彻底关大桥而断退路，索性直接向西，一路信马由缰逛到拉萨，身无分文，又一路跟藏民赌台球混回成都，后来写下著名的《走吧，张小砚》一书，记下这颠沛流离、跌宕起伏的旅途。她的游记在天涯社区上点击量超两千万，成为一代天涯神贴。集结成书后，又迅速占领各大畅销书榜单，成为许多人走上公路的起点。

　　爆红之际，她却匿迹隐居乡野，在家乡彭泽种稻酿酒，以酒换故事，读书写作，自得其乐。出名而不消费名气，热闹之际转身选择寂静。

　　张小砚是当下无数人有序生活方式的一种另类样本。

[黄菊　2016 年夏天采访]

1.

行李　你现在在哪里呢？我在家里，孩子睡了，院子里很安静，听左叔（左
小祖咒）的歌，一边看你的文章。也描述下你现在的背景吧？

张小砚　刚从庐山秀峰下来，跟一客栈老板兼厨子，名叫老万的家伙喝
酒，此人喜欢写诗，嗜酒如命，又靠练武续命，刚还给我表演了
一下，将筷子戳在咽喉，一掌拍断。此刻回到碧龙潭边，山里落
雨了，混着溪流的声音好像万马奔腾，真想高歌一曲《满江红》。

行李　真想前往。

张小砚　来嘛，英雄！

行李　刚刚看到消息，说左叔要把你的《走吧，张小砚》拍成电影了，真是惊喜，
你们俩怎么开始合作的？

张小砚　早年看贾樟柯的电影，许多都是左叔作曲，非常棒。四年前，我

曾自己筹拍这部电影，想筹够资金，要找左叔来为电影做音乐。那年旅行，一个人骑车在茫茫藏北草原，摩托音箱放的就是左叔的《乌兰巴托的夜》，草原荒芜，大风卷白云，那时的心境和音乐都难以忘怀。很想他为我的电影作曲，可是没筹到足够的资金，这事就搁浅了。

去年平安夜，忽然收到左叔发的一封私信，说他看了我的书，想将它拍成电影。很惊喜，跟他说起四年前的愿望，没想到四年后竟然有这样的机缘，左叔要亲自筹备将这本书拍成电影。

行李　这么有缘！那时有怀疑是他人冒名的么？

张小砚　咦？根本没想到这个吧。他忽然从人海中发来讯息，我觉得很开心，啊呀，这么巧，你也喜欢这本书啊！

行李　你说希望在电影里扮演一个路人，看看当时的自己。忽然想到，我们自己其实是自己最长久的看客。

张小砚　对呀，正是如此。现在的我，和数年前的我相遇；现实中的我，和电影中的我擦肩而过。就像时光倒流，站在岸边看到过往的自己走在曾经的路上，嗯，我想跟电影里的砚台（张小砚自称"砚台"）说句话，说什么我还没想好。大概想告诉她，我来自未来，会在未来等她喝酒。这话来自一个读者发的帖子。他看了我的书，带书沿当年的路也走了一遍，去拜访书中出现的人物，找他们喝酒。也在天涯发了行走的帖子，帖子标题好像叫《和张小砚一起走川藏》。看了有所感怀，在帖上和他交流过。

我写给他的：

刀客：我一直在看，只是不知道说什么好。你在我的生活之外，我同样不在你的路尽头。走在同一条路上的人，不是在一起的人，我们只是彼此的围观群众。任何路上，自己才是自己最重要的陪伴。你现在走的这条路，将来你一定会怀念。怀念一面之交的朋友，还有高原上的艳阳，和风，还有和你一起走过的人，这些组成一段你的青春记忆。然后，所有的都会过去，新的路又在前方。加油，刀客！

刀客回复：

小砚，一起加油！所有的语言加在一起，也比不上脚下走过的路和脚底的记忆来得真实。小砚，你没有在我的生活之外，虽然我仍然在你的生活之外。那里也许有一个人和一条路，两个人和一条路，无数人和一条路，生活却只能向前，隔离我们的不是距离，只是时间。我如何能撕破眼前的时间，去看到一年前这条路上的那个你？

我一直在想，生活如果真的是随意和偶然，那么为什么遇到你的那种偶然却从来不向我敞开？我和你，难道真的只能是走着同一条路，却相隔一光年？祝英台一定爱不上我，因为我不属于从前，但是就在同一个地球上，同一个时空里，就在此时，我知道你，你知道我，为什么我和你只能是相互围观？

我想回到那棵花树前，就在你的那个时间。我曾经以为自己就是你面前的那棵树，你对我微笑的时候我却恰好睡着了，我醒的时候，你已经走了，不再回来。

你仔细想想，去年在理塘的时候，你看到一个陌生人和你招了一次手，其实那就是我，那个我来自于未来，也就是现在。最爱你的人一定在未来，你遇到的时候，请不要把他当成陌生人，不要像当初对我那样。

行李　所以说，任何人都不是孤单地走在路上，没有独行者，就像小砚你今天所见的庐山瀑布，和李白曾经所见的一样。

张小砚　是呀，一直觉得人和人之间的交会，比风景更动人。这种感觉非常奇妙，让人觉得时空辽阔，却又很近。今晚在秀峰喝酒，不远处就是"飞流直下三千尺"的那条瀑布，天青水白，如银河倒泻，这样的风景李白曾经看过，一千二百年后，我和老万同看，念起李白写下的诗句。

后来刀客在折多山遇见另一位我的读者，那位姑娘也是看了我的书上路，两人遂结伴同行，如此结下姻缘，结婚时还邀请我参加婚礼，我送了一坛自己亲手酿的酒祝贺。最近听说有了小宝宝，多好的事啊！这样的相遇，胜过世上无数风景啊。

行李　无数人因为同样的志趣和喜好结成姻缘，没想到你也成了这样的媒介。

张小砚　读者里因为这本书结婚的，仅我晓得的大概有几十对吧，简直比婚介所都靠谱。嘿嘿，这大概也算积德哇？老天对我应该温柔点不？

行李　你自己的姻缘呢？

张小砚　这个……一只男人有时候对我来说太少，有时候，对我来说又太多了。我不想成为任何人的妻子，我只喜欢我是我自己的。

# 2.

行李　你文章里所记多是人事，有没有那种大段大段旅途没有同行者，只有风景同行的时候？

张小砚　有啊，在我眼里风景很多时候不是美和丑，而是那时候身处其中的感受。

行李　有特别偏爱的某种风景吗？

张小砚　如果是行走，那四处的风景都不妨看看。倘若选择生活之地，喜欢有水的地方，但不喜欢大湖大海，喜欢泉和溪流，静谧之中有流动。我此刻在庐山，挺喜欢这里的风景，古树、村庄、巨石、溪流。可惜没有稻田。没有稻田，缺少人家生活的光景。我是在南方的村庄长大，种稻米的地方。这样的风土，不是去论美和不美，而是我熟悉的生活背景。

行李　大理有稻田。

张小砚　对，我看到洱海上的那个半岛，叫海舌，竟然有一大片稻田呢。对了，想去海舌的稻田间酿几缸酒来喝，用苍山的泉、洱海的田，哎呀，这酒就叫"沧海一声笑"吧。

行李　庐山呢？

张小砚　庐山虽离我家很近，但从没有游览整个庐山，偶尔来玩，也只是见见朋友，喝酒谈白。今晚是去拜访一位朋友的朋友，传说他很有趣。回来路上还遇到一条大蛇，我礼让一边，拱手请它先行。它好胖啊，爬坡几次滚落下来，摔得灰头土尾。不过，我没帮忙搀扶，怕它讹老子，哈哈。

行李　传说中的朋友就是刚才那个拿筷子戳咽喉的落魄文人？

张小砚　他是模样落魄，可能是没洗头发的缘故？嘿嘿。老万之前在白鹿洞书院做了十年客栈，另寻了秀峰这里一栋小楼，才开始装修。

行李　竟然在白鹿洞书院做客栈。

张小砚　是呀，我也惊讶，怎么可以在这么古老的书院里做客栈，还开小饭馆，搞得烟火缭绕，朱熹肯定很不高兴，要从坟墓里爬出来破口大骂。不过老万的客栈价格便宜，干净温馨，是实用型的，而非价格高端、讲故事谈情怀那一路的民宿。我通常喜欢住老万这样的客栈，老板有趣。许多民宿做得精致无人气，漂亮而虚假。

行李　老万是什么人？

张小砚　刚好写了一段老万，今天的笔记小文。摘几段给你看看吧：

老万哪里人没有问过。一面之缘，共过一顿酒饭，是朋友的朋友。朋友与之初见，在白鹿洞书院。见其独坐檐下，一壶一杯自酌自饮，手持一卷旧书，乃是《古文观止》。觉得此人不俗，上前搭讪，言辞交谈颇有古风。正谈得兴起，却有人过来呼喝："老万，炒菜！"

老万在庐山白鹿洞书院待了十年，经营延宾馆，兼白鹿餐厅厨子。十年间写了千余首旧体诗词，是只卓尔不群的厨子，诗词与厨艺并佳。

今年在"飞流直下三千尺"那条瀑布旁租了栋小楼做客栈，能听见水拍云崖之声。小楼上下两层，共十四间，灰砖圆柱，青石门廊，颇有民国老建筑韵致，叫松雪楼。门前有数株巨大松树，苍虬古劲，树下有溪流一路跌宕，撞击涧石纷飞如雪。隔溪便是深山密林，葱郁如黛同山色一体。

傍晚上山，专赴老万饭局。所处秀峰景区内，车不准入，细雨纷飞中步行上山。一路古木森然，溪流泉鸣。不远处瀑布声万马奔腾，如天上之水，倾泻百丈。再走，山林愈深，云气润泽，偶有几栋民国老建筑，掩映云雨之中。老万的松雪楼更在云深处。

老万正在檐下炒菜，也是烟气缠绕。一套简易煤气灶、一套简易桌椅，安置门廊下，便是厨房兼厅。约莫四五十岁年纪，身量瘦小，披了件大号灰色旧西装，人仿佛随时会漏出，袖子撸至肘部，正在做笋干五花肉，头发有点长，油腻腻耷在眼眉，浑身散发出油盐酱醋的味道，非常复杂。

菜上来，因朋友曾介绍我是酿酒人，老万邀我去看他的藏酒。杂物间乌漆麻黑，没有电灯，我用手机照明，板架上搁着大大小小许多坛，青花瓷、黑釉罐、玻璃罐……形制不一。老万会根据天气和身体状况决定临幸哪一坛。一一介绍之，从中抱出一只精致青花瓷坛，说，今晚就喝它吧，因为落雨。

席间不知为何谈起武术，老万教打坐行气，据说可打通任督二脉。我听得懵懂，老万见我神态似有不以为然，便拿起木筷，顶住咽喉，着手一拍，啪嚓断成两截，力度仍然不减，直没夜色。我拍桌激赞，非为惊叹好功夫，实为此举可爱。

行李　看你文章时，因为极为流畅、风趣，常常想起"思维的瀑布"一词，有没有思维处于空白，什么都不想的时候？

张小砚　倒是常常处于空白。并非到一处就想，我要写点什么。有时兴之所至，会做些笔记。很多时候，思维的乐趣只能一个人独享，偶有能和朋友交流的，很少的部分能写出来与陌生人共享。我近年来写文章有些顾虑，顶讨厌教别人怎么活甚至如何感知的文章，也不喜欢写评论或者评判别人的事。我对他人的存在和生活，有敬畏之心。每个人的人生都是深海。

行李　你写字时，会有一个假设的写作对象么？那个对象也许不是真实存在，但就是有一个东西，你觉得自己在和他讲。

张小砚　我只对一个人说。文章从来都不应该对大众说的，应该私密。我是说在写作的时候，应该像怀揣宝藏，只对一人微微吐露，还要胆战心惊，带着怕被出卖而砍头的心情。

行李　你的那个人是虚拟存在还是现实存在？

张小砚　虚拟，有时甚至都不是人类。其实就是内心虚拟一个可以呼应对照的对象。

行李　会有很多事情，觉得要写出来后，那件事才算过去了吗？

张小砚　村上春树说，写作是为了把那些在生活中磨损的自尊找回来，浮于纸上，令精神重新获得自由感。大概如此，原话我不记得了。他那么有名，大概是对的呀？

　　但我写文章是为了卖钱生活，不为疗治心疾，写的时候固然有乐趣，但更多还是将之看作一门手艺吧，就像我隔壁的胡木匠，做工的时候勤勤勉勉，如同做最后一件木工活一样，做好卖掉，他也高高兴兴，没有不舍得。

行李　可能一切写作都是滞后的，都是过去时。当你描述出来时，你所描述的对象已经过去。尤其是旅行。

张小砚　是呀。生活是正着来活，却是倒着来理解的。前几天看到一篇文章，三岛由纪夫说"如今我已经快到四十岁，到了可以书写青春的年纪"。从这种角度来说，许多情绪和理解，是要过了那个时刻才能写得出来吧。汪曾祺写《受戒》，杜拉斯写《情人》，也都是晚年。也许老了才能写出那时候的青春，爱情。岁月自会过滤掉许多不重要的东西。

行李　今天看你的《云水僧》，竟然看哭了，大概也是因为今天写来才可以是这样的情绪。

张小砚　《云水僧》这篇文章很久以前就想写，但也是到三十多岁以后才能写出十五六岁的情怀。如果是二十岁的时候写，也许会有许多怨艾。"中年心事浓如酒，少女情怀总是诗"，文中怀念与豁达并存的幽微心境，必得经历时间才能滤得。

行李　会有云水僧的故事，是因为当初你拿到船票就去了杭州，那时为什么决定去杭州？

张小砚　杭州有中国美院呀，学画的地方。北方也有美院，但我是南方人，不惯北地生活。小时候跟兄长一起学习绘画来着。

行李　难不成你来重庆也是因为有个美院？

张小砚　重庆是工作，还有火锅。还可以印证一下我读过的书里的风景人事。看过许多写重庆的书，袍哥文化那些。后来去四川生活，想寻找武侠小说里的蜀中唐门，然而遇见了汶川大地震。行走中重要的体验，是将思维的记忆变成身体的记忆。

行李　现在不时还画吗？

张小砚　很多年不画了。做艺术家容易饿死。真的，我好多画画的朋友都失联了，估计，都饿死了吧，嘿嘿。

行李　杭州山水那样温柔，和重庆差别这么大，你都喜欢么？

张小砚　都喜欢呀，各有其美。重庆是座山城，高高低低，人家依山傍江，虽是座现代化的城市，却总给我感觉像个山寨。冬天常有人用背篓背梅花来卖，下着雪，走在高高低低的巷道之间，有种惘惘然的陪都时代气氛。坐在江边吊脚楼上吃毛血旺，又有一种荡气回肠的美。因为待会儿鬼子的轰炸机就要来了，恐怕要死于毛血旺跟前变成一堆毛血旺。

　　杭州的西湖边有许多高大的玉兰，春天别的树还没萌发，它就开花了，美得气势磅礴。秋天的满觉陇，漫山都是桂花，家家门前也种，在桂花树下炒桂花糖炒栗子卖。还有桂花莲子羹、桂花糖。这样和节令一起的吃食，总是让人觉得生机勃勃。我喜欢人家家里做的，仿佛很业余的样子，平时也不靠着这个生活，挑这家吃吃，那家尝尝，特别有一种人情热络的感受。

# 3.

行李　你现在和妈妈一起住？

张小砚　是呀。以前在城市打工，生活很颠沛，妈妈跟着我也很不安定。自川藏旅行回来，就陪妈妈回到乡下生活了。

行李　你妈妈多美呀，像桃花一样。

张小砚　是呀！有时候看着妈妈，想到妈妈也曾经是女孩子家，一路走来历经多少艰辛啊，好舍不得嘛。贫家长女，从小就非常辛苦忍让，后来嫁人，上奉公婆，下顾子女，田地里活又重，一生不知吃多少辛苦委屈。如果有时间隧道，我真想穿越回去，给少女时代的妈妈送去猪肉和花裙子，告诉她，我是她未来的女儿，我会在未来给她好生活，叫她不要害怕人生。

行李　你哥哥现在不知道在哪里？看你文章里所写，真是温柔的人呀。

张小砚　他其实是个浪子，从小做过的坏事罄竹难书，偶露温柔好像又让人挺感动的。现在在缅甸什么地方，前阵在网上看了张图片，很美，他决定亲身前往看看。一个有许多许多佛塔的地方。

行李　你妈妈为你们俩头疼不少吧？

张小砚　是啊，妈妈总是为我们操心。但是这些年来，她逐渐信任我们，也只能信任，不然呢？嘿嘿。

行李　妈妈看你的书吗？

张小砚　不怎么看，字太多，她说。每出一本书，我都一本正经地献给她，她会摸摸书皮，看看装帧，然后收起来，就像我买给她的那些首饰一样，珍藏。我们不谈写什么内容。村里人好奇我们靠什么为生，又不出去打工。我妈说不要跟别人说你写书卖，人家会以为我们很有钱。哈哈，我妈妈真是太有生活智慧了！

行李　妈妈喝酒吗？

张小砚　喝呀，偶尔会小酌一杯。拿到版税，我俩会穿上最好的衣服，我要戴上手表，妈妈要戴上金项链，然后我们搭车去县里的龙城大酒店吃饭，嗯，我们这里最豪华的饭店。虽然那里的菜超级难吃，每次吃完都想把那只蹩脚的厨子摁到潲水桶里呛死，但生活中的仪式感非常重要，下次还是要去的。

行李　你平日怎么喝酒法？

张小砚　有高兴的事，就会跟妈妈说今晚一起喝一杯。出新书了，拿到稿费了，或种的花开了……反正生活中许多事情都值得庆祝。当然也有不开心的时候，那更要喝一点，压压惊嘛。

　　　我喝酒很慢，被人戏称"舔酒派"，因为酒量不大，所以要慢慢啜饮，好像迄今从未醉酒过。有次跟一群藏人喝酒，从太阳

13

落山喝到月亮起山，最后他们全倒下，我面前一杯酒还没舔完。望着那群醉汉，心满意足，露出谜之微笑。从此获得"舔酒派"称号。

有时夜里写字，倒一杯酒，边写边喝，写完最后一句，将杯中酒一口喝干。这样感觉很快乐，打完收工，平心静气。

喝酒这种事，我只跟喜欢的人喝，配得上的人喝，我自己当然配得上跟自己喝酒，嘿嘿。或者说，我很珍惜喝酒这样的时刻，非常享受，从不应酬。

行李　一般喝什么酒呢？

张小砚　我不喝那些商品白酒，勾兑的酒，香精味太浓，那是一种模仿酒的味道的化学试剂。我只喝自己酿的米酒，只用糯米、酒曲、泉水三种原料，非常纯粹，手工蒸馏，出锅时掐头去尾，只取中间一段原浆，大概 51 ～ 52 度，热酒入坛立即封存，到第二年才拿出来喝。酿酒工艺并不复杂，只要老老实实地酿出来的原浆米酒就是极好的酒了。

一亩糯稻只产五六百斤稻谷，一百斤稻谷能碾出六十来斤米，一百斤米能出四十斤酒就算不错了。你算算，一亩田，忙活一年光景，也只得一百多斤酒呀。市场上那么多自称原浆的酒哪里来的啊？细思极恐。

行李　你现在自己酿酒的情况是怎样的？

张小砚　2011 年开始学种稻子，再跟几位师傅学做酒曲，学酿酒，现在手法都自从一派了都。老师傅们酿一辈子酒，很有经验，但经验也限制了他们更进一步。我们之间的区别是他们常常差不多就行了，我是不到临界点不知界限。我没有经验限制，也不怕浪费米粮，我要知道究竟，反复做实验，寻找那些微妙的差别。酿酒好比厨子做菜，一样的食材，一样的灶头，但炒出来的菜味道不一样。

行李　看你今年开始在找别的地方种稻子酿酒，为什么不在自己家的田里种？

张小砚　想找风景优美的田地来种稻酿酒。想着这样的事情，一生去做也是仅有几次的，要非常有仪式感地完成。前几年种稻的田也不是自家的，是我租来的，因为那块田地的风景好看。在风景优美的地方劳作，也不那么累。

行李　有人在做和你一样的事吗？自己酿酒，给配得上的人喝。

张小砚　不知道是否有人和我在做一样的事呢。不过，有没有都不重要。专注于事，是不需要同路人的，不会感到孤单。

## 4.

行李　我最近一直在想，相比父辈，我们这一代人，七〇后、八〇后、九〇后，大家都在永不停息的奔波的路上，先是出走，然后返回别人的或者自己的家乡，但这种返回，也仍然夹着很多在路上的生活。如果我们就此停在一个地方，真正地停下来，会是怎么样的呢？过去那些因为各种理由而往外的奔波，到底都是为了什么呢？学业、工作、生计、旅行？

张小砚　为了一份更好的生活吧。你此刻是在故乡还是异乡？

行李　算是在故乡，但即使在故乡，也没有故乡感了。

张小砚　是的，乡村在这短短一二十年凋敝得厉害。以前一座大村庄，百工百业都齐备，自给自足，现在反而非常匮乏，连屋瓦捡漏都找不到人会做了。我回到乡村也没有故乡之感。话虽如此，2009年回来，已经七年。

行李　是的，看似地球村，任何地方都可以淘宝，但这些到底带来了什么呢？以前去个外婆家都觉得像远行，现在走到南极北极又如何？

张小砚　太容易获得就容易淡漠。不过，话说回来，漠然度日之人和意志

15

坚强，一丝不苟地对待生活之人，是完全不同的，也不全在于行路远近和时间长短。

行李　所以现在那么多苦行僧式的旅行。

张小砚　以前过年做一件新袄，要从秋天就开始预备，等棉花收了，去找匠人弹棉花，找裁缝缝制。漫长等待，拿到手真是爱惜。

行李　还有食物，现在多容易获得，比如酒，各种宴席上，大家一口气喝几箱，又如何呢？所有东西都在催生，猪在催生，人也在催生。

张小砚　有时觉得现代科技带来便利的生活固然好，但也丧失许多必要的等待和珍惜。没有那种心意满满的感觉了。不经历事物的历程，不曾了解一样物事的来龙去脉，很多感受是缺失的。

行李　这几年，乡村似乎处在一种文艺复兴中，文艺人士下乡，豪华酒店、民宿也下乡，但我对这种返乡也没有持很乐观的态度。似乎只是城市消费腻了，换一个地方消费。很多人把乡村当作桃花源，但其实，这二三十年，城市毁灭的同时，也把乡村毁灭了。人们进城，土地荒废，人心不稳，乡下还在安心种田的人也已经不多。很多乡里，人们既不像城里人一样埋头拼命工作，也不像真正的乡下人那样干农活，主业是打麻将赌博，然后打架、婚变……

张小砚　这时代哪会有桃花源呢，农村的生态更为恶劣，只剩老弱病残幼，连青壮年都很少看到，都去别人的城市了。我对现在所谓的乡建运动也不抱乐观态度，开几家精美的民宿，搞个咖啡馆，民艺作坊，卖草鞋什么的，就是乡村建设吗？乡建不跟当地的农林渔牧结合，就太浮皮潦草，没有根基，仅仅配合一下城里人对田园生活的想象。你看那些民宿老板都爱讲理想呀情怀呀，跟段子手一样，主要是卖个好价钱。

行李　因为做乡建运动的，也都不会农林牧渔。

张小砚　是啊。他们也不想搞这些。

行李　这些都是空的，和股票其实也没差，只是有更美丽的外衣。

张小砚　我接触的一些所谓乡建都是用资本把农民赶走，重造个自己臆想的田园，没有根基的浮萍。

行李　你自己这么多年，都是因为什么原因而不断上路的呢？

张小砚　我没有不断上路呢。西藏旅行是我第一次长途旅行，还是因为一场意外而走远了。结束旅行后就回到乡村了。现在偶尔出门是见见朋友或者办事。对旅行没什么热情。

行李　那次出门，没有对在路上的状态有瘾么？

张小砚　没有，并不热爱旅行或户外活动，作为农村人，我天天户外，天生户外。记得旅行刚回来那阵子，常有恍惚之感。早晨醒来，听到窗外落雨，心里顿时忧愁，忽然发现是睡在自己的床上，不用拖出摩托冒雨上路了，这种感觉真是太好了，简直感动。旅行回来，在乡下待了七年，越来越觉得世界跟我关系不大。

行李　窗外就是整个世界。

张小砚　其实我并不需要跟那么大的世界产生关系。许多情感藏在内心极深处，只有孤单才能体味……

　　　　聊完了吗？临睡前补充一句哈：不要相信一个人酒后说的话哦，嘿嘿。

后来，砚台发来了一篇之前（《上海观察任我行》的编辑团子所做）的访谈：

　　上网搜索你名字，"83元走川藏""旅游达人""穷游败类""慈善志愿者""奇女子""畅销书作者""现代黄蓉""三毛转世"……你本人如何看待这些网络标签？如果你来介绍自己，那是一段或一句怎样的话？

　　张小砚：这些标签是别人为了快速辨别我是某种型号，而贴上去的索引。我只有一个名字，张小砚，但这个名字里有很多故事，每一个故事都可能被人叫作不同的身份，如此而已。我既不想成为黄蓉也不想成为三毛，任何人都不是，是一个叫张小砚的人，只愿按自己的方式生活下去，不管身处何种境地，都要活得快意尽兴。如果非得借用一句话形容，那我是追求自由的亡命之徒。

　　在你所有的经历中，对83元走川藏这一段感到不可思议，是否当初只是想做个博眼球的标题来吸引大众阅读？那段经历中，你至今回想起来有什么感动或者艰辛难忘的故事？

　　张小砚：没错，就是要让人看到嘛。最初叫《小砚西游记》，帖子秒沉。既然大家喜欢猎奇，那我就是传奇，不用低调了。而一路行走，最难忘的不是故事，也不是具体的人，而是某些阶段的心绪。在拉萨街头，银行卡清零，身上只剩下两块钱的时候，那种可劲作死的心情很酸爽。随后，我将这种心情发挥到极致，将仅剩的两块钱捐给一个磕长头的帅和尚。好了，彻底干净，一无所有，像只大公鸡在拉萨街头踱过来，踱过去，非常得意，因为任何一个人都比我有钱，而我，鄙视他们，哈哈！这是一种什么病？！

　　那时，我想跟生活做一场实验，切断所依赖的一切，从一切的熟悉之中，断然离开。我想看看，一无所有的我，还剩下什么去面对这个世界。一路替喇嘛背柴火，换点食物，和藏民赌台球，赢一碗面、一瓶水，艰难前行。

一路行走万里，走到蓬头垢面、衣裳破败，忽于山间看到一棵花树，洁白的花色在青黛的重山之间，树下有成群牛羊走过去，花瓣随风落在它们身上，它们不为这花树所动。刹那间如梦初醒，我与自己，也可这般两两相忘，不必纠结相斗。我无需证明什么，亦无需表演。但这一刹那的明白，也是因为走了漫长的路。

你是什么时候对旅行有兴趣的？你当年的旅行基本是穷游，现在呢？兜里有些积蓄后，还热衷于穷游吗？而今你选择一次出行，之前会考虑些什么？

张小砚：就事实而言，很难说对旅行有多大兴趣，也谈不上热衷穷游或富游。迄今为止，我真正意义上的旅行就是去西藏那一趟。还是因为回访汶川帐篷学校的孩子，回程遇到塌方，绕路至藏区地界，临时起意想去西藏看看，一念所动，就信马由缰跑了两万里，原本三天的探访计划，延绵至一场两个多月的旅行，所带盘缠跟不上脚步，遂落魄江湖。现在出行，我会带好证件和钱，看好天气，一般是探望朋友，风光在其次。

吃住行游购娱是旅行六要素，你最看重哪个环节，最不在意什么，为什么？

张小砚：看重心情吧，兴之所至，会千里远行只看一朵花开，或不远万里与人喝一碗酒。为什么？只为我喜欢。

这么多年，你去过不少地方。有没有在某段行程里，因为遇到什么人或事，改变过你的生活计划吗，如果有，那是什么？

张小砚：2008 年 5 月我去了四川，本想寻访传说中的蜀川唐门到底在哪里，还造不造暗器。没想到，四天后遭遇大地震。虽然知道人会死，但这么近距离地感受一次，足以把我震慑住。就像废墟中的一个漩涡，瞬息的人生，希望、爱憎、欲念，都在这片废墟里一笔勾销。汶川大地震彻底改变了我对生活的看法和计划，从此，我决定委身于自己命运的河流，以真正的我开始生活。

如今越来越多的女性独自出游，请你这位旅行达人结合自己的体验，对单独出行的女性提些有益建议吧。

张小砚：少走夜路，若非走不可，记得带刀。嗳，好像也不行，一个蠢货就算扛原子弹出行都不行。这样说吧，我不认为安全这种东西是恒定的，也从不敢教人如何旅行，人各有异，处世方式不一，带来的反馈也不一样，有惊喜有惊吓。旅行哪有什么成功学啊，危险哪里没有？实在想去，就上路吧，后果自负。

几年前你便为网络红人，很多人对你的韧性、风趣、独特性表达仰视有加，因此你也坐拥众多粉丝。现实中，你喜欢热闹还是独处，会轻易接纳朋友吗，什么样的人可以成为你的老友？

张小砚：网络红人是个什么鬼。算了，爱叫啥叫啥吧，跟我没关系。大部分时候，我都很热闹地独处着，跟自己玩的很热闹啊，天人交战，思绪如跑马。在脑海里已经把地球拯救了一万次，又毁灭了一万零一次。但凡，想尝试与我做朋友的人，我从未设置过门槛，我一乡野女子，又不是什么达官贵人还分阶级，但能不能成为老友，且看趣味是否相投，更需要时间。

你最近在干啥，过得如何，满意和不满意的地方，可以说说吗？2016年有啥旅行计划？

张小砚：川藏旅行后，我就回到了江西彭泽的家乡，租种了六亩田。春天种一点稻谷，秋天酿一季酒，然后，喝酒。喝不完的，就送人，给我讲个好故事，就送一坛酒，以故事佐酒。如此，过去六年。满意的是我觉得这事颇为有趣，听过林林总总各种故事，遇见各种有趣的人。不满意的是这游戏很费钱。所以，2016年春天，我想邀很多人来跟我一起酿酒。

我准备众筹砖头建一间酒坊，凡给我酒坊添一块砖头，秋天就还他一坛酒。添砖的人，告诉我他人生的一个梦想，或者是愿望、欲望、理想，反正都是人生好念想嘛，我替他刻在砖坯上。我要搜集很多人的梦，在稻田间砌一座世间唯一的酒坊，这是一场游戏于人世的梦之旅。

在你的心里，旅行是什么？

张小砚：我给你讲个故事吧。在路上，曾遇见一位磕长头的僧人，于澜沧江边搭帐篷住宿，见我在夜雨中独自行路，邀我进帐避雨。夜雨寒凉，生火煮酥油茶喝。火光照亮，才发现我是女子，问我为什么这样一个人走路。我说不知道。他见我腰间带刀，问我可是心中有惧怕，我说有。遂从腕间解下佛绳赠我，系他临出门当地活佛所赠，保佑我平安回家。我很感动，作为回应，给他讲了一个故事："有两个朋友去山上耍，一位朋友指一棵开花的树说，像这棵花树，在深山中，自开自落，和我的心有什么关系呢？他的朋友说，你没看到这花的时候，这花与你都同归于寂静。你来看花时，则花的颜色一时美好起来。如此，这花便不在你心之外。"尔但一开两朵，我来万水千山。山水之间，情义相逢，偶然遇见，默然离开，已在心里投下一束光，叫人心平气和。

张小砚　新年一梦：
春天插秧，秋天收成，冬天酿酒，
来年这时节，请你来喝酒！

大家好，我是张小砚，今晚给你们讲故事哈。

我先描绘一下，方便大家想象故事和人是从何地发声。讲故事最紧要的是氛围嘛，我住在长江边的一个小村子里，我家对门有座乡村小教堂，今晚在做新年节目预演，吟唱赞美诗，还有风琴的乐音，这春天的夜里有一种平静的喜悦。生了盆炭火，埋了只红薯，不为吃，只为香气，还倒了一盏酒，屋檐上的雪化了，滴答作响。为营造讲故事气氛，我还把灯关了，只留炭火蓬然的光。

我呢，出生于江西农村，初中毕业，当然，如果找工作，我就会说高中肄业，高一还是读了几天的，也不算撒谎。当时，和许多农村姑娘一样，辍学后一般只有两条路：留村里一边种地一边待嫁，或出门打工。我选择了后者，主要是退学时年纪还小，还没发育好，待嫁遥遥无期。

## 第一个故事

我的故事开始了，从离开土地开始，和我党策略一致，由农村突击城市。

十五岁那年，妈妈给我买了一张船票，我很激动，终于可以离这里了。那时候，我的世界只有两种人，农村人和城里人。我对大城市的所有想象来自于电影和香港录像，住楼房，睡席梦思，吃整块的大牛肉配红酒，彻夜蹦擦擦跳舞……多酷！我渴望崭新的人生，却完全没设想如何在城市立足的问题，既无文凭又无一技之长，拉板车都不够资格。但我人生底线很低的，只要不饿死，我就有无穷无尽的可能……

我的生存路径当然是从社会最底层开始，第一份工作是在郊区小饭馆端盘子，在长桥一带，就是当年梁山伯送祝英台，唱"长桥不长情意长"的地方，属于杭州的城乡接合部。大都市的城乡接合部，也远比家乡的县城繁华，足以让我乡下姑娘感受到眼花缭乱的都会气息。这份工作很好，包吃住，还有钱拿，还能看到传说中的西湖，我很满意。尤其两顿饭之间的空档，还可以溜去西湖边看看，看到各种衣着光鲜，营养良好的旅游人在逛西湖，还有外国人，他们散发出的气息是我在农村感受不到的，我想那大概就是世界的气息，而此时此刻，我和他们在分享同一个人间。真让人心醉神迷，想象由此无穷尽。

遗憾的是，没多久，老板以迅雷不及掩耳之势把我解雇了。他发现我其实听不懂杭州话，传菜基本半听半猜测。还拒绝给工资，理由是我吃的比干的多。

太狠心了，为了活下去，我只好比他更狠那么一点点，踩着饭点，站小饭馆门口哭哭啼啼：不给工资我就要饿死在你家门口啊，哎呀我好饿啊啊啊……反复以咏叹调吟哦。食客们的食欲都受到了影响，纷纷表示这饭没法吃啦！

老板在食客们疑惑并谴责的眼神中无力支撑，无奈抓了把零钱打发我，并赠二字箴言：无赖。

几年后，这无赖偶然路过那家饭馆，想起旧仇，恰好又很饿，临时起意决定报复他们。从窗户钻进去，轻车熟路钻到厨房，大吃特吃，（此刻应有配乐：哒刺嗒刺），临走蘸酱油于墙上留书：有仇不报非君子，张XX到此一游！

还喝了瓶西湖啤酒，由于年少不胜酒力，在微醺状态下，还浪漫主义地画了一枝梅花……神侠一枝梅是我少年时偶像，作案手法的模仿不能说是缺乏创意，那纯属致敬。


少年时代最大的难题是活下去。在夜市摆地摊，获得一点销售经验之后，终于混进城市中心地带，在杭州最豪华的解放路百货商场做营业员，还自学了一点外语，又跳槽去涉外商场做迎宾，接待各种颜色的人种，工作期间熟练掌握十几个国家外语，类似你好、再见，洗手间在那边等等。

攒了钱还继续学绘画，一心想成为一名艺术家。然而，艺术家这行当太容易饿死人，只好又转行去做广告，如此这般，每半年换一个城市，换一个工种，去过很多城市。

人生的转折点是汶川大地震，虽然知道人会死，但这么近距离地感受了一次，总算让我明白人真的会死的事实，立即把我给震慑住了。说真的，地震之后，对人生现实性的考虑顿时就淡薄了，什么工作呀前程呀爱情呀，将来养老之类的，统统都厌倦无比，好像现实的核心这样一个重要的东西轰然倒塌了。过去这么多年了，还是有后遗症，每到陌生场所，首要观察哪堵是承重墙，在脑海里默默设计逃生路线。

2008 年之后，我再也没有了长远的人生规划，想做的事会立即去做。但我想那并非消极，于我自身而言，也许正是一个积极的转变。换句话说，我想剥除外围的那些条件，找到一个人存活于时间当中的核心究竟是什么。

## 第二个故事

第二个故事开始了。2009年的夏天，我站在拉萨的艳阳下发呆，口袋里只剩两块钱，银行卡早已清零，没有工作，没有爱情，孤身一人，两手空空。我做了一个决定，把这两块钱奉献给一个长得还算帅的磕头人。彻底清零，重新开始我的人生。

一直以来，害怕失去工作，害怕失去爱情，害怕贫穷，害怕孤单，那些忧惧，吞噬着我的生命力，让我一点点地萎缩，未老先衰。既然那么害怕失去，那就让这些尽失去吧。我承认，我是故意的！我希望从失去中获得勇气。无论何时，一旦生活失去我想要的面目，能有勇气重新开始。

我想跟自己的生活做一场实验，切断往常所依赖的一切，从一切的熟悉之中，断然离开。我想看看，一无所有的我，还剩下什么去面对这个世界。我和我自己，究竟能走多远？

在大昭寺前借了个喇叭向行人说书，用前半段旅行的故事换取后半段旅行的路费。筹得114块8毛，拎包起身。打算靠此原始资金，走完从拉萨抵达故乡的路。然后，我要在土地上重新开始生活，徒手创造我想要的一切。

一路徒步加搭车，那114块贴身藏着，作为救命钱，不到万不得已不动用。靠沿途和藏民赌台球，赌碗面，赌瓶水，甚至赌包烟，朝前走着。如果恰好处于饱暖的美好状况，我就跟藏民赌钱，赢了钱就去朗玛厅喝酒跳舞，看帅哥。话说回来，许多藏人颜值颇高，让我在物质匮乏的时候，精神上还是很丰盛的，一路YY各种型号的帅哥走回来了。

两个多月后，我终于回到了家，口袋里还剩31块。在粮油店称了一下体重，发现竟然没有缺斤少两，得意得很。这就是传说中83元走川藏的来由啦。

25

## 第三个故事

第三个故事，我要对生活用蛮力。

多年以前，我离开乡村，发誓再也不回来，一定要混成城里人。然而，多年以后，我还是回来了，两手空空，村口那株老梨花依然盛开，故乡的狗已经不认识我了。

但我人生理想早已改变，不是成为城里人，也并非成为农民，我要成为更好的自己，不是男人，也不是女人，是一个叫张小砚的人。无论身处何种境地，都要活得快意尽兴。

离开乡村，只要一张船票，而回到乡村，则需要太多解决实际问题的能力。虽然我在城市学过各种本领，吟诗作画炖罗宋汤，电脑都会修。但这些没法让我在土地上活下去，就算立马学种地，那也要到秋天才能有收成。我又不是那种功成名就归隐山林的人，直接就面临生存问题。

有时帮人家拣棉花，有时帮亲戚去卖鱼，有时也盛情难却去相个亲，顺便混顿肉吃。如询问意下如何，我便将肉骨头啃干净，写上随缘二字回赠，以做相亲纪念。

如我所说，回到土地，并非要成为一个农民。那时候，旅行故事还很新鲜，大家都喜欢跑出去看看。这种心情我很理解，就像我从农村渴望去城市，去了城市，发现城里人其实不爱待在城市，他们渴望远方。我想了条生财之道，把旅行故事写下来，出书卖掉，那不就有钱了嘛，这是白手起家的好路子嘛，一支笔，一叠白纸就可以开始。有钱我就能在乡间生存下去，重建我想要的生活嘛。

想的挺简单是不？我那时就是那么想的。才不是天真呐！我一直认为事情可以复杂，但想法一定要简单，简单就会坚定。就像狮子去猎杀，才不会考虑是不是黄道吉日，猎物有没有未尽事业，婚配否。才不会想嘞！

立即动手写样章，找出版社投稿，投了好多家都石沉大海。有个编辑给我指了条路，如果你是名人，写得再烂都给出，但新手作者嘛，出版社不想担风险，叫我去天涯论坛发帖，如果点击率有百来万，就跟社里报选题试试。没想到出书还要作者先自证市场，作为编辑竟然无法从文字来判断，要靠点击率。大笨蛋！

　　既然无法预见，那就让你看见！立即注册ID发帖。

　　嗯，如你所料，帖子秒沉。别说一百万点击率那么可怕的数字，一千都很难啊。看来从写到出书，再拿到钱，还真是漫长的旅程啊，比从拉萨混回故乡漫长多了。这真让人忧愁。

　　马上调整方案，将我的乡土生存计划分线上和线下两部分，线上继续发帖积攒点击率，线下做点小买卖，卖卤鸡爪维生。写作是孤独之事，啃鸡爪也是一种孤独的进食体验。一个写作的人若想搞点副业的话，卖鸡爪子是最相宜的啦。租居的旧屋，是村里著名的鬼屋，前任主人是个老头，自缢于客厅横梁上。深夜写作时会疑心它百无聊赖，伏于梁上偷看，于是每晚都用碟子装一只卤鸡爪献给它。一人一鬼都混得这么落魄，要相互体恤才是啊。我想无论幽冥还是人间，相待都要存一丝温存。

　　每天熬一大锅卤鸡爪，在炉前搭条板凳写字，以便监控火候。下午提篮出门叫卖，晚上再回来写帖。每天像数钱一样数点击率，没有读者捧场，没人顶贴，孤独万分地写，空荡荡没有回应。

　　这可不行，我得想办法！作为一名饭量惊人的女子，吃饭是大问题。我只要一想，哎呀，这可是关乎吃饭的大事啊，就充满力量，天下就没有我不敢和不能的事啦。

　　既然《小砚西游记》这么朴素的标题不能吸引人，那就另取一个《小砚MM 83元走川藏》，MM是人物，83元是故事，走川藏是背景，有人物有背景有故事还不够，还加上图文全纪录的后缀，这叫有图有真相，重新发帖。好嘛，这下算捅到许多看客的G点了，骂我花这么少钱肯定是一路陪睡走过来的。它们真的好兴奋，估计纷纷都展开了意淫吧，还激发出了创作欲，在贴上写小黄文。这群蠢货估计从小学写作文之后大概就放弃了文字修养，写得狗屁不通，我是花了多大力气才克制住参与创作的冲动啊。

老子怀着岩浆沸腾般地热情活着，当务之急可不是给人改作文，我要骂回去！层层选拔吵架高手，成立战斗七群，发动震惊天涯的口水大战，在卖鸡爪的百忙之中还抽空做督战海报《一口唾沫消灭一个敌人》，激励士气。抽空还将那些骂我的ID一一抄下来，等我攒够钱盖房子的时候，我要把它们的名字刻在砖头上，砌到厕所里，哼哼。


我想，世间事都跟游戏一样，不必怜悯自己，也不必将他人太当回事，保持一声大笑和一声冷笑的距离。我是那种一个念头不灭，都要从坟墓里爬出来的人哪，才不会放弃呢。

那时我在为我的人生造一个梦，我要我的帖子成为最火的帖子，要将我的故事出版成书，要成为超级畅销书，每年有版税拿，嗯，从此过上游手好闲的生活……为此埋头猛写，累到大小脑瘫痪手指抽筋。为专心实现梦想，还给自己取了个道号"三戒"，戒烟戒酒戒男人。写了张条幅贴在墙上，激励自己。

鸡爪生意也不好，烹饪手艺太差，村邻纷纷表示好心塞，不会再爱了！每天剩一大堆卤鸡爪吃得我要吐。感觉人生好艰难啊，多么希望上天赐我才华，赐我美貌，赐我幸运……我仿佛听到老天嗤地一声冷笑。好吧，我还是继续用蛮力吧。

拣了块板砖，用菜刀蛮力刻上"蛋定"二字。如果不能实现我想要的生活，我就去犯罪。谁阻碍我的路，我拍死它。我成为一个好人还是坏人，不看天气，看心情。

既然写书卖钱是漫长之路，我决定先发展卤鸡爪事业，毕竟生存是首要。我有两块石头，一块写着"有钱"，一块写着"淡泊"。台前写字，压上"淡泊"二字，鼓励自己写出最干净的文字。卖鸡爪时怀揣"有钱"石，激励自己赚钱，赚多多的钱。绞尽脑汁提高烹饪手艺，在卤汁里增加各种肉引子，老鼠肉和蚂蚱腿都试过，以增加鸡爪的野性魅力。还请村里道士给我画符，烧成灰撒锅里，为我的卤鸡爪加持某种神秘的力量。如此反复实验，熬制出独家卤汁，不夸张地说，这是一锅威力强大的卤汁，这是能卤世间万物的卤汁，丢块板砖进去也能熬成秘制卤砖头，丢个人进去我能给你卤成鲁智深！

还给卤鸡爪取名"山东秘制大鸡爪"，因为山东给人印象瓜大枣大什么都大，会让人联想鸡爪也特别大，而我的卤鸡爪是论只卖的嘛。

当然，必要促销策略也得有，在村里发行鸡爪会员，累积至银卡会员，免费挑鸡眼一次，金卡会员获赠鸡皮手机套一只，至尊VIP那就大发了，将获得本人独门鹰爪功秘笈一本，真情手写非打印。现在我不做鸡爪生意了，秘笈就免费分享给你们吧。

鹰爪神功要诀：须每日午时前起床，面向东方，伸出右手握抓（左手亦可，看各人习惯）。每日须练五千次，坚持下去，数年后神功既成。（注：视各人天资、体能而定，有人一年即成，如我。有人三十年亦不成，那也不能赖我。）神功练成，砖头、螺纹钢、工程塑料……均一抓即碎！！！

还盗用《碧海蓝天》的电影海报，P只卤鸡爪上去，孤悬于无边无际的大海之上，透视缘故，显得特别大，还P一道光打在鸡爪上，隐然有神性嘞！海报下方印有送爪热线，到处张贴，扩大知名度。还做了好多版本的推广语。酒吧版：男人不能没有女人，喝酒怎能没有大鸡爪！江湖版：一爪在手，天下我有！央视版：心有多大，鸡爪就有多大！农村版：山东秘制大鸡爪，一边耕田一边啃！

生意大好，食客们纷纷探询究竟是用什么熬制的，出于好意，我不能告诉他们。生意越做越大，村里小饭店都来洽谈进货事宜，我都有点膨胀了，想着书出不了就专卖卤鸡爪，感到前途很乐观。然后，我还是可以过上游手好闲的日子嘛……

但是，帖子越来越火，别说百万点击率，都过千万了。读者等更新等毛了，一些家伙从全国各地跑来村里抓我，一旦逮住就将鸡爪买空，劝我回去更新帖子，世上不缺卤鸡爪的小贩，但因此少一个写文章有趣的人非常可惜。

非常感激那些陌生人一路陪伴，写帖到出书一年半时间，不是他们时而劝慰，时而鼓励，我可能在卖卤鸡爪的路上一去不回头了。当然，那也是极好的，说不定生意已经做上市了，嘿嘿。

发帖时，杂谈历年发帖数有八千多万，一年后，我的帖子在杂谈点击率排名第四。书一上市即销售一空，这么多年一再地再版，人生快意之事，不就是将吹过的牛逼一一实现么？

拿到第一笔版税，真是开心啊。那是第一次用写字换来的钱，是很贵的钱，我要睡它！用钱在房间铺出一条红地毯直通床铺，床上铺满钱，邀请我妈进屋参观，我妈打开房门看到一屋子毛主席红灿灿地瞪着她，我还配音，来啊来啊，睡！我妈登时吓得不轻。不得不说，老人家实在太没有幽默感啦，哈哈哈。

我曾经为我的人生造了一个梦，许多素不相识的人鼓励着我，我也终于实现了，这是多好的事啊，多年以后想起来，也是心意满满啊！

拿到版税后，一部分给汶川的孩子们办了一场盛大的夏令营活动。一部分安家，在乡下租几亩田，跟老农学习种稻子，找师傅学习酿酒。我要回报那些陌生人的善意，当年在帖上说过，出书赚到钱后，将来要请大家喝顿大酒。

只是，这酒可不是去市场上买的勾兑酒，我要亲手种稻米，亲手酿出最好的酒浆，非如此，怎能体现出我的诚意和拽屁？我可是一个叫张小砚的人啊！哈哈哈。

春天插秧，秋天收成，冬天酿酒，三年寒来暑往，出酒千余斤。这酒名叫"一梦"，2012 年向网络发出《约酒信》：告诉我，来到这坎坷的人世间，你的梦是什么？我愿为你留一坛酒，待人生美梦成真之时，把你的酒领回去。一个故事换一坛酒。

## 第四个故事

第四个故事，一个人，一个梦，一坛酒。

我想，人生行路，靠的不是毅力，是梦境，只有梦境才能维系内心，现实中再好的风景，在梦境面前一样的黯然失色。童年的梦，少年的梦，中年的梦，将来的梦……人生的梦境是不尽的，一路走下去。

我要为许多人的梦，酿一坛最好的酒，愿以此酒，鼓励他人成就生活的梦。虽是他人有庆，这世上亦就不贫薄了。

在我乡里，有上千年的酿酒传统，家里生儿生女，也会在满月开始酿些酒存着，或叫女儿红，或叫状元红。升官发财也会酿酒，宴请乡里。普通乡民遇见年成好，多收了三五斗，也会拿出些米粮来酿坛酒，曰丰收酒。不过，本乡酿酒最为出名的却是一个并未酿成酒的，是晋朝一位诗人，叫陶渊明，曾在彭泽做县令，一季稻熟约 115 天左右，但他只待了 83 天，就为五斗米和不弯腰的矛盾，弃田而去。

我决定继续耕种这块田，酿出天下最好的美酒，将陶县令未尽之志完成。

五谷杂粮都可酿酒，但最好的是糯米，我乡里古法酿造，能用糯米酿出高度白酒，这种米酒入口香醇，口感糯软，回味有谷物的清芬香甜。

我的田，耕作全部采用传统方式，从春天开始，做田，育秧，耘禾……到收割有几十道工序。为此特地寻访两位种田的老把式来做农事指导。虽然我也是农村人，但在城里混了些年头，养懒了胚子做不得重活了，故而又请村里两个劳力来帮工，和他们同耕同种，尽管有帮手，也着实累掉几层皮，种地可比走川藏辛苦多了。全程精耕细作，不施化肥不打农药。除虫这一阶段是唯一采取了高科技手段的，安装了太阳能灭虫灯。因为周边田里都使用农药，我不采取措施，这块田就会成为虫窝。据本县农业界权威人士，农业局局长吴礼明大叔介绍，这是我县首次采用这么高科技的手法灭虫。这块地也是托吴大叔帮我找的，他相当于本县的土地老儿，对每个地方的土壤状况了如指掌，这块地是本县最好的土地，对此我深信不疑！糯稻的种子也是他推荐的，精挑细选出六斤颗粒饱满性情旺盛的糯稻种子，繁殖力超强。如今，吴大叔已经不在了，我很怀念他！教我许多种田的知识，这酒里也有吴大叔许多心思啊。

夏天，稻谷茁壮成长，一派欣欣向荣之势，我早晚巡视田间，仿佛看许多好酒正在生长着。曾一度发痴，想将自己种的米拉到茅台镇去酿酒。据说那里的气候海拔和泉脉是最能出好酒的天然氛围。但经过反复思量之后，还是放弃了这个想法，为什么呢？想起以前住在杭州的虎跑，每天看到许多人来打泉水回家沏茶，他们说，龙井茶用虎跑泉水沏最相得益彰，因为同出一地水脉，其韵味是相承的。如此，既然是本乡土作物，还是用本地的泉来酿造吧，酿酒人，自然也是原乡本土的最为地道，这酒会有浑然一体之气嘛，有自然的和谐之道在其中呀。

秋天，稻子快要熟的时候，开始上山寻找泉水。关于泉水的传说众说纷纭，各个山头的原住民都说自己那块山头的泉水最好。本着实践出真知的精神，翻山越岭找泉水的源头取样，喝遍了各个山大王推荐的泉水。

听了许多怪力乱神的泉之传说，喝了许多泉水，但是，坦白说，光凭口感，我实在判断不出来哪处泉最好。大王们又说煮水的时候，水面无有一丝"冰"才是最好。"冰"是本地的说法，酿酒的泉，矿物质不能过多。我又再次背炭炉铁壶上山就地取样煮水，发现这个标准也不是唯一。而稻子快要熟了，我只好选了一处名字好听的泉水，该泉名曰：幸福泉。而这泉水所处的地方也很积极向上，叫乐观乡，乐观乡的幸福泉，两厢一对应，就决定在此处酿酒。也许此处并非本县最好的山泉，但确实是最适合酿我这酒的泉。

酿酒这件事，本身流程并不复杂，但出酒好坏，全在酿酒师傅的经验，对气温，湿度的敏感，蒸米，上水，柴灶，火候之间微妙的尺度把握。酿酒师傅脾气不同，酒的味道也各各不相同，例如先前村里推荐的刘师傅，此人性格随意，有时酿出惊天好酒，有时却酿酸酒。但他浑然不在乎，酒酿坏了，他就说是主人家家运不好，若酒好，他倒也不居功，只说是主人家祖先显灵保佑。总之，他个人绝不对出酒品质做任何保证，坏了米，那也是主人运气问题和他无关。我当然舍不得自己亲手种的米有任何闪失，只好放弃这个有艺术家脾气的酒师傅啦。

寻找酿酒师傅的那一个月，喝了无数本地土酒，晕得云山雾罩神志不清。最后请双龙村的晏师傅来酿酒，是不是他酿的酒最好呢？抱歉，我已然醉得无法给出理性的判断了，只好从感性上认可了他家传的酿酒手法。因为晏师傅不仅会酿酒，又会喝酒，且喝酒时能吹牛打屁讲故事，还能分析时事政治，近对本乡选举，远对美国打伊拉克都能提出一番独到见解，还特别会讲鬼故事，冬日围炉造酒，怎么能缺少鬼故事呢？实在是酿酒师傅当中的一朵奇葩——只能是他了！

晏师傅作为一个酒狂，不屑工业化制作的酒曲。酿造此酒所用的百花曲是晏师傅亲手所制，原料取自一百五十七种草本植物，涵百花之清香。晏师傅说他家传手制的百花曲发酵最能催出酒的性情。科学的说法应该叫：含有多种有益于酿酒的微生物，益生菌。这个说法我研究过的，在酿酒之前，我花了很长时间研究过中国各种流派白酒的制作工艺。

酒，也是有性子的，用什么曲催情，其况味决然不同。内蒙古有种酒叫闷倒驴，就属于性子狂暴之酒，驴喝了都眼前一黑一头栽倒。有的酒性子绵，余醺三月不绝，如化骨绵掌，江湖上有一种叫醉生梦死的酒就是这种致幻类型。我的百花曲原浆酒应该属于侠骨柔情范儿的，如何侠骨柔情我就不形容了，喝了才知道。

晏师傅的百花曲，在春天桃花盛开的一旬时间制作，以桃花为引子，保证酒体香似幽兰，芬芳不散，口感绵柔丰厚……诶，越写越像广告了，但话说回来，以我对事情的完美细致近乎偏执的纠结之心，对这批酒的感情比《走吧，张小砚》那本书都要情深意长！这酒，难道不算我的作品吗？

乡里酿酒谣唱：除了郎舅无好亲，除了栗柴无好火。酿酒的柴火极其讲究，根据偏执狂晏师傅的指示，樟树不能酿酒，凡是烧起来气味很重的树木，对酒的味道都有冲击。于是，翻山越岭去深山里买栗柴，这种柴极少，晏师傅又要求必须买隔年的柴，新柴没干透，烧起来有水汽，又会影响酒的味道。贼鸟人，简直是在恐吓我们，如此折腾，昂贵得像买家具！心如刀绞！

酒越近上灶，晏师傅越显神经质，每每我们说笑声音稍响，晏师傅就严厉喝止：嘘！小声点，莫把酒吵醒了！

想想，隔壁屋子里一缸缸酒正在睡觉呢，这感觉，太神奇了！瞬间就被一种神秘的气氛给击中了，仿佛有鬼！而酒快要出锅的时候，晏师傅的神经质已然到了丧心病狂的地步，说话都有了禁忌，话里不能带酸，坏，馊……好多敏感词啊，搞得大家很沉默，生怕触了晏师傅的敏感神经。跟他学酿酒是极其痛苦的事情，很多时候他真的是故弄玄虚只是为了折磨人，好像非如此不能体现出他的价值。也是一个心理扭曲的老头啊。

地上哪怕掉一根头发，一丝茅草，他都令我们迅即打扫干净，难道，这也影响酒的味道？我们很想找个由头打他一顿，但这也许真的会影响了酒的味道！只好暗暗怀恨在心，准备等酒熟了好好教训他，要将他头插到酒缸里，猛打屁股，旁边还放一西红柿做参照，打出那种效果才放过他。

但出新酒的时候我们莫名其妙又和好了，那天大家都喝醉了，全然忘记这回事。出新酒的那天，乡邻纷纷拎鱼捉鸡来庆贺，进门之前还要放一挂鞭炮，酒坊前摆了一桌又一桌的流水席，喝醉了一批又一批的人，大家都说这是这辈子喝到的最好的酒。于是，在一片虚荣心的满足下，我们纷纷原谅了晏师傅。晏师傅酿了一辈子的酒，从未坏人家一斤米，这种口碑村村相传，不仅仅是荣耀，也是巨大的精神压力。好吧，他压力太大有点神经病也是可以的。快出酒的夜里他觉也不睡了，围着缸转来转去，东嗅嗅西嗅嗅，嘴里叽哗叽念念有词，我怀疑他在做法。

直到第一缕酒从锅里沥出，晏师傅尝一口，才大喊一声，酒成了！我们听到口令，立即放鞭炮，迎接新酒。然后，晏师傅才放松下来，说前面都是人的工作，后面酒成不成，是看酒娘娘给不给。好吧，感谢酒娘娘赏酒喝！

出新酒时，蒸笼插上细竹竿，滚烫的新酒从竹竿里沥出来，点滴点滴，渐成一股细细的清流，注入酒坛，此时的酒香最为浓郁，整个村庄都能闻到一种奇异的香，导致鸡鸭鹅大狗小狗都脚步虚浮如同行走白日梦幻。人呢？人都如鱼上水一般涌到酒坊来喝酒了，没来喝酒的都逃到棉花地深处偷情去了。真的。

喝酒的人很多，喝一辈子酒的人也很多，但极少有机缘能喝到刚出锅的新酒。这种味道非常特别，和我以前喝过的所有酒都不一样。滚烫的新酒能喝出夏天稻浪生花的芬芳之香，浓郁甘甜，像稻籽灌浆时的味道，冷却后，迅即消失。如果在七月时分，每天上午八九点，或傍晚五六点钟走在稻田间，就能闻到这种味道，是稻在授粉，那种芳香欲醉的蓬勃之气，让人相信，稻子也是有情欲的生物呢！

新酒酒浆浓如米汤，即使隆冬时节，历经三天三夜都还滚烫，酒缸里汩汩冒泡，翻滚沸腾如趵突泉。晏师傅说酒依然在发酵，封坛一年后再打开，酒就变得碧清碧清。

三月做田，四月选种，五月育秧，六月耘禾，七月抽穗，八月灌浆，九月收成，十月汲泉，十一月酿酒，十二月酒熟。一坛酒喝完，不过一顿饭的功夫，而从稻子生长到成酒，却要经历一年悠然好时光。

现在这酒剩下不多了。

写完两本书，刚被读者认识后，
作家张小砚退回到家乡江西，
寻找上好的泉眼和稻田，
开始自己酿起酒来。
[照片提供 / 张小砚]

所以，2016年春天，我决定继续种稻，秋天继续酿酒。但这次，我想邀请很多人来跟我一起酿这批酒。因为呀，我没那么多钱继续酿酒啦！

我决定众筹砖头，每个为酒坊添砖头的人，秋天我还他一坛酒。告诉我他人生的一个梦想，或者是愿望、欲望、理想，反正差不多，都是一个人生的好念想嘛，我替他刻在砖坯上，送到砖厂去烧制，我要搜集很多人的梦，在稻田间砌一座世间唯一的酒坊。

每年春天播种，看着秧苗慢慢生长，平畴交远风，良苗亦怀新，就像一片正在欣然生长的愿望，我们的酒，从土地里生长出来的情景一定很美。

到秋天酿酒，出酒时举行梦想节，凡是来的人都免费喝。喝剩下的酒，我们将其拍卖掉，然后我们一起在酒坊里选一块砖，一个好梦想，将酒钱送给那块砖头的主人，助他成就自己的梦。钱无论多少，都是个好意向，包含许多人的愿力嘛。如果你也愿意加入这个酿酒喝酒的游戏，欢迎你来为这座稻田间的酒坊，添一块好砖头。

想喝酒又不愿意添砖头的人怎么办呢？我也给你们想好了，如我这般地讲个故事给我听，我也请你喝酒呀。

2016年，这一梦能成真吗？需要花多久时间，才能集齐一座酒坊的砖呢？以梦为马，无所不能达。

今天立春，从今晚出发，一年的好时节就此展开，愿大家在新的一年顺风顺水，无论是愿望还是欲望，都能一一实现之。我也样。

我的故事讲完了。

[本文系张小砚2016年春天在"明月谷"线上分享会内容整理而成]

　　十五六岁时，随兄长在杭州学画，住在西湖边的三台山，法相巷。

　　那时家里供兄与我两人学画，很是吃力。除生活必需，绘画文具等，余皆能省则省。拣兄长旧衣穿，不合体又邋里邋遢，画画总容易弄脏，尤其颜料着衫不易洗脱。但并不自卑，那时还没到考虑要漂亮的问题，心思极简，成天转脑筋的不过是速写功课要凑够数，或兜里能有零钱买零食。兄长训我，满脑壳的想头只有两件，不是偷懒就是贪吃。

　　西湖边净慈寺有位老和尚是家乡人，母亲曾托付我受他庇护。和蔼的老和尚，须眉皆白，怀疑他已经超过一百岁哺。有时画室放课早，去净慈寺看望老和尚，他留我吃斋饭，每次总给我书包里多多地装些果子点心，说供过佛，吃了很好的。但老和尚并不对我宣讲佛法，只问平常生活，衣食。也听我用家乡话讲画室里友伴间趣事，亦有被同学欺负时，很是苦恼，欲借助法力战胜，老和尚总呵呵一笑，评之，憨稚！

　　有时兄长给钱买画纸颜料，去建新笔店买，那里常有对画室学生的优惠，剩余零钞，回来经过韶华巷子，那里有位老婆婆卖糖炒栗子，愿意给学生卖半份。买半份糖炒栗子，坐在早春的西湖边吃栗子，画速写，最是开心的时候。湖边有许多玉兰花，白的，枣红的，极美。柳浪闻莺有许多垂柳，早春的天气，柳絮漫天如雪，莺儿却是难得有一只。

少女时代的我，这样过着平静愉快的生活，偶有小烦恼，也是转瞬即忘。直至一天，于净慈寺遇见一位年青的和尚。

现在想来，也已想不清楚他的容貌，只记得模样清癯，青灰色僧袍空荡荡，仿若要顿然乘风而去。是游方行脚的云水僧，于净慈寺挂单。

他跟老和尚喝茶说话，谈及某年曾于东林寺挂过单，二人谈起东林寺种种，这是家乡近处的寺庙，我也颇感亲切，专注听讲。又说起曾于彭泽渡口坐船，溯江而下。我脱口而出，来杭州时，我也是从那渡口坐船呀！

他转面望向我，原来，是你的家乡啊！

老和尚莞尔，可是想家了？

有点不好意思，说是想妈妈。说不定你在县城走路的时候，看见过我妈妈，哎呀，可惜，你们不认识。

老和尚忍不住大笑，是呀，可惜不认识，不然就能帮你带吃的上杭州来了！转头向那僧人说，我这小老乡啊，是第一馋嘴丫头。我顿时难为情，脸颊发烧。

他倾身看我，微笑着，那种奇怪的眼神，有点温和，专注又有点诧异。还没被人这样看过呢，微微惊讶，心里似乎被什么啄了一下。忽然意识到嘴角还有点心渣渣，悄悄擦干净，预备整齐等他再看我。可他喝完茶，就这样施礼，低低念一声阿弥陀佛，走出去了，再没看我一眼。

此后，我去净慈寺的次数就多了，放学路过必定要拐进去转转。他住净慈寺后山的禅房，我很快就晓得了，兜兜转转都要过去晃晃。只要看到他，就跟在后面，不远不近地跟着。那青灰色的身影在我心里熟悉无比，能在一群和尚当中，一眼看到他。那是一种信息的识别，而非形貌的辨认。然后我就不再看他，在他周围几十米转来转去。他去禅房也能遇见我，去经堂也能遇见，嗯，我和山寺同在，我无所不在。

心里只有一个念头，要他看到我。被看见的那一刻，我觉得周遭的颜色都鲜明了，那些绿瓦白墙，丈外的古树都跟我一起有了存在的意义。知觉变得异常发达，百米外的蝉鸣，我仿佛都能"看见"其振翅的战栗……可是，他毕竟看我时刻少，我出现的时候，他只会看我第一眼，而后他的眼神落于屋檐，树梢，脚下……再也落不到我身上。

那段时日，连兄长都察觉有异，检查课业，问我为何总画寺庙与和尚，令我去车站菜场多转转，那里人物形态更为丰富。所以我的课业重了啊，要去画一些疲惫的旅客，再画一些讨价还价的买菜大妈，再来画我的和尚。


某个春天的傍晚，仿佛是忽然之间，意识到自己是个女孩儿。洗澡的时候，见流水从身体上流过，渐渐起伏有致的身量，非常讶异，又有点害怕自己。然而，我起了坏心思。

再也不想穿兄长那些邋里邋遢的旧衬衫了。清河坊有几家花布店子，问价钱，比身量，开始戒零食，偷偷攒钱。

终于攒够，去买花布回来做旗袍，那布料是天青底子缀碎花纹样，好像池塘里的浮萍草，天晓得，我怎么选了这样的花色，跟僧袍的底色好像啊。小时候奶奶教过我做针线女红，只是我这针线做了又做，犹豫不决，旗袍又一会高，一会低，一会拆，一会缝。春天的晚上，玉兰花香气透过窗户，冷冽清净。我无端起了忧愁，也许，那是此生，初次意识到自己作为女身的时刻。缝好的旗袍藏在枕头下，睡觉前脸颊贴贴，心思无限。

穿上得意的花布旗袍，去净慈寺看和尚。沿西湖慢慢走，玉兰花已然开尽，出了嫩芽枝叶。夏始春余，风还有点凉，风穿过光溜溜的两腿之间，皮肤紧绷绷，有点紧张，心思润润。我想要乖，又有点想不乖。

说来真是难为情，还没发育好，竟敢偷兄长女友的文胸，垫垫起。你看，女人对这种伎俩总是无师自通的呢。谁也没告诉过男人喜欢看这个，但本能就知道。旗袍叉开在大腿三分之一处，这处旗袍夹角显示的腿型是最美丽的，在镜子里反复察看过，因为我学绘画的嘛，受训的就是审美。

嗳！一生中，再难为一个男人起这样细细的心思，而他却是位僧人。可当时我却未意识到这一点，不，也许是我潜意识逃避。不不不，我压根没想跟他怎样，只是想他看到我。其他，我哪能想到更多呢？才十五六岁的年纪，尚未经历情爱。

正是做晚课的时分，不知何时起，点心已经吸引不了我了，有了其他欲望，要一个男人看见我。

正是做晚课时分，我早已踩好点，站在净慈寺那棵巨大的娑罗树下，那里地势稍高，是去经堂之路。

我知道他会经过此处，他必然要在此生的这个春天经过这里，我们将要在这娑罗树下相遇。假装一万年都不会有的一瞬间，这样奇巧地和他目光相遇。他在一群灰蒙蒙的僧侣之间，抬眼看到我，如我在世上人群之间一眼看到他一样。

风轻轻掀起旗袍衣角，露出角度恰好的小腿。天哪，我竟是要向一位僧人展露，雷劈死我吧，我才不害怕呢。我已不顾一切，世上一切也不能入我之眼，越过人群，越过漫天神佛，直视他。

眼神交织，如争如斗，欲仙欲死。

那一瞬间是有多久？

已然是一生。

已然是结束。

他如梦方醒，默然垂首，合十低诵阿弥陀佛。随即夹杂一群灰衣僧侣中步入经堂。

再去时，他已离开。老和尚一定是知晓，见我急急穿堂过户，四处顾盼。唤住我，阿弥陀佛，他已经走了。我又惊又难过，嘴上却强要掩饰，我又不是找他！

老和尚轻拍我肩头，来，吃点心。然而我忽然过了贪吃的年纪，我的心空了。跑到那棵婆罗树下发呆。老和尚见我流泪，并不劝，只是念叨，阿弥陀佛，我佛慈悲。

慈悲，原是无情。原是无情，才可以做到慈悲。我恨恨地想。

五月的婆罗树正开花，白色锥状的花序，好像僧人合十之礼，遥遥向天空。风吹起，细小洁白的花瓣如雨水纷扬。十六七岁情思初萌，意识自己是女身，是懂得人生忧愁的开始。

我还在感怀伤悲，却不知人生更难之处并不尽此。兄长告诉我父母早已办理手续，顿时如闻惊雷。兄说，小砚，而今以后，我们两人要相依为命。命这个词，好庞大，惶然无所栖身，扑兄长怀里哭泣。我还没准备好，然而，现实已迫人而来。

很快，结束了学画生涯，去做工讨生活，既无文凭，亦无一技之长。唉，原来人生难处，远甚这小小情爱。自此跌落生活，扑爬跌撞，艰辛，忧愁，爱恨离别都一一痛尝。

日前，路过杭州净慈寺，寺门对过马路，有一株歪脖子大树，想起少女时的我，痴想心思，曾一头撞到树上。来不及痛，已羞惭得满脸通红。想起那时情景，不禁微微好笑，又有小小伤感。

唉，那不知如何处来，又去往了何方的云水僧，是我人生中像月亮光一样的心事。

张小砚现在生活在庐山脚下，
门前即对着这一条清澈见底的溪流。
水流充沛，但还不至于发生洪水的季节，
早上可以刷牙，午后可以游泳，
夜里就在桥头枕着溪水声入睡。

[摄影 / 宋文]

去年七月采访过张小砚，冬天出酒之时，邀我去喝酒，因故未能成行。这次出差离庐山不远，便绕道去看她。

火车到九江，再换乘班车到星子县，张小砚的朋友三石正好要进山看她，在星子县长途车站捎上我，一同前往桃花源。

车过东林大佛，三石指前面山峦峰起之处，说，前面就是庐山最高峰汉阳峰，桃花源就在汉阳峰下，两山之间的峡谷之中，陶渊明故里也在近处。不远便入桃花源，山门有石刻对联一副："世上无双梦，天下第一泉。"酿酒须有好泉，桃花源里有被陆羽评为"天下第一泉"的谷帘泉，张小砚逐泉而来，在此地赁屋起灶，引泉酿酒，已经两年。

一路缘溪行，三三两两的瓦屋沿溪流而筑，夹岸许多桃树。越走越深，山路一转，豁然开朗，陡然出现一湾很深很宽阔的溪涧。三石临溪涧停车，说小砚在那里游泳。果然看她从水里露出头来，向岸上挥手，示意我们下水相见。溪涧清澈，可见底下鹅卵石，但深有七八米，她从远处潜水而至，忽然冒出水面冲我开怀一笑，这是我们第一次见面，并无寒暄客气："不会游泳？没关系，我教你。"我从未下过水，但她那么开心、热情，使人放松，就穿着衣服裤子下去了。两小时后，已经可以跟着他们在河里游个五十米往返。

暮色四合，我们穿着湿漉漉的衣服走路回酒坊，沿途蝉鸣和溪水声响彻山谷。行至一处激流，小砚停下来，指给我看，无数莹白色小鱼跃出水面仿佛跳舞，起起落落颇有韵律。她得意地笑，说自己写"月亮起山的时候，石鱼会在激流上跳跃"，人家以为是文学描述，其实是真的。山谷从开阔走向幽深，像大海回到源头。道路尽头，过一座青石桥，激流之畔两栋青砖瓦屋便是小砚的酒坊。

一大伯坐桥中央纳凉，是酒坊的村邻，听力不好，大家昵称为"聋大伯"。有时慕名来酒坊的人太杂，小砚便请他坐这里挡人。有人询问小砚踪迹，聋大伯一律摇头摆手："冒有，冒有！不晓得，听不到。"

酒坊简陋，但所有必须的都有了。排队冲完澡后，大家各就各位，阿平去菜园摘菜回来做晚饭，三石今天主厨。牧羊打开电脑写作，她的新书即将上市。余人坐门口纳凉，看新闻了解山外事，小砚吹箫作伴。酒坊两条叫鸡毛和蒜皮的小狗在门前驱逐癞蛤蟆，还有两只叫风花和雪月的猫，卧在窗台上打盹……就像小砚平日说的，白班的在干活，夜班的在睡觉，鸡在下蛋水在流，白云在山头。一切平静有序。

一时饭熟，小砚唤酒坊工去打最好喝的那坛酒来。跟我说："手工酿酒，每一坛味道都略有不同，一般人其实尝不出来。不过，所谓最好喝的标准并不客观，因为我是酿酒师傅，好喝不好喝是以我的口感为准。"又指梁上灯盏给我看，这是继"气死风灯"之后的新发明，叫"气死虫灯"，宣纸灯罩下有一放水碗的装置，飞虫逐光而至，溺水而亡。席间有人喝啤酒，有人喝饮料，我喝小砚那坛最好喝的糯米白酒，这酒坊有规矩，便是不劝酒，各自尽兴。

喝到微醺，三石提议去桥上躺着看星星，大家都抱竹席乘兴而往。星星真多呀，都快被挤下来了，桥下的溪水在大石头间快活翻滚，距离之近，就像我们的床！

看星星至深夜，四五人就在桥上睡着了。凌晨四点，有人在我们头边来回走动，是早起的聋大伯。迷糊之际，听小砚嘟哝："真想把聋大伯踢河里去！"又浪漫地看着天际说："你们应该醒醒，看看蓝色时光，醒一分钟就好！什么是蓝色时光呢，就是在黑夜与黎明之间绝对寂静的时刻，那时白天的鸟儿还未苏醒，黑夜的鸟儿刚刚沉睡。只有一分钟。"然后，她起身回屋，我们又沉沉入梦。

天亮后，三石起身收拾行囊回南昌，我也收拾行囊继续下一站旅途，小砚在酒坊二楼改她又一次再版的《走吧，张小砚》，高三舅和平师傅还在沉睡，牧羊在厨房做早饭……像古代江湖上的旅人，来时不招摇，走时也不咋呼，只隔着溪水拱手道别：后会有期。

这篇采访是非正式的，去之前并没有作准备要问小砚问题，只是喝酒看星光时的闲谈记录。就当一个朋友去山中看望另一个朋友的一席酒话吧。

[黄菊　2017年夏天采访]

**张小砚** 山中酿酒师

1.

行李　怎么找到这里来的？之前不是在别的地方酿酒吗？

张小砚　我的小酒坊总是逐泉而居啊，搬来搬去的，全国各地跑了好多地方。听说茶圣陆羽评谷帘泉为"天下第一泉"，就来取水试验，水质确实是之前所尝过的泉里最好的，就来这里起灶酿酒了。

行李　水稻呢？

张小砚　水稻在我家乡种，就是彭泽，离这里一百三十公里，也很方便。

行李　所以去年冬天就用这泉酿了酒，并发出邀酒信请大家来喝？

张小砚　对呀，既是请人喝酒，便要酿出最好的酒方才不辜负。

我的酒我的桃花源
——邀酒信

致无名酒徒：

今夜山里月光皎洁，铺地一层霜，冷得像个冰箱。我在火塘边给你写这封邀酒信。

这些年酿过三次酒，换了三处泉，起了三次灶，建过三所酒坊。历遍艰辛，只为出新酒时那欢畅的一刻，轻快如流水的心情。我记得每次出新酒的那一刻，酒浆从锅里沥出，顺青竹筒涓涓滴入酒坛，酒香四溢，那一刻仿佛有神性，一整年的辛苦有了回报。虽然短暂，却隽永。

出酒的日子，我看过很多人喝醉，或笑或哭，或一言不发，陷入迷之沉思。空气中满满是酒香。许多人我并不认识，他们彼此之间也是陌生人，但喝酒碰杯的时候，热络得好像多年老友。

因为我的酒，让人们这样快乐。我在旁看着看着，也会笑起来。

为寻找好泉酿酒，去了许多地方，千里万里。我的小酒坊总是逐泉而建，今年酿酒的这眼泉是茶圣陆羽亲点的"天下第一泉"，谷帘泉，在庐山脚下桃花源深处。据说当年陆羽遍寻天下名泉，烹水试茶，评谷帘泉天下第一。我其实也没法考证它究竟是不是天下第一，前提得将天下的泉都找到，不能遗漏，再一一评比之……我只能相信这活陆羽真的干了，不然没动力去那么遥远的山里起灶酿酒。

夏天初到桃花源，看见这第一泉竟然是以瀑布形式倾泻而下，气势惊人。据茶农说绝壁之上有一眼泉洞，水流从那里奔泻而出。你知道吗？距陆羽发现它，到如今已经一千多年了。多么漫长的时间啊！千年世事变幻，草木荣枯，这泉还在奔流。如此好水，我只能以好酒来回应它。

为用天下第一泉酿几缸酒来喝，我在桃花源赁屋而居，起灶建酒坊。从江苏宜兴买缸运进山里，从我乡里将今年的新糯米拉来，又去山上砍毛竹接泉到门前做酒，再去德安买柴……为这眼好泉，喝上一口好酒，已经使出洪荒之力。我不是酒狂，只是做事比较偏执。大概世间纯然的快乐总是很少，我想为自己创造一些，也顺便分享一些些给世人。

也许，很多年以后，人们记得千年之前陆羽用这泉沏茶，千年之后砚台用这泉来酿酒。还有些幸运的家伙竟然还亲自喝过……嘿嘿，大概就是你吧？

来吧，来桃花源里，尽一醉之欢。

今天，2016年12月12号，上午八点祭祀山神，就开始上灶蒸酒。这次出新酒，将历时七天。

出新酒的七天之间，凡来我家小酒坊的都免费任喝，不论长相，无分贫富，亦不用拿故事换。客气的话，便带些下酒菜进山来与我凑一桌。

倘若酒有剩余，便拿去市集卖掉，换些来年酿酒的柴米钱。那么，这场喝酒的宴席，也许可以一直延续下去。

曾经随口答应很多人岁末来饮酒，具体是谁我已不能一一记得。但说过的话，要兑现。就在这里发出邀酒信吧：想喝酒的朋友，酒已熟，看到这封信可以立即穿鞋出发了。酒在江西九江星子县桃花源。到桃花源门口，问人便知。出新酒日期12月12号～12月19号。

砚台恭候

行李　那次来了多少人？

张小砚　我也不晓得啊，到处都是人，门前屋后，桥上桥下，溪流边全是人。出酒第四天听村口收门票的人说至少来了一千多人，后来几天因为庐山市的官员也来讨酒喝，他们帮我与门口售票的相商，这相当于小砚免费帮你们宣传了桃花源，不要再收喝酒的人门票，他后来就懒得计数了。

行李　这里这么小，怎么招待那么多人？

张小砚　哈哈，为什么要招待嘛，我们只是一家小酒坊啊，又不是接待办。我只负责灶前烧火蒸酒，保证酒浆如长流水，任喝管够。

　　话说回来，介意条件简陋的人，就不会千山万水来山中讨碗酒喝啦。凡我的读者，条件再简陋他们也不会介意，有我在就好。抱怨招待不周的，恰恰不是我的读者，是近处的闲人，来这里时间成本低，听闻有免费的酒喝，前来凑热闹。我又不是为他们酿的酒，我才不在乎他们的观感呢。讨厌的人，能花三秒钟得罪绝不花五秒。喜欢的人么，我愿意花七年时间精心酿一场酒，哄他们一场开心。

　　酿这场酒，本就是为我的读者所酿，以偿当年酒约。我只要跟一个读者说怎么玩的规矩就行，他们相互传达下去就好。

行李　什么规矩？

张小砚　就是自己照顾好自己，不要等人来招待，需要什么自己动手，我这里一切物资尽可使用。如果想喝醉，先找一个人照顾自己，相互说好，如果我醉了，你照顾我。不然大冬天的喝醉了也怪受罪的。后来不需要交代了，来的人迅速就玩到一起了，酒是欢乐的媒介。

行李　酒够么？来那么多人。

张小砚　刚刚够呢，手工蒸酒，出酒很慢，酒浆从锅里沥出来只一小注。所以有喝酒的规矩啊，只能在这里喝，喝醉都没关系，就是不能带酒出山。还有好多人正在路上赶来呢，不能让人家那么远来了没酒喝，这样说来大家也都理解。只有一个家伙作怪，非要带酒出去，喝一大口酒含嘴里，跑到桥对岸，吐到保温杯里。然后嘚瑟，说砚台的酒只有他带出山去了，哈哈。

行李　吃住怎么解决？

张小砚　我只是说请大家喝酒呀，酒管够便是，余下大家一起解决嘛。只要气氛够好，一切都不是问题呀！吃的并不缺，下酒菜都是他们自己带的，好像办年货一样扛进山来。酒坊还有两口柴火灶，柴米油盐都有，炒菜他们自己动手。晚进山的，会在微博或群里问先到的山里缺什么，好带进来。先来的见物资不够，会主动去镇上添补，留给下一批酒徒用，大家都在自发维护这一场酒聚。最远的是国外飞回来的，国内最远是从西藏骑摩托来的，就是我书里写过的流浪汉，然而他并不喝酒，来了只是驻守厨房，晚上就端张条凳睡灶门口。许多读者很迷他，挤厨房里跟他厮混，形成酒徒中一股乱流——厨房派，成天捣鼓各种奇怪菜式端出来给大家下酒。

　　还有煮茶派，溪流上有块平坦的石头，我在上面放了茶炉、铁壶、茶叶，每天有人自发去生火煮茶，给大家醒酒。酒坊还有个火炕，能睡二十多人，谁抢到谁睡。也有自带帐篷的，四处安营扎寨。不过，大部分人好像都不睡的，酒坊灶火彻夜不熄，酒浆长流，门前篝火也是彻夜燃烧，永远有大堆人围火聊天喝酒。相聚的时光如此短暂如此欢乐，谁舍得睡去呢？

　　那些天酒坊门板全给卸下来了，连床头都拆了搭门板做桌子用。人越来越多，山中酒坊地方局促，索性以天地做席，借山林做场，沿溪流大石头上摆酒，一坛坛摆过去，大家来了围石而坐，看谁顺眼就凑一石头。筷子不够，就削竹为筷，酒杯不够，就截竹筒为杯。我有一双筷子，一直插围裙口袋里保护着，趁烧火空闲便这里吃几口，那里喝一杯。

　　站桥上往溪涧一望，那场面叫一个壮观，全是喝酒的人，手舞足蹈，喝到尽兴时还高歌《笑傲江湖》，直到夜深两三点还陆续有人开车长途赶到，迅疾加入酒局。酒灶前一群围火塘互扒情史的女孩子，扒到深处不禁痛骂痛哭。门前篝火旁是一堆江湖客，他们最爱吹牛×，漫谈征服过的人生旅途。炕上是一群中老年在讲鬼故事，还有一群专门整烧烤的，持续供应。溪涧旁的快活林里还有趁乱一见钟情谈恋爱的……

深夜走出来，群山茫茫中这场景很荒谬，然而又妙不可言，像蛮荒世界中唯一的文明火种。激流奔腾，篝火响亮，人生失意与快意都在这酒里，在这山间的月亮光光里。不必相识，却可共鸣，不亦快哉！

用七年时间来偿还一场酒约，很是痛快！

行李　想起来还是浪漫，这一千多人，过了几天真正桃花源的日子，无组织无纪律。

张小砚　是呀，还要怎么招待呢？人生如此极致欢乐的时刻并不多，只要将情绪的路径设好，场子造好，一切就自然而然了。走的时候大家连垃圾都带走，门前干干净净。一场冬雨下来，好像这山里什么都没发生过一样，重回寂静。

## 2.

行李　你怎么隔这么多年才请大家喝酒？你好像酿好几年酒了。

张小砚　之前在学种稻子，种好稻子才找师傅学酿酒，而且要亲手酿过多次，手艺才稳定，去年的酒才很有把握，所以才正式地请大家来喝。之前酿的酒也是给人这样喝喝掉了，以酒换故事呗。我拿到稿费就去租田了，做一件事喜欢从源头开始，一点都不浪费。当然这七年我也不是光干这一件事。

行李　花七年时间践行一个酒约，你真是一个行事极致的人！还亲自去种稻。

张小砚　酒的一生非常优美，从种稻就开始了，并非出锅那一刹那才叫酒啊。旁人看农民种稻，是非常艰辛的。其实不然，如果劳动仅仅是艰辛，那么任谁也是忍受不了的。我虽然在南方种米的村庄长大，然而没有亲历过也是无法明白的。而当我看着稻子生长，怀疑稻子也是有生命的物，观点就会改变。一阵寒流袭来，作为人类的我们，是可以避开，可是稻子不会走路，只能一动不动地忍耐。这样想，就会去给稻子田里放上水，给稻子的根保暖。那么很辛苦，也是可以忍耐的，看稻子蓬勃生长着，也会感到由衷的快乐。如果不能体会稻子也是生命，许多行为就无法做出来。所以事情要亲历才能体谅，农民对待稻米的行为，和一个文人去描写，是两回事，因为心情不一样。诗人会写"平畴交远风，良苗亦怀新"，农民会估量风速大小。

行李　那你呢？

张小砚　我啊，我是个酿酒师傅，我看到的是酒米在翻滚，好似酒意滔滔，哈哈哈。小川绅介在拍摄稻子的纪录片时，提到稻子的一生很短暂，相对于人类。我们能活多少年？稻子只是一季，我种的是糯稻，一季熟是 115 天左右。如此说来，稻子的时间比我们快了，我们在田间看到云的流动，是舒缓的，对于稻子来说却是急速席卷。五月在田里耘禾，微微南风天，我们感觉很舒服的风，稻子感觉到的风是很强烈的。如果不认为稻子也是有生命的，这种感受是无论如何不会有的，这是种稻的人才会有的心情啊。当我去亲手种稻子，站在泥田里，就明白了。

　　从这些历程中，我意识到人的心灵可以跟周围万物相通。切实去劳作过，看待事物的方式就会改变，世上万物的模样都不再跟过去那样无知无觉了。种稻这件事，让我懂得很多东西，而那些东西一旦明白，就不会再消散了，让我的心灵得到了充实。我希望能一直保持柔软和敏感，在最终要和泥土融为一体之前，能和这世界相通。所以，那样的体验是非常珍贵的。

　　一瓶酒喝完，不过一顿饭工夫。倘若，往时间里看一眼，面前这盏酒，历经整整一年的时光。

　　从稻种开始，用稻草裹好稻种匀匀置于谷箩育芽，三月秧禾和春天同时萌动，雨水纷扬的四月，是插秧时节，五月的南风天里去耘禾，稻子哗啵灌浆，鼓足劲头地生长着，然后暑夏来临，开花授粉，那是稻子一生最巅峰的时刻，上午九点到下午一点，走在田间，满是浓郁奇香，发出醉泱泱的气息，那时不禁让人惊讶，稻子也是有情欲的生物呢！入秋后，风里再闻不到稻子的香味，它把自己收拢来，变得沉静饱满，颗颗如金玉。

稻米历经三季时光，再与泉相遇，水火交济，在寒冬，落雪的季节，化为糯糯的酒浆。从锅里缓慢沥出，顺着青竹筒一滴一滴，渐成涓涓细流，注入存酒的坛里。

每一坛酒都有其来时之路，一杯酒里，也有四季的悠悠时光，酒的一生是如此优美。

知道物的来历，就会生起珍重之心。我自己就是这样的心情啊，酿酒的时候，坐灶火前发呆，会想，经我之手的这坛酒，将来，是什么样的人喝到它呢？无论如何，希望非常愉快地喝下吧。这可是和酒厂批量勾兑出来的酒不一样啊，每一滴都花费时间和体力，最终才流沥出来这么一小坛子酒浆！

行李　这是我第一次喝白酒，真是好喝，甜甜糯糯的，又很有劲头。忽然之间好像懂了你刚刚说的，本酒坊不劝酒，喝酒是开心的事。

张小砚　可是，你现在喝的还不是最好的酒。最好喝的酒是刚刚出锅的热酒，这也是为什么要在出酒的期间，请大家来喝酒。

刚出锅的热酒，能喝出稻子授粉时的浓郁奇香，妙不可言！稻子开花授粉的时刻从上午九点到下午一点，走在田间，满是醉泱泱的气息，那是稻子一生中最巅峰的时刻，生命力的爆发。不禁让人惊讶，稻子也是有情欲的生物呢！如果没有在田间闻过这样的气息，即使喝着热酒，人们也不会有这样的感受，只会发出"怎么会这么香，好酒啊！"这样简单的感叹。

当我们喝到第一口热酒的时候，仿佛回到了夏天，午后去田间放水时，那种令人迷醉的气息陡然重现，在米粮化为酒浆的那一刻，就像她一生的一次回光。如果万物都能感知生命的历程，在进入另一个轮回之时，她在回望来时之路，将一生巅峰时刻的气息散发出来。只有短短一瞬，酒一旦冷却，这种气息旋即消失。非常神秘。

新酒非常不静定，逐渐冷却的酒浆，会在坛里结出一朵朵洁白的云絮，俗称酒云。酒云，经历时间，又慢慢化为澄清的酒，归于寂静。再次打开的时候，是与人再相逢的时刻。你看，从稻子到酒，从酒再到人，这中间的关系气象万千。

# 3.

行李　真是感慨呀，小川绅介在《收割电影》里说，农民们对土地的想法，和那些靠买卖土地为生的人截然不同。

张小砚　这那禅师说这是世上最好喝的酒，他打了个比方，一颗石子扔进池塘里，花费毕生的精力去将之打捞上来，它就是宝石。一件事物如果没有亲历其历程，是不会觉得珍贵的。

行李　这那禅师是怎么出现的？

张小砚　因为我酿酒，他喜欢喝酒。

行李　他就叫这名字吗？感觉很奇怪，不像禅师常见的名号。

张小砚　嗯，就是这也不行，那也不行的禅师。

行李　他是附近哪所寺院的？

张小砚　他没有庙子诶，在工厂打工。听说这里的酒好喝，就辞工来山中讨酒喝，待了一个多月，给酒坊墙上画了一幅《妖怪喝酒图》，以工换酒。后来工友说缺人，他又辞别我们打工去了。

行李　《妖怪喝酒图》是什么意思？

张小砚 在山中酿酒，野物比较多，尤其出酒时，蝙蝠、癞蛤蟆、螃蟹什么的被酒香吸引，纷纷到酒灶跟前来团团围住，跟傻了一样。晚上用灯一照，看到螃蟹从溪涧排纵队往酒灶前进，一晚上能抓好多只。但这并不玄妙，其实就是热酒发出稻花授粉时的气息过于浓郁，这气息会吸引害虫，自然也就吸引螃蟹、癞蛤蟆，食物链嘛。由此想起我们乡下一种说法，酿酒是通灵的，酒是祭神之物，但酒香也容易招来山精，会过来偷酒喝。妖怪喝了酒就会现真身，人喝了酒也容易卸下平日的面具，恢复本来的样子，自在快活。所以就请这那禅师画了一幅《妖怪喝酒图》。完工时还用鸡血开眼，打碗酒供上，索性招安来镇守山中酒坊。

行李 你这里酒坊工挺多，也都是极有趣的一群人，都是怎么来的？

张小砚 有的是喝酒喝着就留下来了。有的是去年来喝过酒，念念不忘，今年又来了。最初我一个人来到山里，后来阿平来了，哦，他现在已经学会酿酒了，要叫平师傅，他来酒坊之前做了十年的设计师。还有高三舅，是酒坊去年雇的杂工，今年他不要工钱，愿意留在酒坊，专业是木匠出身，但泥工、瓦工、电工什么都会，所以他还有个显赫的称号，叫"万能的高三舅"，是我酒坊的人才之星。牧羊是酒坊的厨娘，去年出酒时来喝过，春天便来酒坊做义工，管酒坊内务和菜园。还有水手，嗯，他之前是一个远航的水手，现在负责照顾花园和维护水源。还有马骝，他的网名叫"脚踏七彩祥云的大英雄"，不好叫，简称马骝，当过兵，做过夜场保安，卖过烤串，开过火锅店，因为打架比较厉害，现在负责安保和给平师傅打下手。还有很多像三石那样的编外酒坊工，周末过来干活。这里来去都自由。哪天你要想来山中换一种生活，也可以来酒坊做义工，提供吃住，酒任喝，但是得干活，嘿嘿。

行李 以后会一直酿酒下去吗？

张小砚 我原来的想法就是把酒酿出来，请大家喝完这顿酒，偿了心愿，这事情就了了。但现在似乎不一样了，慢慢就变成了一个场，有平师傅，有高三舅，还有像你这样的，三石这样的，还有好多人，这里成为一处大家喜欢的地方。不管在哪里，他们一有空就想过来待一待，喝几口酒。来不了的也总惦记着，春天寄来花苗和菜秧，酒坊缺什么，他们总想着往这边添补着。我想这个地方也许应该让它存在下去，如果我的读者累了，山中有一处地方可以落脚，通过劳作来换取食宿，条件固然简陋，但自由自在。就像当年我困窘时，有很多人鼓励让我坚持写下去，这是相互的，不只是回报他们。

行李　这样维系下去，日常的成本怎么办呢？靠写作的稿费吗？

张小砚　嗯，这些年都是用写作的钱来酿酒，今年春天酿了一些酒存着，打算卖些酒出去以维持酒坊运转。等空了去买些瓶子来分装、邮寄，让酒坊的义工来负责这些事，大家在一起生活，家计方面就不全是我一个人的事了。

行李　你的读者不希望看到你下一本书出版？还是更想要喝到你的酒？

张小砚　我大概算不上什么作家吧，当年写书卖是因为回到乡下没有好的生计。至于读者怎样希望，我不大晓得，反正别人希望什么跟我没关系。我做的事是我自己想做的，即使惠及他人，那也和他人无关。真切地生活着才是最重要的，文字是生活的衍生品而已。也许以后会将酿酒的故事写出来，供酒徒们下酒。

行李　今天进桃花源山门时，看到门上石刻"世上无双梦"，觉得世事常常有巧合，想起你曾经说起的一个梦："众筹砖头建一间酒坊，凡给我酒坊添一块砖头，秋天就还他一坛酒。添砖的人，告诉我他人生的一个梦想，或者愿望、欲望、理想，反正都是人生好念想嘛，我替他刻在砖坯上。我要搜集很多人的梦，在稻田间砌一座世间唯一的酒坊，这是一场游戏人间的梦之旅。"为什么后来没有继续下去呢？

张小砚　五年前我试酿过一批酒，发过一封约酒信，让人们为自己的梦想预约一坛酒，梦想成真之时将酒领回去。本意是想鼓励他人成就生活的梦，以酒相祝。许多人都预约了酒，酒也给他们一直存着。然而五年过去了，只有一个人来我这里领酒，她叫蜗牛，用五年时间完成了一个环游世界的梦想。大部分人只是说说的，不会真的去做。但是，有一天，也许我真的会实现这个梦。这世界总会有人爱做梦，并且实现梦境，我也是那样的人。

　　众筹砖头的事，有那个念头的时候，是因为没钱酿酒了啊。后来不是左叔买了我书的电影版权吗，我又有钱了，就不搞众筹了，自己这样做下去吧。如果哪天酒坊生计难以维续，那再请大家来帮忙，一起玩吧。


4.


行李　在山中的生活是怎样的？看你之前写过的愿景是："近泉而居，远世上人家。读闲书写小文，若有暇，春天种几株桃花，采新鲜桃花做酒曲，秋来酿几缸酒喝，若有余便卖给村邻。有闲钱，再养匹马代步，可以骑马去遥远的镇上取邮件。回来时，马儿若是疲乏，便牵它步行，沿溪岸而上。明月高悬，无人言语。"

张小砚　白天我们劈柴，去山上接水，做酒坊日常维护，在一切艰辛的劳动之后，傍晚去溪涧游泳，晚上我们会一起喝点酒，然后各做各喜欢的事。高三舅开始练习书法了呢，牧羊晚上要写作，平师傅迷上了做手工搞发明、看书看电影，或练弹弓打烟头，各自精进呗。山中岁月安静悠长，一生好像两生那么长。


行李　每天都会游泳么？

张小砚　嗯，有时下雨也会游。你有试过在暴雨中迎着激流游泳么？雷声轰鸣，闪电一刀一刀劈下来。在激流之中拼尽全力奋进，凭即刻死去也甘心的狂野之气。直到力竭，回到廊下，生火煮茶，周遭雨声如鼓，心里寂静无声。

行李　陶渊明笔下的桃花源也不过如此。

张小砚　我觉得，也许这世上并没有桃花源，这才是陶渊明写下《桃花源记》的意义。换言之，每个人心里都可以有一个桃花源，也有一个操他大爷。去年来的时候，这里一片荒芜的破旧老房，一二十年没人住，墙都快倒了，站屋里可以仰望星空，瓦顶都掉塌了，没有水，没有电。但我很满意，因为我喜欢一边操他大爷一边胼手胝足地干活，怀抱一股勇猛之气构建一个桃花源。现在看起来虽然很简陋，是因为经历了之前的历程，会觉得这已经是很好的状态了。当然，还可以更好。不过，好到一定程度，就是结束。

行李　看上去很多地方都还处于未完成状态。

张小砚　是，我喜欢先往下一住，这里建个栏杆，那里种点花儿，再整整流水系统……生活就是这样一点一点地构建。一件事情，如果有人力、财力，在七天之内把它做完，其实是没什么意思的，不要那么快到达终点，要慢慢地、有节奏地、有仪式感地做这些事情。这样就有许多可以庆祝的节点，比如前几天做了张竹筏，那必须杀只鸡呀，打一坛酒，泛流溪山之间，绿树浓荫之下，喝喝酒，谈谈遥远的梦想之类，嘿嘿。不过鸡并不喜欢我们老搞庆祝会。

行李　来的路上和三石聊天，他说喜欢你真实，有生命力，还喜欢你成名后反而退回到乡下，急流勇退。一般人很难舍弃，但你轻松就做到了。

张小砚　啊，哪有他说的那么简单，不轻松的啦，所谓舍弃也是经过一番权衡利弊的。你想想，把自己整出名也是很难的事啊，写文章本就辛苦，还得载歌载舞换着花样娱乐看客，还要跟那些不懂事的家伙吵架，发帖连载一年多，吵架水平飙升，都超过写文章了，都是不容易干的活。出书之后，出版社还要我多做活动，要趁热打铁，我想我又不是铁匠，还是算了吧。出名后要保持热点，就要不停地娱乐大家，不时地搞点动静出来以免被遗忘，太累了，那就不是生活，是表演了，没劲。

　　人在世上，没有比真切地活着更为珍贵的体验了。我的目的不过是写本书卖，赚点钱，在乡村过我的生活，目的达到了，就不必再陪人玩了。我生活在江西十八线的县城下，一个二十三线的农村，一年生活费，真的几万块钱足矣，还能经常吃肉喝酒，不需要赚很多钱再去快乐，现在就已经很快乐，时间很贵的，不能都用来赚钱。我就喜欢无所事事，不讨好别人也不麻烦别人，悄然自得地生活着。世上名利如长河流水，需要时便去取一瓢饮，不得溺毙其中啊。

# 5.

行李　你怎么还种过很多玫瑰？

张小砚　那年，我在彭泽种田，有人远道来看我，抱来一束玫瑰。那玫瑰摆成干花，不舍得扔掉。而我回报的方式比较狂野，寻了一处好风景，租一大块土地，五十年期限。要亲手造一座玫瑰园送给他，回报那一束花。

行李　就那一束花把你感动的？

张小砚　也许吧，谁知道呢，恋爱的人都比较神经吧。搜寻全世界各地玫瑰品种，最古老的、最新培育的、各种香型、各种花型、各种色系……研究土壤、气候、地形，越陷越深，四年时间，已成为玫瑰种植的专业师傅。我要让它们有春天开的、夏天开的、秋天开的、藤蔓的、灌木的、地被的，颜色不一样、株型不一样，像一首协奏曲，随着四季节奏的更替而绽放，不得有误。

行李　你这比山盟海誓还惊天动地呀。你认为什么是爱情呢？

张小砚　文艺的说法有一万种，爱情是百花齐放，百鸟归巢。爱情是两个人之间有一束光。爱是心里长出了一棵树，树上开花，花里生出百般念想……但想想，我还是不懂什么是爱情。这是人类自古以来的谜。不过，也许懂了，就不再想谈恋爱了。

行李　有倾心相爱的时刻吗？

张小砚　有啊，爱到极致会想死。如果我们死了，要把骨灰掺在一起，变成分子，谁也没办法将我们分开。可是骨灰会发霉生虫，缺乏美感，所以还研究过如何将骨灰通过极高温变成结晶体。这是真的，我有一个做殡葬行业的朋友，叫金戈，他引进韩国的一种技术，将人烧成舍利子那种形态。不需要修行，只需通过极高温，将骨灰变成结晶体，像玻璃一样。生前乱吃垃圾食品的，还能烧得五颜六色，串成好看的项链、手链。花点钱还可以刻二维码，扫一下，这个人一生的故事就可以重现。不需要占用太多资源，可随身携带。爱情恒久远，一颗永流传。呃，我扯远了吗？

行李　后来呢，那个送花的人呢？

张小砚　死了。

行李　……为他种的那片花园？

张小砚　去年彭泽发洪水淹掉了，无名的裴德、大天使、路西法、午夜深蓝、夏洛特女郎、遥远的鼓声……一棵都没有了。真懊悔，自己拥有得太多，一直精减物的拥有，以免为物所累，而不知不觉中，我竟然种了几百株玫瑰，真是狂妄啊！不过事实是，种花比谈恋爱有趣，它们从来不说话。

行李　你什么时候会哭？

张小砚　哈？我也不知道，有时会很娇气啊。上次从石头上跌落溪水，摔得水花四溅，爬起来的时候，这群没良心的家伙在旁哈哈大笑。我腿都磕破了，又狼狈，又疼。走回来的时候，血从膝盖直流到脚背，感觉非常悲怆，一路哭回酒坊，觉得他们难道不应该很宝贝我吗？去年冬天有一天也是，早上起床很冷，很久没干体力活，浑身疼痛，想起好多事情，村民猥琐不讲理，忍不住哭了起来。觉得在这陌生的村庄谁都可以欺负我，连聋大伯都来欺负我。

行李　他不是还帮你拦闲杂人等么？怎会欺负你？

张小砚　人总是很复杂的啊，我们之间的友谊也是很诡异的，按我的经验，每隔两个月就要绝交一次，不然他就逾越界限，超出一个本分的邻居应有的尺度。而再次建交的时候，他会异常地谦逊、和蔼，又客气。他有时候做的那些事很荒诞的，小乌就是被他打死的。

行李　狗吗？

张小砚　对，去年他弄了两只狗，送我们一只，他自己留一只，叫小乌。但两只狗一直在我这里养大，我们建立了深厚的感情。有一天他忽然把小乌打死了，说小乌咬他的鸡，他用锄头将小乌的头砸扁了，扔到溪水里漂走了。他平时不是这样有细节描述的人，但他那时候怀有恶意，在探测我们的情感纬度，文艺的说法就是这样。他看到我们面色苍白，瞪着他说不出话，还刻意描述细节给我们听。他知道我们很喜欢这两只小狗，平日很看不惯我们对狗溺爱，给它用专业洗发液，打个喷嚏毛都能飘扬起来。过年还送小狗啫喱水，因为小乌那个发型太乱。大概是嫉妒吧。但那是属于他的狗，我们也没法说什么，只能正式宣告绝交，派酒坊工去他门前宣读《与聋大伯绝交书》。

行李　你们也太搞笑了，还宣读绝交书。

张小砚　本来是贴他门上的，谁知道他竟然不识字，还跟我们嘻嘻哈哈，只好派酒坊工宣读。后来，就发生神秘事件了，聋大伯的三只鸡都不见了，他怀疑老李，老李跟他有仇。有天老李的狗咬了他的鸡，他竟然还报警了，坐桥头等警察来。荒芜的山里，就我们三户人家，我说要不我们酒坊出面，摆个和头酒，把鸡跟狗一起炖了，大不了我们出点酒，然后一笑泯恩仇算了？但聋大伯不肯，老李也不肯。这仇可结大了，现在他们狭路相逢都不打一声招呼呢。

聋大伯找鸡，我说被小乌咬死了。他说不可能，小乌已经死了！我就很生气地说，我们都看到小乌回来了，它回来复仇，把你的鸡咬死了，一只清炖，一只红烧，一只做了辣子鸡丁。聋大伯使劲摇头，反复说不可能呢，哼，真是太天真了！他绝对不会怀疑我们偷鸡，因为我们在这里操守一贯很好。一个人的品格是很重要的，又不是几千万的生意，干吗干下三滥的事情呢，三只鸡而已，是吧，虽然也不是完全地有原则，但这村庄真没什么值得我们干坏事的。那天我们怀着仇恨的心理为小乌报仇，我们是怀着正义的怒吼把三只鸡都抓起来。不过后来村民来闹事，聋大伯义正辞严地站在了我们这一边，我们又和好了，那三只去老李家旅游的鸡又回到了聋大伯的怀抱，重逢简直要喜极而泣。然而端午的时候，聋大伯愉快地宰杀了它们。

行李　好欢乐。

张小砚　我们隔段时间不搭理他，他就要搞点事情出来，吸引我们注意。今年春天，他又诋毁鸡毛和蒜皮追咬小鸡，唆使我们遗弃它们，我告诉他本酒坊有《未成年狗保护法》，小乌的惨剧绝不允许再度发生。他很喜欢跟我们待一起，成天坐我们门口听收音机。有时我们去镇上买菜，他也要搭车去，其实他什么事也没有，买完菜他又跟车回来。有时宁愿请我们吃饭也要跟我们多待一会儿。

行李　他哪来的钱请你们吃饭？

张小砚　他有工资的，忘了介绍，他在本村是阶层最高的，我们都是无业游民，他是有国家公职的防火员，还有制服发，国家还给他配了一只喇叭，他的工作就是高喊"谁放火谁坐牢"。我们刚来的时候，他很起劲，老在门口喊，换着花样喊，不容置疑地："森林防火人人有责！"恐吓地："用火不预防，失火就遭殃！"讨好地："安全用火，幸福你我！"一个聋子本来嗓门都大，总疑心全世界的人都是聋子，还加上高频喇叭，简直不要人活了。大概过了一阵子，他终于确认一个事实，我们不像是来放火的，才放弃对我们的高频教育。

　　公道地说一句，聋大伯在大是大非面前，还是立场很稳定的，每次有村民欺负我们，他都坚决地站在我们这一边。但话说回来，能坑我们的时候他也绝不含糊。人性真是复杂啊！

行李　你们要是走了，他会更寂寞的。

张小砚　不会寂寞很久吧，聋大伯说他只打算再活三年，哦，两年。去年他说打算活到七十岁就不活了。

行李　啊？

张小砚　是真的，他说人活得太老没有意思。我问他有没有想好埋哪里，他说埋酒坊对面山上，还指给我看，那里有一棵好大的花树，他看中那里了。一想到两年以后，聋大伯在对面山上看看我们，我就觉得怪别扭的。

行李　哎呀，它们都爬过来了。

张小砚　谁啊？

行李　癞蛤蟆。

张小砚　哦，胡里奥，它们经常来的。有次这那禅师半夜起来尿尿，一开门，看到五只癞蛤蟆蹲在门口，都准备进来。禅师立马说，哎呀，对不起，对不起。马上把门关上，再打开，提壶开水浇了个弧线。只见癞蛤蟆跑得比狗还快，边跑边喊我操！哈哈哈。

行李　连癞蛤蟆也有名字?

张小砚　有啊，桃花源所有来访的癞蛤蟆都是胡里奥，所有的老鼠都叫阿德（大理著名书店人阿德是张小砚好友），所有的野猫都叫菲利普，就像男人叫所有情人甜心或宝贝一样，不会出错，免得伤了人家的心哪！我不懂得它们是怎么看待我们的，有点怕，尊重些为好。

　　你看，溪流上好多萤火虫。萤火虫啊，是多么神奇的生物呀，它可以把自己搞发光，厉害吧？更神奇的是，它用光来谈恋爱，通过发光的频率调情。一想到此，简直对萤火虫这种生物肃然起敬呢，这样优美的爱！

　　我们山中经常停电，有天晚上，酒坊工在门廊前喝酒聊天，我坐廊下吹箫，箫音和着廊下的激流之声，如同在雨中。对岸的青山已消失不见，唯有萤火虫飞过，越来越多，像星星一样，溪流之上仿佛有一个宇宙。我看了很久，觉得好美啊，但是我是一个人。回头跟酒坊工们唉唉地说："忽然好想找个男人睡一下。"这群混蛋笑得从凳子上摔了下来，完全不懂此刻的心境是有多美。

　　就像写作，我们完全不知道是谁人来读它，就像我们在深山发出一束光，这世上有很多牛逼的作家，我们作为这么平凡的人，也想发出一点声音，一点光，就把它发出去了，不知道谁会看见它，谁会来回应我们这束光……

　　睡觉吧，银河都转到山那边了。

张小砚酒坊内一角。
常来这里的这那禅师
为它写下这句
"花满山前月满溪"，
完全的写实。

[摄影 / 宋文]

沱沱

很多年前，一组以重庆为背景的彩铅画在网上疯传，作者以一个小孩子的视角，描写他所见到的山城重庆的地形、风土、人情，和他顺着长江一路飘流的旅途，江水、峡谷、索道、轮渡……重庆的独特地形以及因此产生的生活方式，在这些画里精准再现。彩铅画和为这些画写的文字（大多用方言），都像童话，又绚烂又平静，像另一个《小王子》的故事。

　　这组作品的创作者就是重庆人沱沱，一个天才级别的怪才。2017年夏天，这本绘本由"读库"出版，取名《去飘流》。他说《去飘流》是他十多年前的一个梦，"一个悲伤得难以自持的梦"，醒后他决定把梦画下来，讲一个跟所有小伙伴有关的故事，记录出发前的那些美好时光。他把自己藏在画里，把小伙伴、家人和他的城市藏在画里。

［程婉　2017 年夏天采访］

# 《去飘流》摘录

## 大阳沟菜市场

大阳沟菜市场是典型的川东建筑，屋顶很高，四周呈开放式。夏天通风纳凉，冬天通风除湿，缺点就是阴暗，所以会有很多明瓦。玻璃烧的明瓦，点缀在黑瓦中间，每栋房子都是这样。光线射下来，一柱一柱，光阴，所谓光阴，就是这样。

陪这些老年人慢慢走在光阴里，我的地理大发现和晚餐竞猜也由此开始。

如果去买宜宾的芽菜，我就知道今晚要弄烧白；如果去买的是涪陵榨菜，那今晚不过只是吃一盘榨菜肉丝；如果去打一碗郫县的豆瓣和甜酱，那百分之百是要炒回锅肉；但如果还买了点山柰八角和汉源的花椒，荣昌的猪肉又多称了两斤，那烧红烧肉就是粑粑烙熟的事了；如果买的是白市驿的板鸭，我再联想起来窗台上酿的陈皮，那今晚的陈皮鸭子是绝对逃不脱的。

带强烈的地理标签的，还有自贡的井盐、内江的白糖、忠县的豆腐乳、永川的豆豉、缙云的怪味胡豆、合川的桃片、江津的米花糖和天府花生……

这个菜市场的漫长走道，长得，像穿过了整个四川省，而里面，有我们听说过的，能找到的，一切美妙的食物。

可是上世纪九十年代初卖给了香港的地产大王。然后，香港的地产大王拆了大阳沟菜市场，修了大都会广场，倾销资本世界过剩的奢侈品和无聊的生活。

……

我们的穷街陋巷，我想以后我会重建一个的。

我还要组织一个大家庭，每天为家人去买菜，或者砍人。

随后的光阴和尘埃里，一家人坐在一起烫老灶牛油火锅。

看炊烟和蒸汽，翻滚在光阴里。

## 重庆的佐罗

我在每一个黄昏醒来，都会数一数剩下的时间，看看有多少可以拿来在余晖里喝一杯酒，还有多少可以拿来在晚霞里吃一顿饭，我不想错过每一个黄昏，在黑暗降临之前，我要使劲地眺望云彩。

我甚至希望能住在北极圈的某个地方，那里永远都是黄昏，而我一直在吃晚饭。

恩！没有比黄昏和晚饭更美好的事情了。

蓓蓓说我很喜欢画黄昏和夜晚，她还说我在这个世界之外创造了一个自己的美好世界。

我想了想说，那是因为只有黄昏和夜晚的回忆才快乐啊，而我并没有创造一个新世界啊，我只是还原了我的故乡。

清晨的朝阳令人沮丧，居然又要离开美好的被窝去学校受罪，而在学校的那整个的白天，完全毫无乐趣，尽是一些跟我的人生毫无关系的东西。

黄昏，只有黄昏，才是完全属于我的。在放学以后，回家之前，可有很多游戏要耍一遍；还有很多秘密的地方要去一趟。

更有很多神奇的事情注定了会被我们遇见。

比如佐罗。

1.

行李　你现在是常住在大理？在大理多久了？

沱沱　好多年了。没事儿的时候没有必要待在城市，就回到乡下，我的
　　　狗都在那。现在住在离古城三公里的村子。因为海边都是酒店，
　　　城里都是观光客，山上住的都是文化人。但我住的村子里，除了
　　　我以外差不多都是农民。我不爱出去玩。大理现在集中了中国最
　　　多的聪明人和最多的傻×。

行李　那你可以和聪明人玩啊。

沱沱　刚开始以为的聪明人最后结果都不是，因为真正的聪明人会显
　　　拙，傻×则处处显聪明。去那儿本就是想在边疆逍遥，但有人的
　　　地方就有江湖，一有江湖就有人要当任我行，有人想当岳不群。
　　　拉帮结派可以理解，结党营私稍微过了，党同伐异就很无聊了。

行李　大理现在有到这么严重的程度吗？

沱沱　有个朋友年初写了一篇文章，说了点真话，他说很多从北上广逃离出来的人，把自己描绘得跟陶渊明似的，其实都是在北上广混不下去的，刚开始都显得牛×哄哄的，但人格破产的人，换哪儿最后都会一样，也就三五年的事。

行李　你是哪年去的大理啊？

沱沱　1984 年就在那里过暑假了。因为我表妹是当地白族人。因为从小就喜欢那边，特别是夏天，喜欢那里的自然风貌。还有我家的狗，在那种环境里会自由一些。如果狗在大城市里养着，它就像小朋友一样，不会快乐。还有创作者需要找个很舒心的环境，大理生活成本低，压力不大，另外气候很舒服……手艺人和非手艺人是两种人，手艺人靠作品说话，不需要扎堆吹牛×。三脚猫才需要抱团。创作者更多关注的是一些内在的东西，只需要找到一个让自己舒适的环境就行了。

行李　大理的确算国内待着最舒服的地方了。

沱沱　大理的好处是它体量够大，村子又多，选择的余地足够。

行李　那你现在的生活状态是什么样的呢？

沱沱　最近回大理待一个月，整理十多年来的照片，交给读库，然后 7 月跟朋友出去玩。然后再把剧本写完，筹备一下动画长片，可能就要来北京待段时间了。

行李　你特别爱你的狗，现在养了几只？

沱沱　两只。因为创作时所有的独处都是它们陪伴的。

行李　听说之前的爱犬去世了，你还要把骨灰带在身上。

沱沱　都带着呢，一罐一罐的，有三罐了。一直没找到合适的地方安葬它们。现在这个城市化进程，今天还是荒地，明天就变楼盘了。

# 2.

行李 你现在基本就是一个自由创作者的状态？

沱沱 都失业十四年了，不，应该说退休了十四年。失业是被动的，退
休是主动的。那时我二十八岁，在 4A 广告公司里当创意总监，
那个时候就二十万年薪了，放现在就是两百万了。但数字只是数
字，因为那个钱是不属于你的。人到了什么阶层，就会对应出入
什么场所，穿什么衣服，吃什么饭，坐什么车，都是被人挟裹着
向前的，你从来不属于你自己。成长于 20 世纪 80 年代的人都知
道，快乐跟物质是没有多大关系的。所以后来一点都不快乐，每
天都在虚妄的言语间消耗。广告业本来就是把撒谎当才华的行
业，把人家根本不需要的东西当生活必需品卖给人家。你能影响
的人越多，你越有成就感，然后就代入了精英意识，其实所作所
为并没有让世界更好。

行李 那你为什么最开始迈入广告行业呢？

沱沱 因为上个世纪末的广告行业还很好玩，有很多优秀的前辈，像香
港和台湾地区、新加坡的人过来，那个时候 4A 公司还有创意可
言，后来就被市场改变了。就好比本是秦淮河的名妓，先要讲究
点琴棋书画，后来就成员外来了不要前戏直接行房。那时候像我
这种没有学历，只有高中一年级文化的人，本土公司进不去，只
有不看学历的跨国 4A 公司可以去了。

行李 你最开始也不会画画，怎么成了设计总监？

沱沱 只是有点小聪明嘛。当时 4A 广告公司的总监，也都是从美工开
始，一点一点由师傅带起来的。他们也不会看你学历，只是看跟

72

你交谈时的感觉，有没得潜力，能不能培养。我本来想做文案的，老板问我会不会英文，我说不会，所以发配我去做美术了。刚开始电脑怎么开机关机都不懂。但你知道这是唯一改变命运的机会，三个月试用期，必须要过。三个月以后，电脑也会用了，设计也会做了，英文也会说了。不然我家里之前给我安排的工作是厕所门口收费、中巴车上卖票，你肯定不能接受这样的命运嘛。

行李　即便这样也是因为当时有些具体契机吧？

沱沱　辞职那年我二十八岁。二十八岁是个很重要的时间节点。因为还有两年就三十岁了，青春就要浪掷完了，可还是一事无成，就会想以前最初想实现的东西。的确是有些契机，那段时间老做梦，因为离开故乡很久了，老做一些以前的梦。我有个牛皮本子，我就每天把梦画下来。开始画得很差，就像《去飘流》的序言里那张，后面自己琢磨，越画越好。刚好遇见朋友，他就说你应该尝试去画一些完整的故事。后来在一个关于三峡的网站上看到一些文章，讲到长江与三峡的过去、现在和未来，也有各种讨论，当时有一种感觉，你出来晃了一圈，结果回不去了，没有故乡了。但你作为一个个体，能做什么呢？但你作为一个个体，能做什么呢？只能从自己的立场和角度，以一己之力去把以前很美好的东西保留下来，保留在心里。我开始画画的时候也没想让人知道，哪怕最后只是自己留给自己的东西也好。所以当时做了这样的决定以后，只有辞职了。

3.

行李　开始画画的时候会对自己有要求吗？一天要画多少？

沱沱　没有要求。只会要求自己睡觉。进入一个状态以后，十几个小时下来，大脑很兴奋，但身体很疲倦，所有器官都有衰竭感，必须喝酒才能睡觉。这种状态持续了很多年。其实2008年差不多了，再坚持一下，2009、2010年就能完成了。但2008年汶川地震了，觉得自己不能像个无用的文人那样无所作为，所以进灾区待了很久，带了很多学生，还得过全国抗震救灾先进英雄集体奖，不过这不是我想要的。作为第一支进入灾区的电影放映队，那些灾民在里面很久很久了，什么资讯都没有，我们就带着设备，一个难民营一个难民营地给灾民们放电影。那时候余震很多，随时都有可能挂掉。

后来一直拖到今年才全部完成，其实中间经历了很多事，如果没这些经历，可能2010年完成的不是现在这个状态。经历过很多生离死别以后，你的感受想法都不一样了。

行李 比如什么样的想法？

沱沱 对很多东西的理解，比如家里面失去了很多亲人，中间遭遇很多情感冲突，所以关于故事的结尾——一个好的故事，最重要的是结尾嘛，之前再好，结尾结得很差，就打折扣。结尾其实就是你整个人的状态，你变得更辽阔了。包括之前对一些美好事物的失去，已经不像以前，现在很平静，因为已经足够强大。那些东西已经在你心里了，它很完整，可以随时打包带走，在任何一个合适的地方又可以展开。所以即使你的故乡被毁得面目全非，也会波澜不惊。

行李 刚开始画的时候，还是会有愤怒的情绪？

沱沱 是的。以前一个城市是千家万户自己弄出来的，每家每户都是自己设置居住空间，现在是几个开发商就承包了一个城市，每家都是一样的。开发商已经把你放电视、空调、沙发的位置，连马桶的位置都安排好了。人在这个过程里就像温水煮青蛙一样，慢慢就放弃自我了。这和以前自己找个地儿，按自己意愿修房子的时代完全不一样了。

行李　所以开始还是一个愤怒的青年，现在已经是一个平和的中年人了。可是在你的书里自始至终也没有看到愤怒的东西。

沱沱　我就是不明白为什么有人自己的情绪阴暗的时候，要通过创作传递。创作应该引领人心去更辽阔的地方，而不是歇斯底里的。

行李　那你现在怎么看待重庆这个城市?

沱沱　我对它没得看法。前两天还有人说起重庆直辖二十周年，问我的感想，我说关我屁事。我回重庆，地方媒体曾经问过，说我画的都是过去，现在的新重庆这么美，你会不会画? 我心里就在说：那些摩天楼，就是横的竖的横的竖的块块，那些需要画吗?

行李　你自己的审美是怎么创建出来的?

沱沱　可能真的是每个个体来到世界上，上天注入身体的灵魂及分量不一样，安排的使命也不一样，每个人心里种下的种子更不一样。有些人心里的种子一直没有破壳，破壳以后才知道种子里的内容。小时候，20 世纪 80 年代，文艺很活跃。我外婆在当时重庆唯一一个展览馆工作，我每天中午放学后去那里吃午饭，看过了整个 20 世纪 80 年代全重庆几乎所有的画展和摄影展。虽然良莠不齐，但见得多嘛，慢慢就会有判断。

　　　所以现在有很多家长要把小孩送到我这里学画，我说小孩子不需要学，他只需要看。不是每个人都需要有创造的能力，大多数有鉴赏能力就好。当他真正想创作、有强烈的表达欲时，他自己就会找到办法。就像我一样，刚开始画得那么差，简直想撕掉，后来想了一下，这是一个完整的成长过程，得保留。

行李　整本书是怎么创作出来的呢?

沱沱　是先写好了故事。文字都是十四年前写好的。先想好了要讲一个什么样的故事。

行李　然后再配图?

沱沱　也不是配图，就是关键帧的描绘，分镜头嘛。有些文字里转场的情景没有必要画，画面呈现出的感觉，文字上也没有必要去重复啰嗦。画面负责画面的功能，文字负担文字的职责，就是这样慢慢磨合出来的。

行李　故事是怎么构思出来的呢?

沱沱　就是所有那些你小时候最美妙的回忆、幻想与梦境。

行李　故事里提到的那条江底的龙是真的吗?

沱沱　山河神话。不过张一白想把它变成真的。那都是几千年的传说了，但是江底是真的挖到过龙骨。有一年嘉陵江枯水枯得很厉害，他们在江滩上发现了大批恐龙骨。可能这些口头的民间传说，传到后来会传变形。

行李　你相信吗?

沱沱　现在风水被破坏得很厉害。本来山城是山，龙头就在两江交汇这里，现在龙头这里立起一个来福士，比所有房子都高，把新加坡的金沙酒店照搬过来，还加了五栋楼。它一个就把全城的风水都破坏完了。

行李　你不是说已经不愤怒了?

沱沱　不愤怒了。我知道在亿万年的山河面前，一切人类虚妄的造物最终都将成为废土。"尔曹身与名俱灭，不废江河万古流。"

4.

行李　好像你曾经说过，《去飘流》里的彩铅已经用到极致了，不太可能有人能超越了，是吗?

沱沱 应该是吧，时间跟精力耗费到这个份儿上应该没有第二个人了。而且我也不想再画了，对这个材料的运用已经到自己和材质的极限了，把彩铅用得像油画一样。如果还有人能突破这个瓶颈，那就是真正的牛了。

行李 听说很多图都是一个点一个点点上去的。

沱沱 是的。这张树荫图就是点了成千上万个点，点疯了，再也不想点了。还有一张水面的图，因为彩色铅笔是浅色不能覆盖深色的，所以浅色只能留白。我就把自动笔芯褪掉，只用那个钢管在纸上按出凹印，按几十万下。不知道的人还以为你是神经病呢，画了几个月还是一张白纸。就像泰国那个隐形纹身一样，在后背上用空针头纹了一条龙，弄完以后没人看得见，只有他自己感觉得到。

行李 看过以后感觉整个故事还是围绕着长江。

沱沱 对。之前很多人问我，这本书就是怀旧什么的……"怀旧"真的是个俗到烂大街的词。其实讲的是少年成长的气势，他和门前这条大江互相赋予对方灵魂以致密不可分的关系。我去过长江的上游，也去过最下游、入海口。它就像一个人一样，在上游的时候，金沙江从雪山上下来，很清澈、很激烈，还有像虎跳峡这种峡谷，落差很大，很湍急、狭窄。到了入海口就变得波澜不惊，辽阔但浑浊。我就想把一个少年与他的江的成长气势讲出来。其实这部书还有下半部，是关于他长大以后的故事，到下游更远的地方。但是我不想再画了，再画又不知道多少年。而且现在真的没有必要自己再伏案了，因为你已经通过十四年的伏案证明了自己，不需要再用这种方式继续证明。因为最后传递的是情感，而不是自己的手上功夫有多厉害。如果能用更快捷的方式，有更好的团队来完成，没有必要非要拿铅笔自己这样磨啊磨好多年。重要的还是如何讲好一个故事。

行李　故事更重要，手段只是手段。

沱沱　对。只是照相机做不到的，跟心灵有关的，那我只有画下来。以后如果有团队把它做成电影，不是更好吗！

行李　如果以后电影也做完了，怎么办呢？

沱沱　就真的退休了。什么都不做了，陪女朋友浪迹天涯。

行李　会不会觉得人生前半部密度过大了点，你还这么年轻。

沱沱　为什么要做很多事？一切随遇，不刻意，当你内心有这个强烈愿望的时候去做就行了。完成这个作品，等于来一趟人间对得起人生，已经够本了。没有完成之前一直很担心，哪天自己出了意外，洗白（完蛋）了怎么办？完成了以后觉得生命随时失去都没有遗憾了。如果以后还能把它做成一部电影，那人生就赚了。每个领域你只需要牛 × 一次就可以了。我还在结集我的照片，那个比这个还有更多的爱与梦。

行李　你拍摄的题材是什么？

沱沱　都是在乎的一切，人间烟火气。很多人是猎奇，很多人是观光客，但我们是脚踩在那里的大地上生出根来的。真正动人的不是那个城市、房子和街道，而是生活在那里的人和它互相赋予对方灵魂乃至密不可分的关系，以及让我们之所以成为我们的一切。

5.

行李　看你的书其实挺有共鸣的，虽然我家不是重庆的，但其实每个人对家乡的感情都是类似的。

沱沱　是的。最开始鼓励我画的是北京的朋友，大家对童年和故乡的情感是一样的，只不过对于平原城市的人来说，换了一个更魔幻的空间。

行李　而且上天给了你特别好的才华让你可以表达出来。

沱沱　它就是一个使命，它选定了一个人来做这件事，就把能量不断地注入你的右手。哪天觉得你完成了，它可能就收回了。我有很强烈的这种感觉。

行李　我只去过一次重庆，感觉现在的重庆还挺标签化的。

沱沱　对，就是那种荒诞、暴力、黑色幽默、屌丝逆袭、痞子英雄。曾经有些剧组来重庆，咨询我一些问题，说到他们的故事，都是一个屌丝，莫名其妙地卷入一场黑社会的冲突，我说你们能不能有点创意啊，他们就想了解黑社会是怎么样的，显得老子是黑社会似的。他们又说想要了解那种真正的社团，我说你们是傻吗，真的以为还在港产片的20世纪80年代？

行李　都是电影看多了，好像是从《疯狂的石头》开始的。

沱沱　《疯狂的石头》里有涉及黑社会吗？不过那个长江索道之前几毛钱一张票，就因为那部电影，现在20块钱一张票，然后每天几千个人排队。

行李　《去飘流》如果做成电影的话，会是真人电影还是动画片？

沱沱　只能做成动画电影。中国很多动画电影，对白是硬伤。对白弱智到让你感觉再看下去就是在侮辱自己的智商。那些话有一搭无一搭的，没有任何内在逻辑。逻辑训练是很重要的，一个人的性格怎么变成那样，这个事件怎么会发生，人与人之间是怎么产生影响的，不是编剧编不下去、拿无缘无故的爱就能搪塞过去的。

行李 你有喜欢的动画电影吗?

沱沱 有啊。我喜欢的动画电影,首先故事得是完整扎实的,风格反而是其次的。以前拍《疯狂约会美丽都》(就是《美丽城三重奏》)那个导演,他后面又做了一部电影叫《魔术师》。跟前面那部比起来,前面那部画风华丽又诡异,故事讲得稀里糊涂又沉闷,结尾也草率,很像法国人的作风,把所有钱都砸在前面,后面没钱了就草草结尾。第二部烧的钱更多,没有多少对白,但画风非常成熟,故事也很好,但注定是进不了院线的,因为那个情感太小众了。

行李 怎样的故事?

沱沱 一个魔术师老头在苏格兰旅行,到处表演,一个酒吧里的小姑娘觉得魔术师好像是无所不能的,能变出各种东西,就特别迷恋他,决定跟着他。而这个魔术师在小姑娘身上只看到他对自己未尽到责任的女儿的一种愧疚的映射,后来发现如果再这样下去,整个路都是错的,这个女孩投射到他身上的感情也是错的。就这样一个故事,不是大家喜闻乐见的,但是故事很完整,也烧了很多钱。即使同一个导演,他的作品质量也有高峰低谷。相对来说,我还是喜欢押井守,《攻壳机动队》,都是十几年前的电影了,但我觉得至今全球动画电影里,很少有超越这个的。当然皮克斯故事也讲得好,皮克斯是工业化的编剧模式,只需不停往里面填充新的元素,编剧是个严谨的职业,懂得尊重观众的智商。

行李 国内电影里有没有你喜欢的导演?

沱沱 我欣赏姜文多一些。他可以拍天马行空的诗化电影,也可以拍故事很扎实的电影。发散起来不按常理出牌,非能力不逮,是刻意不为之。

　　一个好的故事应该是个开放式的文本,任何时候再回想起来,都会有不同的感受和理解。二十岁你是理解不了《海上钢琴师》

的，你觉得为什么他决定去追寻爱情，却只走到舷梯的一半就放弃了？三十多岁你就明白了，你确实不想探寻新的世界了。对熟悉与安稳的需求胜过了一切。他在船上见过全世界的人，没什么好奇心了。他就喜欢这个烟囱到那个烟囱之间是多少步的确定。现在我很明白这种感觉。二十多岁的时候，整个社会的精神面貌还好一些，拿着相机去街上随便拍拍市井人物，他们都很友善，现在你去拍，每个人都是惊恐的，感觉都有被迫害妄想症，觉得你一定会利用他们去达到什么自己的私利。以前不是这样的，社会的信任机制已经瓦解了。

行李　你是特别爱看电影吗？

沱沱　有人是看书，我是看电影。因为我对文字没有想象力，我是画面思维的人。自己状态不好的时候，会让自己待在家里半年到一年，每天看很多电影，是这样成长起来的。你知道这个世界上你不是最惨的，另外的地方、另外的时代，有人比你更惨，人家是怎样活出来的。就这样慢慢地，你内心的火苗又燃起来了。以前伍迪·艾伦有部电影叫《开罗的紫玫瑰》，那个女主角沉迷于电影里虚幻的爱情，电影里的男主角从银幕里走出来，让她美梦成真以后又始乱终弃，她又要回到家里面对有暴力倾向的丈夫，回家之前，她去了一趟电影院，看到电影里美好的人生，她又破涕为笑了，就是这样。你总要找到方法治愈自己，你看别人的经历也可以转化为自己的。

行李　最近有看过哪部比较好看的电影吗？

沱沱　《比利·林恩的中场战事》，看完第一反应一般，后来细想觉得还是很牛。之前有人说比利·林恩的格局没有《血战钢锯岭》那个大，他毕竟还是为了自己的战友才重返战场，《血战钢锯岭》是神派来的人，他连敌人都救，所谓格局更大。其实我后来想，作为导演，还是李安的格局大一些。他讲了一个无辜的年轻人被推

向战场，其实是被所有人消费的符号，就在那一天他明白了很多
事情，不管是经纪人、赞助商还是一见钟情的那个女孩，都是在
消费作为符号存在的他。他只有成为那个符号才有意义。他想成
为真实的自己的想法在现实里撞得头破血流以后，重返战场反而
成了自我觉醒以后自主的选择。很残酷。

# 6.

行李　你有好奇心的时候，是怎么去看祖国的大好河山的？

沱沱　第一次旅行是 1982 年，我七岁，全家人坐船去上海。你见过那
　　　时候最自然的江河吗？小朋友的眼界很重要。我就一直跟当父母
　　　的朋友们说，一定要带小朋友到处去看。

行李　那你们家意识还挺超前的啊。

沱沱　我外婆是重庆第一个摆摊卖报纸杂志的。

行李　那时候还没人旅游的。

沱沱　对，那时候旅游都是坐船，铁路还没有这么便捷，航班更少。那
　　　时候是内河航运的黄金时期，从重庆坐船到上海要一周。所以我
　　　现在觉得真正的旅行要么是坐船，要么是坐绿皮火车，飞机太不
　　　现实了。我早上还在重庆吃小面，中午到北京来就没面吃了。

行李　速度太快了。

沱沱　旅行应该享受从一个文化到另一个文化之间缓慢的过渡，经历文
　　　化的渐变、山川地貌的嬗递。

行李　所以你年轻时候都基本靠走。

沱沱　坐船、坐火车。反正就是什么年龄做什么事情。现在肯定没有那

个精力了。我有一年千里驱驰去新疆，为了给喜欢的女娃儿采雪莲，铁路坏了我还翻山越岭。

行李　后来呢，你采到雪莲给那个姑娘了吗？

沱沱　我当时穿个短裤加一双拖鞋就上雪线去给人家采雪莲，后来想想，好像并不值得让我付出生命。而且在那次旅行里面找到了自我。你的眼界打开了，不再拘泥于对一个女娃儿狭小的情感，你有了更辽阔的世界。而且在整个过程里面，你已经做到了你自己。

行李　后来雪莲找到了吗？

沱沱　没有啊。后来在火车站发现雪莲卖两块钱一朵。但没有买，如果对自己情感都要造假，会自己都瞧不起自己。不追求她就是了。

行李　后来就经常出去玩了？

沱沱　对。那次花了五六百块钱去新疆玩了一个月，觉得如果有 5000 块钱就可以玩一年，我就去上海了嘛，那时候一个月工资 5000。可是钱就怎么都没存下来。后来收入再多，还是存不下来。

行李　然后就没打算出去了？

沱沱　我就不想工作了。

行李　没工作就没有钱，更没法出去玩了啊。

沱沱　没有啊，我还是到处耍啊！上次身上只有 50 块钱，去西南转了一圈，回来还多了 20 块。

行李　哪儿来的呢？

沱沱　到处都有兄弟啊！袍哥人家，没得千里的威风，只有千里的交情。千里不带柴和米，万里不带点灯油。

行李　真厉害。

沱沱　江湖儿女，不存在。

行李　你这个性格有家庭的关系吗？

沱沱　主要是跟城市性格有关吧！码头袍哥文化嘛。袍哥分清水和浑水。清水就是乡绅、社团领袖，让民间自治。民间主要是靠社团自治。修桥补路，创办私塾，薪火相传那些让我们之所以成为我们的事物。

# 7.

行李　从小在长江边长大是怎样的感受？

沱沱　相对于固态的湖泊，我更喜欢奔流的江河。固态的水域，没有方向感。汹涌向前的水流，对少年有一种心理暗示在里面，鼓励人要往更辽阔的地方去。好像"鲤鱼跳龙门"说的就是这件事。你知道瞿塘峡有个夔门，10元纸币后面那个图案上就有，这就是巴蜀之门。四川人都很聪明，四川盆地物产丰富，什么都不缺，等于是个独立王国。如果四川人总在盆地里待着，就是一盘散沙，是小富即安、无所事事的鱼。但要是他们出川呢，就能变成龙。出夔门就是出川了，"鲤鱼跳龙门"的故事好像就是从这个典故来的。

行李　可是重庆不一样啊。

沱沱　不一样。就是码头，码头要辛苦得多。全是山地，物产没那么丰富，这样人的性格会坚韧很多。

行李　所有重庆的小孩子小时候都会有这种想象，要去上游或者下游吗？

沱沱　每个个体不一样。有些人很早就接受自己的命运了，父母安排的命运。小时候去过很多地方，去过云南，去过长江下游几乎所有城市。有的城市太适宜人居了，太多树了，我很喜欢南京、昆明这些地方，城市街道都被树荫遮盖。于是就想去更辽阔的地方，见识这个世界。《天堂电影院》里面说过，如果老在一个地方待着，就以为这里是世界中心，世界就只有这么大。

行李　那长江对重庆人来说呢？

沱沱　因为有人住在嘉陵江边，有人是住在山上，我到处住过，所以情感不一样。但江河是个纽带，不管在这个世界上漂流到多远的地方，在任何地方想起它或看到它都会很激动，因为它是与故乡相连的一个纽带。我在北京待的时间特别短，不习惯，除了人就是人，就后海那几潭死水，每天有几万个人围着看。总是看不到江河的话，时间久了有些情绪会无法排解。出门就是摩天楼，摩天楼是财富和权势对自然人的藐视。但如果城里有山水，你的很多情绪，坐在江边，跟亿万年的江河比起来，连一滴都不算，然后就会平复。

行李　但我们还是在这很顽强地坚持着。

沱沱　我自由惯了，看到自由的东西，就知道那种自由的能量一直在你心里奔腾。每个人身体里 70% 是水分构成的，我们的身体就是奔腾的长江水，它有一种和基因有关的信息一直在暗示你，一定是要奔腾向前，不要老停在原地打转，满足于眼前的苟且，要奔腾、要激荡，重庆人的血要烫一些，六格拉底（著名出版机构"读库"创始人张立宪）说的。

行李　从电影里还是觉得重庆是个魔幻的城市。你觉得重庆魔幻吗？

沱沱　是。但不是电影里那样子的，那已经被符号化了。很多电影并没有指向一个更多元的可能，只是一种竭泽而渔式的消耗。

行李　怎样才能让一个城市的文化走向未来呢?

沱沱　那跟创造有关。就像树一样,脚踩在大地上,往下生出根来,往上开枝散叶,让种子随风离枝,各自远扬。关于过去,是条历史的窄巷,照片拍得再好,画画得再美,故事写得再动人,它也只有进博物馆的文献价值。而关于未来,需要更高的眼界和格局。

行李　重庆就是你的根、你的大地。

沱沱　只是说重庆的那些特质,那种奇幻的山川,造成人的精神世界有些不一样。因为中国人传统的居住观,就是屋后有山,屋前有河,对于自然的依存会更多一些。

　　我有一个朋友是河南人,小时候有一次去重庆走亲戚,回到他平淡无奇的河南农村以后,哭了几个晚上,他说恐怕这辈子再也没有那种魔幻的经历了。从这条街进去,上了几层楼以后出来又是另一条街。那种神奇的空间体验对小朋友来说是特殊的。

# 8.

行李　还是非常羡慕你现在的生活状态。

沱沱　一个人最好的立世方式是拥有很多项技能,随便挑一样对你来说不是很重要的来谋生就可以了。最重要的东西千万不能拿来谋生,不管是画画还是照相。如果把所热爱的事务当成谋生手段,会做很多你不想做的事。但在耐得住寂寞的多年以后,你的剑私底下磨成了,那又是另一个局面了。

行李　是不是因为搬到大理去了?

沱沱　跟大理无关。地震之前都在北京、上海。不是因为生活成本的问题迁徙,是因为觉得在自己的故乡旁边发生这么大的事情,不能无动于衷。首先你是个自然的人,是个男子汉,其次你才会画画、会照相。之前本就有很多特殊的经历和能力，又是个天棒，那你就该去做一些事。因为你有山崩于前面不改色的能力，不会慌张，能做判断，当你做好随时都可以结束生命的准备的时候，就没什么可疑虑的。

行李　是因为小时候经历的那些事让你很早就明白生死了吗？

沱沱　其实也是上天如果给了你使命的话，中间会找很多机会来锻炼你。

行李　原来你是个特别有宿命感的人啊。

沱沱　人越到后来越会这样想。该到什么时候让你遇见什么样的人，你就顺其自然，好的坏的都是命中注定。包括你遇到的很多傻×，也是上天的恩赐……如果说伟大的先行者是带你走一条正确的路，傻×则是把自己当标杆插在你不该走的路口。你一看到他，你就知道，哦，这条路不能走。

行李　你之前说二十八岁是特别重要的年龄。二十八岁以后人生里有出现过一些重要的转折吗？

沱沱　对。二十八岁以前在职场上，那条路你努力过了，但机会没有眷顾你，其实是上天对你有另外的安排。那一刻，就是最重要的转折。后来个人情感上的分分合合都不足以改变大的方向。

行李　没有因此对感情失望过吗？

沱沱　只是没有遇到合适的人而已，不能对这个领域也放弃了啊！

行李　还会结婚吗？

沱沱　会啊。还会有很多小孩啊！以后最重要的工作就是在家里带孩子，而不是出来见这个见那个。如果家里有孩子，我才不出来喝酒耶！屋头有喝不完的好酒！

行李　特别喜欢小孩啊?

沱沱　自从 2008 年在灾区和小朋友在一起以后，我就不想跟成年人打
　　　交道了。成人世界不外乎累积财富和异性，不好耍。而小朋友们
　　　会帮你永葆童真，那才是最重要的，是安身立命的根本。

大理的云变化多端，
沱沱在大理时，
基本上每日都会观察，记录。

[照片提供 / 沱沱]

奥古斯丁

Augustin Wibowo

旅行作家奥古斯丁（Augustin Wibowo），在印尼长大，十九岁时来北京学习汉语，那是他第一次离开家人，第一次出门。在印尼时，妈妈不断告诉他：你的家在中国，你要回到那里去。阴差阳错，他在远离家人的中国寻找"家乡"的愿望并未实现，还意外地走上冒险旅行的不归路：曾在阿富汗生活了将近三年，深入阿富汗人迹罕至的瓦罕走廊；也曾游历中亚五国边界地区，并沿途自学二十多种当地语言……他还将余华的小说《活着》首次翻译成了印尼文版本。

　　2015年和2017年，我们分别就他在中亚的旅行和他在家乡印度尼西亚的旅行，进行了两次访谈。他离开印尼来北京时，对印尼尚且没有多少了解，因为离开家乡，才有了"返乡"和了解家乡的意愿。去年秋天，我们邀请他和我们一起上路，重返中亚腹地的乌兹别克斯坦。

［程婉　2015年春天采访］

1.

行李 听说你最近刚参加完伦敦书展？

奥古斯丁 是，印尼是今年 4 月法兰克福书展的主宾国，所以印尼出版界推荐了很多本国作家到世界各地参加书展。伦敦书展是世界第二大书展，我作为印尼旅行文学（Travel Writing）的作家代表去伦敦演讲，介绍印尼旅行文学的情况。

行李 在国外，旅行文学已经成为一个独立的门类了吗?

奥古斯丁 英国在旅行文学方面是全世界最发达的，他们很早就开始到世界各地游历，旅行文学已经变成一个门类，这是他们文化的一部分。在英国的书店里，所有旅行门类下的书基本都是旅行文学类，甚至历史、地理、传记类的书籍都包含在里面。但在其他国家，Travel Writing 门类下一般只有导游书。即使在美国，"Travel Writing" 这个词也并不流行。

行李　中国现在也出现了大量旅行文学，但感觉真正好的作品并不多。你在
　　　读旅行文学方面有什么经验？

奥古斯丁　我读的书大部分书都是旅行文学，但现在很多书都不太看得下
　　　去，因为那些作者都太重视自己，今天我去了哪里做什么，明天
　　　又去了哪里做什么，缺乏主题。我更喜欢一本书有一个主题，是
　　　一个完整的故事。我很喜欢英国旅行作家奈保尔的游记，我看他
　　　的第一本书是 Among the Believers（中文版名为《信徒的国度》），他
　　　去了四个穆斯林国家了解所谓的"穆斯林国家"到底是什么，穆
　　　斯林追求的是什么。所有内容都围绕这个主题。这本书对我的写
　　　作有很大影响，我后来写书也用这样的方法。

　　　　　我的第一本书是关于阿富汗，要讲的主题是：在这样一个混
　　　乱的国家里，当地人怎么生活？在阿富汗，我看到的不止是战争，
　　　更看到老百姓的自信、兴奋、热情与积极。第二本书是关于中亚
　　　五国，主题是分界线，因为这些国家都是从前苏联解体后独立分
　　　出来的，因而分界线也是新的，而且有些分界线划得很有争议。
　　　我想追问：生活在那里的人是怎么看待分界线的？他们如何认同
　　　自己的身份？我正在写的第三本书是我的传记。这本难度最高，
　　　我想用三年时间完成。我想了很久用什么样的线索来串，最后定
　　　为：旅行是回家。我想通过我的旅行告诉人们我对"家"的理解。

行李　你觉得"家"是什么？

奥古斯丁　我旅行第十年回到家里，当时母亲病重，不得不回去。你知道我
　　　们这样的旅行者，一直都生活在幻想里。那时回家对我是很可怕
　　　的事，更何况要面临亲人的死亡。母亲去世前的几天，我坐在她床
　　　前，一章一章地给她念我的日记。我妈妈从来没有离开过家，我和
　　　她讲她从来没有听过的国家的故事，她也和我讲她未曾远行的"旅
　　　行故事"：关于童年、爱情、奋斗，她整个的人生。我发现旅行不
　　　止是空间上的旅行，也是心灵上的旅行。而我跟母亲在一起的时间
　　　里，大家一起作了一趟心灵之旅。那时候对旅行有新的思考和认识。

行李　真是一次伤感的旅行。

奥古斯丁　是啊，我们海外华人的生活本身就是一次旅行。我们的生活就是
在各地飘泊，不停地寻找地方扎根。比如在印尼的华人，祖先已
经离开中国好几代了，我们也经历过排华时代，我们会一直想：
到底我们的家在哪里？我出生在印尼，我妈却一直教我们：你是
中国人。那时候我们给印尼人立了一道墙，印尼人也给我们设了
一道墙，大家都为对方设了墙。

行李　你是第几代移民？

奥古斯丁　我是第三代。2000 年第一次去中国，我以为就是回家了，却发
现幻想中的中国与事实中的完全不一样。

行李　怎么讲？

奥古斯丁　举个例子，在印尼，我妈教育我不要随地吐痰，她觉得华人不会
这样子。但在中国，还有不少人随地吐痰。我高高兴兴地以为自
己是华人，但中国人完全拿我们当外国人。我们支付的学费和非
洲人、美国人、欧洲人是一样的，我们就是印尼人。我再次对自
己的身份产生了疑问：到底我们是印尼人还是中国人？在印尼，
人们都说我们是中国人。结果来到中国，我也不属于这里。这种
身份上的冲突对我来说很痛苦。到中国以后，我发现自己的很多
想法越来越印尼化，很多思想与中国人完全不一样。中国人比较
重视攀比，上课时比分数，生活里比收入，我对这种无时不在的
比较很受不了。在清华上大学的时候，因为那里都是佼佼者，大
家比分数比得很厉害，我一放假就想逃离这种生活，而我选择逃
离的方式就是背包旅行。在旅行中，我们什么身份都没有。不管
你在学校得什么分数，不管你的社会地位如何，家庭出身如何，
旅行中没有人认得你，没人管你。在蒙古的旷野里，我觉得自己
谁都不是，这种无身份、不需要比较的生活很轻松。

行李　　你具体是怎么开始旅行的？记得你说过，以前你妈妈并不让你出门旅行。

奥古斯丁　是的。从印尼去北京留学，是我人生中第一次离开父母，第一次
　　　　　长途旅行，第一次出国。在北京学中文的时候，有一次遇见一个
　　　　　日本女孩子，她一个英文单词都不会，中文也很烂，可是在东南
　　　　　亚走了六个月，她在印尼去过的地方比我都多。我问她在路上
　　　　　是怎么沟通的，她说如果要找酒店就做出睡觉的动作，要找饭
　　　　　店就作出吃饭的动作。她在国外旅行了半年才知道 "How are you?
　　　　　Where are you come from?" 这些最简单的英文。那时日本流行一种
　　　　　旅游指南，《走遍全球》，每个日本人都带着走遍世界。我觉得
　　　　　她好棒，我是个男人，勇气还不如她。正好 2002 年有一个在北
　　　　　京的印尼女孩因为签证到期，必须出境，再申请中国签证进来，
　　　　　我跟她说，你要不要跟我一起去蒙古国？

行李　　去蒙古国是因为它离中国最近？

奥古斯丁　对，省钱，哈哈。我们从二连浩特陆路过去，在二连浩特时，看
　　　　　到一个女孩子，长得像东南亚人，但不确定，那时候我非常害羞，
　　　　　想跟她打招呼，不好意思开口，结果她先用马来语跟我打招呼。

行李　　为什么用马来语？

奥古斯丁　她觉得我是马来人或者印尼人，他们都可以说马来语。而且她一
　　　　　看就知道我是第一次旅行，所以先和我打招呼。后来知道，她是
　　　　　马来西亚的华人，我们间既可以说马来语，也可以说中文，聊
　　　　　得很开心，便一起坐火车去乌兰巴托。结果刚出发就出事了，因
　　　　　为她男朋友在火车上乱拍照，惹得一个蒙古人很生气，那个蒙古
　　　　　人又喝醉了酒，脸都是红的，把我们桌子上的东西全扔到窗外去
　　　　　了，非常恐怖，又跟我们要钱。我那时候很傻，不知道什么情况，
　　　　　还跟他练习蒙古语。不过这样子我们反而更开心，觉得很刺激。
　　　　　　和那个马来西亚的女孩儿在路上聊起旅行，她说准备用几年
　　　　　时间跨越欧亚大陆。她已经从马来西亚出来半年多，在中国待的

时间很长，准备从内蒙古去蒙古国，然后去俄罗斯、欧洲，最后从南亚回到马来西亚……那是我第一次听到这样的旅行，觉得不可思议，但从那时起，我也有了这样的梦想，决定长大以后也要像她一样，做一个厉害的旅行者。

没想到几个月后，她突然打电话给我，说已经在北京，办不了俄罗斯签证，问能来住我家吗？我那时一个人住，就把房子分享给她。等到俄罗斯签证重新办下来，她又继续旅行了。那时才知道，原来她是马来西亚非常著名的旅行作家，叫林悦，她的书在马来西亚非常畅销。

**行李** 然后你自己比较厉害的旅行也就从此开始了？

**奥古斯丁** 因为在蒙古国第一天就被抢劫，觉得好刺激，有一种"旅行＝刺激"的思维模式。那年暑假，我又去了老挝和泰国，可是完全没有蒙古的那种刺激，我不喜欢太顺利的旅行，所以才有了之后去巴基斯坦、阿富汗、中亚的故事。

中间还有一件事情对我影响很深。2004 年，亚齐发生海啸。亚齐是印尼的一个省，也是印尼最保守的地方。我们对那里很陌生，对印尼人来说，那是个很可怕的地方。海啸后一个月，我申请去那边当志愿者。这种地方，想象中一定极度混乱，破坏程度很强，什么希望都没有，充满悲哀。但去了以后反而看不到悲哀，基本没有眼泪，他们讲海啸的故事，讲海水如何漫过树顶，如何带走家人与孩子。嘴里却不停地说：谢谢真主，谢谢真主。我当时特别感动，在一切都没有了的时候，还要谢谢真主。在这样的环境里，一下子给了我了启发，我想当记者！那时候我大四，临近毕业，但我在大学里学的是计算机专业，与记者没有关系。我回家后就和父母说，毕业后想当记者，而且我想从旅行中学习，世界就是我们最大的大学。我要上路，去旅行，不停地旅行。我那时身上有 2000 美元，想靠这些钱做一次持续五年的环球旅行，从北京走陆路到南非。

2.

行李　是这次旅途中去的中亚?

奥古斯丁　对，旅行时正好经过那里。途中，我在中国西藏待了一个月、尼泊尔待了一个月、印度待了两个月，过了印度以后，我的旅行越来越慢，因为我发现如果不慢下来，你完全不能了解这个地方，不了解讲个屁的故事！所以我在巴基斯坦待了半年，然后去了阿富汗，在阿富汗搭顺风车走了整整四个月。然后从阿富汗前往中亚，那些国家每个至少都待一个月。但是在乌兹别克斯坦发生了一件事，彻底打破了我的旅行节奏，我那时候已经走了一年零七个月，兜里只剩下 400 美元。

行李　发生了什么事?

奥古斯丁　在首都塔什干，我的钱被偷了，最后口袋里只剩下 5 美元。幸亏结识了当地的印尼人，那时才觉得印尼人这个身份有个好处，因为不管在哪儿，印尼人都是兄弟。印尼驻乌兹别克斯坦的大使馆收留了我，让我免费住在那里，大家又凑了 30 美元给我，足够我去阿富汗了。

行李　你就剩下 30 美元还要继续走?

奥古斯丁　是啊，我觉得还没达到目标，现在回家很丢脸。我用 30 美元继续上路，到阿富汗后只剩下 8 美元，到首都喀布尔已经不到 1 美元，真的是山穷水尽。幸好我认识的一个阿富汗记者收留了我，给了我一份工作，然后我就正式当了一名战地记者。我在阿富汗一共待了三年多，所以我相信旅行会以很巧妙的方式改变我的生活。

行李　以完全意想不到的手段。

奥古斯丁　是啊，如果不是那个小偷，就没有今天的我。没丢那 400 美元，我不知道今天会在哪里。我原本的计划是用 400 美元去阿塞拜疆，但在阿塞拜疆没钱就死定了。所以我现在还挺感谢那个偷钱的人，虽然不知道他是谁。

行李　太有意思了。

奥古斯丁　从那时候起，我的旅行就开始抛开旅行指南，旅行指南最多带你去你想去的地方；但离开旅行指南，旅行带给你的改变要比你想象的多很多。

行李　你在阿富汗怎样？

奥古斯丁　阿富汗其实是最难讲的，因为待的时间太长，感觉很混杂。我第一次去阿富汗是 2003 年，那年北京"非典"，我憋坏了，所以一有机会我就跑到了巴基斯坦。当时我是在新疆从陆路过红其拉甫口岸的第一个外国人，在完全不知情的情况下到了巴基斯坦，当地人告诉我还可以从那里去阿富汗玩，我就去了，完全不知道阿富汗是什么样。

行李　去的时候会有担心吗？

奥古斯丁　开始的时候当然很害怕，我记得当时拿到阿富汗签证后，一个晚上都睡不着，想着明天就要去阿富汗了！

行李　在巴基斯坦拿的阿富汗签证？

奥古斯丁　对，在瓦罕走廊的白沙瓦。那时我正好认识了一个英国哥们儿，我们就一起去了阿富汗。那时签证超级好拿，因为塔利班刚刚下台，阿富汗想恢复到 20 世纪 70 年代的旅游情形，正在大力推广旅游。我们上午办签证，下午就拿到了。进入阿富汗后，完全不知道住哪里，语言也不通，但到了以后发现与想象中完全不一样。电视上，阿富汗的新闻基本都是关于打仗啊，炮火啊，但到那儿以后，发现当地人很看我们时，感觉我们是从火星来的。在

人人都以为危险的阿富汗，
奥古斯丁却以为是最美的地方，
他镜头下的人物和风景都显得很有爱。

[摄影 / 奥古斯丁]

喀布尔，不管我们去哪里，后面总有二十个人跟着。你拿出相机，不管男女老少，都抢着在相机前面摆姿势，有的老爷爷为了抢镜头还打小孩儿，天哪，这是什么世界！我们当时带了傻瓜相机，最便宜的那种，他们都没见过。那时候我刚开始旅行，拍人还很害羞。等我回北京把胶卷洗出来才发现，这些照片像有魔力一样，所有阿富汗人都在瞪着眼睛看着你，好像他们有很多故事想要告诉你，可是我不懂他们的语言，不懂他们的故事。所以那时候我就想，总有一天我会回到阿富汗，听他们的故事、说他们的语言，那里老百姓的热情、积极、自信，很打动我。2005 年我再次背包旅行，阿富汗是我的必经之地，而且我开始学习波斯语。2007 年，在乌兹别克斯坦被偷钱后，又去了阿富汗，我就觉得和阿富汗的缘分还没结束，对我来说，阿富汗已经不是一个目的地，而是我的第二个家。我去了这么多国家，觉得阿富汗是最美的。

行李　怎么个美法？

奥古斯丁　我觉得阿富汗有一种野蛮的美，不是所有人都能欣赏、享受，除非你的身体特别强壮，承受能力很强，或者对阿富汗热情很高。在阿富汗旅行很痛苦，经常只能在路上搭顺风车，有时候要在很偏僻的地方等好几天才能等到顺路的卡车。基本没有路，到处是沙尘。在阿富汗，所有东西都与沙尘有关。阿富汗人说，我们吃的东西就是沙尘，你避免不了。

行李　安全问题呢？

奥古斯丁　那时候其实没太想过安全问题，因为觉得我是个外人，并不参与他们的冲突，所以我和每个人、每个民族都可以交朋友。我可以一个人旅行，也是靠这种心态，就是完全不参与他们之间的矛盾。另外一件事也帮了我，因为我是印尼人，而印尼是世界上穆斯林人口最多的国家，所以他们很尊敬我。一般你说是印尼人，就什么事都没有，但我有一次还是差点被绑架了。

行李　怎么回事?

奥古斯丁　在喀布尔，有一次我半夜打车，司机想抢劫我。基本上外国人在那儿都不会打路边的车，可我要省钱。那个司机让我给他20美元，我不给，他就把车开到山区，非常黑。在喀布尔，一般都是司机绑架外国人，然后把他们卖给塔利班，塔利班再去外国人所在的国家大使馆进行勒索，要一大笔赎金，当时很多这种情况。我那时心想：我可能要被绑架了。就在车里把我在印尼学过的伊斯兰祷告不停地用阿拉伯语念，念到司机快疯了，就对我大吼说：你别念了! 你给了我钱，我也不会转成穆斯林。我就说好吧，我给你100美元，你把我送回住处。他就往我的住处方向开，因为我的住处就在很多政府部门所在的片区，有很多警察，那时还是冬天，下大雪，我看快到了就突然想要开车门，结果那个车门是锁着的，司机见我要开门，就一直拽我，我就死命推门，终于跳了出去。这时对面正好过来一辆车，我差点被撞死。就是在这种情况下，我安全回到了住处，哈哈哈。

行李　然后呢?

奥古斯丁　回到住处我就给我的阿富汗朋友打电话，他半梦半醒地听完后说：好啦，兄弟，这种事总会发生的，其实不是他抢了你的钱，是你抢了他的钱，你没给人家车费，是不是? 然后我们就哈哈大笑。那时候我就理解到，在这样混乱的世界，能生存下来的诀窍是什么? 就是你必须自嘲。在阿富汗旅行，给了我很大的力量。在任何混乱的地方，你都要懂得嘲笑自己、接受自己，感谢你还活着。我刚才和你说我传记的主题是关于寻找家，其实寻找家的方法就是接受自己，接受这样的环境，你才能真正回到家。

行李　要养成这种心态还挺难的。

奥古斯丁　对，要有这种心态，就需要在多种族的环境里生活，你如果总在自己的群体里生活，就很难有这种意识。所以旅行的人为什么会改变？旅行改变了你的分界线、你的身份、你的自我意识，至少旅行带给我这样的心态，而当你有这种心态以后，就接受了你的群体，你的群体也会很自然地接受你。有这种心态，你就可以完全听人家的故事，而这样的旅行生活会带给你很多快乐。不追求什么目标，完全自然地旅行，你就可以真正感觉到旅行的艺术。

# 3.

行李　你和林悦后来还有联系吗？她知道你现在也已经成为很厉害的旅行者了吗？

奥古斯丁　和林悦认识三年后，我大学毕业，开始了刚才讲的那趟穿越中亚的旅行。有趣的是，走到尼泊尔时，通过朋友的朋友的朋友介绍，知道有一个马来西亚姑娘要去阿富汗，我那时不是已经去过一次了嘛，所以她想向我讨教一点经验。我们约在一个购物商店见面，第一次见到这个女孩子的印象就是：太男人了！头发都是光的。

行李　有时光头女孩子穿裙子，会显得更女性呢。

奥古斯丁　没有，因为她穿的是裤子。她说剃成光头是故意的，因为在西藏，这样可以方便逃票，要不然就得翻墙。我觉得这个女孩子好酷。后来一起在尼泊尔走了一段时间，但是很丢脸，我在那边钱又被偷了。

行李　为什么你的钱总是被偷？

奥古斯丁　我的钱放在书包后面，因为过节，人非常多，我一直拍照、拍照、拍照，后来发现书包打开，钱包没有了。

行李　光头女孩儿呢？

奥古斯丁　她也拍照，可是只有我的书包被打开了，那时我脸都变苍白了，一边哭一边说：我要给妈妈打电话。

行李　不会吧……

奥古斯丁　是呀，她都傻眼了，心想："这是哪儿来的小孩子？他真的去过阿富汗吗？"后来她带我去警察局报警，像照顾小孩子一样，劝我别哭。其实我哭的很大一个原因是：我在清华的学生证也在那个钱包里，那是我在清华四年苦读的证明，所以那几天我天天去翻垃圾筒，想着小偷可能把钱拿走了，就会把钱包扔垃圾筒里。很丢脸的，我留给她的印象非常差。后来我们在尼泊尔分开后各自旅行，结果在印度一个最便宜、最破的宾馆里又见面了，因为我们都是最省钱的人，肯定是住一样便宜的宾馆，于是又一起走了两个月。

行李　她是特别独立那种？

奥古斯丁　特别独立，比我独立多了，我很崇拜她。她也是马来西亚的记者，因为我的梦想是当记者嘛，可是没有记者背景，碰到真正的记者，就想跟她一起学习。走了大概一个月的时候，她讲起她的旅行，说她已经在路上走了七个月，从马来西亚开始，到中国西藏、尼泊尔、印度，然后要去巴基斯坦、阿富汗、伊朗、土耳其、叙利亚，之后到俄罗斯，走遍整个欧洲，做一次欧亚大陆之旅。我忽然想起在蒙古国的旅行，说我认识另一个马来西亚女孩儿，和你很像，你要小心，她去俄罗斯的时候被拒签。结果她大喊大叫："你不要告诉我，我们认识的是同一个人！"她问那人名字，我一时想不起，她说是不是叫林悦？我说是的，她说那是她姐姐，她自己叫林俐。

行李　哇！她们两个为什么不一起走？

奥古斯丁　她们要轮流照顾爸爸。我跟林俐走了以后才知道谁是奈保尔，什么叫旅行文学，什么叫采访，什么叫新闻。她的旅行方式就是跟当地人一起，抛弃旅行指南，所有 LP（《孤独星球》）上介绍的东西都不会去，她把 LP 当做黑名单。我也跟她学习，旅行时去当地人家里。我们钱都很少，旅行的时候连 5 美元的门票都付不起，印度的门票很贵，所以我们都跟当地人混，当地人的婚礼都去参加。说句题外话，对印尼人来说，生活就是分享。如果小气，很多坏事情会发生在你身上，我总是逃票，所以常常被偷也是一种教训吧。

后来我们在巴基斯坦又一次遇见，她已经走完阿富汗，去了很多至今我都没去过的地方。我一直很崇拜她，她喜欢提问题，而且她的问题是我从来没有想过的，非常敏锐。我们一起旅行时，每天晚上会坐在一起看我的照片，她会直接地说：这个不好，没有故事……我从她那里学习到什么是有故事的照片。没有林俐的话，肯定没有今天的我，不懂阅读，不懂什么叫故事，不懂问为什么，所以真的像徒弟遇到师父一样的感觉。我曾经喜欢上林俐，可是她把我当小弟弟照顾。

行李　你有跟她表达过情感吗？

奥古斯丁　有，但她笑死了。她不想结婚，也不让她姐姐生孩子，因为她不想当阿姨。我后来一直把她当师父看，她说也从我这里学到东西，就是怎么把心打开给陌生人。

行李　下一个目的地是哪里？

奥古斯丁　我想要写自己的国家。印尼是世界人口第四多的国家，但那里的人和世界都很神秘，包括对印尼人自己而言也很神秘。如果看印尼的地图，你会发现这个国家这么分散，跨度这么大，300 多个民族，700 多种语言，17000 个岛屿，怎么会变成一个国家？这个问题印尼人自己也没有问过。所以我计划走遍印尼的各个边境，去了解什么是印尼。我觉得这本书对印尼人有意义，对世界也有意义，因为世界上有很多的多民族国家，印尼可以作为一个案例。

一个印尼作家，一直被祖辈告知他是中国人，但是当他十九岁终于"回到"中国时，却被当作外国人。他第一次困惑于自己的身份：我是中国人还是印尼人？他决定寻找印尼人的故事。而印尼人的故事，和 17000 多个岛屿有关，和 400 多座火山、700 多种语言、300 多个民族有关。

［黄菊　2017 年春天采访］

1.

**行李** 你是刚从苏里南回到印尼吗?

**奥古斯丁** 是的,为了采访海外的印尼人,过去四个月一直在路上。去苏里南之前还去了荷兰,昨天刚回到家,真的快累垮了。

**行李** 上次采访时听你说已经在准备这本写印尼人的书了,一直很期待。一个国家由一万多个岛屿组成,岛链奇长无比,在不同历史时期被不同宗教渗透过,感觉很神秘。但是大多中国人去印尼,主要是去巴厘岛度假,所以对它的认识还是局部、片段式的,很想看看你怎么写印尼。

**奥古斯丁** 我最初想写一本关于印尼的书,出发点跟你是一样的。印尼是全世界最大的群岛国家,有 17000 多个岛、300 多个民族、700 多种语言,还有很多宗教信仰,这么多样化的地方,是怎么成为一个国家,并且走到今天的? 现在除了东帝汶独立以外,印尼的格局基本上还跟原来的差不多，我觉得这很神秘，很想知道答案。你说中国人对印尼了解不够全面，其实连印尼人自己都对这个国家感到很神秘。我从2014年开始做调查，就是想走印尼的边界线，想看看边界线上的人是怎么看中央的，因为我们往往都是从中央看边境，现在换个视角。

行李　印尼的边境很复杂，有陆上部分，还有更多海上部分。

奥古斯丁　我最先去了最东边的边境，就是印尼和巴布亚新几内亚的交界地带，而且是从巴布亚新几内亚境内去的。这两个国家的边界是由南往北的一条直线，中间稍微有一个弯曲，是沿着一条河流的弯曲度。那条河叫 Fly River（弗莱河），大概400公里长。我用徒步加上搭顺风船的方式，一个个村庄采访下去，走了三个月。印尼境内的巴布亚是敏感区，在那里的最大感受是：印尼太多样化了，那边的人们跟绝大部分印尼人都不一样，不是亚洲人种，而是美拉尼西亚人种，都是黑人，头发卷卷的，像非洲人。我也体会到了印尼之大，住在雅加达时，感觉那边发生的事情和我们完全没关系，他们的很多故事我完全没听说过。

行李　每次看地图都会被这部分弄晕：先有一个新几内亚岛，岛上分成两部分，东部属于巴布亚新几内亚，西部属于印尼。印尼这部分又由巴布亚和西巴布亚两个省组成。

奥古斯丁　是很复杂，这部分比较晚才并入印尼，所以问题很多，我从那里学到了很多在首都雅加达根本不可能知道的历史。你从地图上看，这两个国家之间的边界很清楚，就是一条线，但实际上是一片很密的热带雨林，几乎没有任何地理标志。边境上的人们也很难看出具体的边境线到底在哪里，也不太确定自己所站的地方到底属于哪个国家。那一带至今还是部落式生活，没有私人土地的概念，所有土地都是属于某个部落的。在两国边境划定之前，边境线西边的部落在东边有土地，东边的部落在西边有土地。

107

在印尼最东边的巴布亚地区，
人们还生活在原始部落时期，
他们的生活方式与奥古斯丁所在的雅加达地区差异之大，
仿佛另一个国家。

[照片提供 / 全景]

行李　没有边防部队驻守吗？

奥古斯丁　印尼这边有边防军人巡逻，但是边防线很长，820多公里，边防军人并不是所有地方都熟悉，加上都是很深的热带雨林，所以他们巡逻时经常"发现"新的村庄。

行李　我也走过一些边境，很多时候觉得边界只是地图上的一种虚拟物，并不实际存在那么一条线，尤其在地形复杂的地带。

奥古斯丁　是的，有个村子里自己修了一所学校，就需要在学校里挂国旗，因为之前一直生活在巴布亚新几内亚，所以就挂了它们的国旗。有一天印尼的边防军队巡逻时，发现这里在印尼境内，说你们应该用印尼国旗，才送了他们一面。边防军队还以为他们是在印尼境内开发自己传统部落土地的巴布亚新几内亚人，也没把他们怎么样。其实大家都不知道真正的边界在哪里。

行李　在中央的人和在边境的人，他们眼中的"国家"完全不是同一概念。

奥古斯丁　我觉得"国家"的概念都是人叫出来的。我们在中央，感觉国家是自然而然的，而在边境，人们会不停地问："国家"是什么？"国家"在哪里？我采访了很多人，发现他们都是按照殖民时期的理论去定义"国家"的。印尼也是在荷兰殖民时期才渐渐形成今天的轮廓。印尼独立后，通过几十年的教育，最初很多闹独立的地方都被平复了，大家开始吸收统一的价值观。所以我觉得国家不单单是要有土地，不单单是要有历史，也要有大家共同接受的价值观，没有共同的价值观，就很容易分裂。

## 2.

行李　巴布亚之后，你又去了哪里？

奥古斯丁　我去了亚齐。巴布亚最印尼最东边，亚齐在最西边。它们从1950

年起，一直乱哄哄的。2004年海啸时死了20多万人，正好我在那里当志愿者，看到亚齐发生了很大变化。现在的亚齐就像特区一样，有自己的法律和各种特权，但国旗、货币还是印尼的。这里禁止销售任何酒精类饮料，没有酒吧、歌厅。后来我又去苏拉威西岛托拉查人（Toraja）的地区住了一个月，这里的整个文化全都围绕着死亡，有全世界最奢侈、仪式最复杂的葬礼，有全世界最漂亮、最豪华的陵墓，也有最简单的墓穴，比如直接埋在山洞里，周围有很多上千年的山洞陵墓。

行李　葬在山洞里是有什么历史传统吗？

奥古斯丁　因为在他们信奉的宗教里，天是父亲，地是母亲。尸体不可以跟地接触，不然会污染母亲，所以大人埋在山洞里，没有断奶的小孩子埋在树洞里。但这还不是最特别的，最特别的是，他们会把死者放在家里，就像病人或者睡着的人一样对待。有时一个家里会有好几个死者，比如爷爷死了三年多，婆婆死了一年多，还有刚死一个多月的，全都放在家里。他们每天都会和这些死人聊天，分享欢乐和痛苦，甚至跟他们一起睡觉，也不会觉得害怕。他们说，因为总有一天自己也会像这样子。

行李　不会吧？

奥古斯丁　听说最长的在家里放了二十年。而且即使下葬后，每年扫墓时，家属也会把他们从陵墓里拿出来晒一晒，有的会把他们立起来一起拍张合影，有的会把他们放在地上聊天。我拍了很多照片，家属们有哭泣的，有欢乐的，也有歌唱和祷告的，以这样的方式纪念死去的亲友。

行李　完全不能想象。

奥古斯丁　是的，印尼就是这样，无奇不有，超级多样化。虽然在一个国家，但是这种文化的密集度和丰富程度，感觉其他好多个国家的总和，每个地区的差别太大了。这是一次改变我人生的旅行，我有了在生和死亡之间徘徊的经历，也体会到了古老宗教的各种奇怪仪式。托拉查人有 32 个文化地区，每个地区都有自己的仪式和信仰。当地的宗教信仰太强了，后来的基督教和天主教也吸收了托拉查的文化，全世界可能只有这里的天主教和基督教才容许这么对待死者尸体吧。

行李 你刚才说还去了海外调查印尼的边界问题，比如荷兰。

奥古斯丁 要写印尼人，就必须去荷兰。印尼有几百年被荷兰殖民的历史，正是在那个时期，印尼才变成统一的国家。那之前，印尼现在的领土就是无数个小王国。殖民者进来后，有了英属印度，即现在的印度。还有荷属东印度，范围基本上就是现在的印度尼西亚。印尼独立后，闹独立的很多关键人物都在荷兰和其他欧洲国家，我想去采访他们。

　　荷兰之后，我还去了苏里南，苏里南你知道在哪里吗？

行李 南美洲？

奥古斯丁 对，挨着巴西和圭亚那，南美洲唯一被荷兰殖民的地区。一百二十多年前，荷兰运输了很多爪哇人去那边当奴隶，后来就发生了一系列故事。

　　我还惊奇地发现，以前去的爪哇人，还保留了很多爪哇的传统。比如同时信奉伊斯兰教、爪哇教、印度教、佛教。我在苏里南遇见过一个十四岁的男孩子，从六岁开始跳马舞，他爷爷是苏里南最领先的马舞队创始人之一，这是几百年前的爪哇文化。爪哇马舞很神奇，跳舞的人会被各种灵魂附身，招了马的灵魂就会吃草，招了老虎的灵魂就会吃活鸡，招了猴子的会吃椰子，招了祖先的会治病。马舞是爪哇的重要文化活动，在苏里南远比在爪哇本地热门。我在苏里南还上了电视，不可思议的是，这个节目完全用爪哇语，而苏里南距离爪哇 18000 公里。并且苏里南还

111

保留了最传统的爪哇教，而在印尼爪哇岛，爪哇教根本不是一种宗教。

行李　你在各地采访说什么语言？

奥古斯丁　印尼语。

行李　印尼语是怎么形成的？

奥古斯丁　所谓的印尼语，它的根来自马来语。很多人以为马来语就是来自马来西亚，其实它来自印尼的苏门答腊岛。印尼有 720 种语言，是全世界语言种类第二多的国家（第一是巴布亚新几内亚，有 840 种）。1928 年，印尼独立运动开始，各个地方组织的青年代表在雅加达开会，他们开始定义：我们有一个祖国叫做印度尼西亚，我们有一个民族叫做印度尼西亚族，我们有一种语言叫做印度尼西亚语。那什么是印度尼西亚语呢？如果按照使用人口的多少来算，使用最多的语言是爪哇语，但最后他们选了马来语作为印尼语，因为马来语是商人语言，所有地方都有人会说，非常普及。

行李　你们家里是说中文吗？

奥古斯丁　我父母会说中文，但我弟弟完全不会，我们家说爪哇语。

3.

行李　好像每个人都有身份认同和身份归属的问题，你也是因为有这个问题才想回去写关于印尼人的书。现在经历了几年的采访，这种身份困惑还有吗？

奥古斯丁　我们并不只有一个身份，我们有很多身份，而且所有身份我们都认同。可能很多中国人看印尼时，还停留在历史上的种种排华事件上，印尼华人经历了很多风浪，但近些年有很多改变，华人的身份受到认可，华人也对印尼产生了新的归属感，我们华人群体都能看到这些改变。2003年的时候，印尼开始允许华人学校存在，开始允许将中国新年当作国家法定节日，我爸爸那时候非常兴奋，说现在要对国家做出贡献。是哪个国家？什么样的贡献？那时候他办了一个三语学校，教中文、英文、印尼文，对他来说，这就是贡献社会的方法，如果你爱国，就要贡献社会，不管中国还是印尼，两者都留在我们的血统里。

你如果否定你所生活的地方，就永远不会快乐。我觉得身份归属，第一是你的环境接受你，第二是你也要接受你的环境。你会遇到很多不公平的事，可是首先你要认同你属于这里，才会为你的权利去奋斗。如果你只是把身体放在这里，心不在这里，就永远是抱怨和痛苦。如果你把自己当受害者，你就永远是一个受害者。这是我爸爸说的，我们也有决定自己命运的能力。

行李　你还有个中文名字：翁鸿鸣。是你自己取的吗？

奥古斯丁　是我爸爸取的。我爸爸很喜欢中国文化，也很有诗意，我本来的名字叫翁晓鸣，我弟弟叫翁昇辉。我是早晨的声音，弟弟是早晨的画面：旭日东升。

行李　这样一个全球化泛滥的时代，印尼还能如此多元化，是很幸运的。

奥古斯丁　对，我去过很多地方，觉得印尼还是最多样化的国家。可能印尼是岛国，去另外一个岛就像去另外一个国家。

行李　可是岛国不只有印度尼西亚。

奥古斯丁　的确，很多岛国的民族文化都被西方文化代替。但荷兰对印尼的态度不一样，它因为要减少跟当地人打仗的概率，所以完全不参与改变文化的活动，也不参与宗教改革，没有删除和破坏当地文化，因此印尼才会这么多样化。

行李　中国人说起印度尼西亚，好像只有一个巴厘岛，就是去度假。巴厘岛
　　　为什么会变成一个度假地？

奥古斯丁　巴厘岛的度假传统已经有百年历史了，1900 年在法国举办世博
　　　会时，已经有巴厘岛的舞蹈者去巴黎表演。西方人对巴厘岛的神
　　　秘感很早就有了，大概 16 世纪以前，佛教和印度教先后进入巴
　　　厘岛，形成今日巴厘岛文化的基础。15 世纪时，伊斯兰教进入
　　　爪哇岛，爪哇岛不愿被伊斯兰化的僧侣、贵族、军人、工匠和艺
　　　术家逃到临近的巴厘岛，造就了巴厘岛的黄金时代。这是为什么
　　　在这个伊斯兰教的海洋里，存在这样一个独特的印度教岛屿的
　　　原因。

　　　　荷兰殖民时期之前，巴厘岛把自己封起来，连印尼其他地方
　　　的人都不可以随便进入，它用这种隔阂来保护自己的文化。那时
　　　大家主要集中精力在爪哇岛和苏门答腊岛这样一些大的岛屿上，
　　　巴厘岛是小岛，因此能相对完好地留存下来。

## 4.

行李　印尼的自然环境也很独特，有众多岛屿、火山，又在热带，你怎么看
　　　待这种自然环境对印尼文化的影响？

奥古斯丁　这个很有意思，正好明天我被邀请去印尼总统府和总统工作团队
　　　开会，讨论关于如何吸引 2000 万外国游客来印尼旅游。印尼那
　　　么大，这么多不同的景观，但是游客量远不如隔壁的马来西亚和
　　　泰国，而且外国人只来巴厘岛，所以明年政府要推出十个新景
　　　点，比如多巴湖，是苏门答腊最大的湖，湖中间有一个很大的
　　　岛，岛里都是基督教徒，而湖外都是穆斯林。还有一个点在我的
　　　家乡，Bromo（布罗莫）火山，附近的老百姓还保留了古代爪哇
　　　的印度教和佛教，但是跟中国的佛教完全不一样……

行李　所以你是要去做旅游推广？

奥古斯丁　不，我要去讲另一番话。印尼的民族文化非常独特，但是很容易被破坏。如果游客太多，很多文化会被消灭，不像巴厘岛，它的旅游反而强化了当地人的民族身份，因为他们的宗教和传统文化走在一起，互不矛盾，所以民族身份非常强，不太容易被外来影响所破坏，而且巴厘岛也设了很多限制旅游业负面影响的政策，比如旅游业开发限制在巴厘岛南部；巴厘岛全岛不允许建比椰子树高的建筑，等等。这是为了保护巴厘岛的特点，并维持精神生活和大自然之间的和谐关系。不过不是所有岛屿都跟巴厘岛一样，在那些民族身份或大自然环境比较脆弱的地区开发旅游业，需要非常谨慎。

行李　印尼有 400 多座火山，是全球火山最多的国家，火山对印尼的影响大吗？

奥古斯丁　不只是火山，印尼还常有地震和海啸，我们一直生活在不可预测的自然环境下，不知道什么时候火山爆发，什么时候发生地震、海啸，印尼人的生活一直不稳定，他们相信有一种超越人的力量在控制着这片土地，这种意识非常强。印尼人的虔诚，时刻感谢天的心态，都来源于这个。在爪哇，比如天上突然掉下来一块石头，爪哇人会说：感谢石头没有砸到我的头。如果砸到头，他们会说，感谢石头没有砸到眼睛。如果砸到一只眼睛，他们会说，感谢石头没有砸到两只眼睛。如果砸到两只眼睛，他们会说，感谢我没有瞎……不管什么情况，他们都会感谢。我有天碰到一个华人朋友，他家里的天花板掉下来了，他特别生气，把天花板送到看门的印尼人那里，印尼人对他说：很好啊，你现在的房间一定很亮！他们的心态就是，不管发生任何事，都会往好的方面想。所以在印尼，其实快乐指数很高。如果你去大马路上给人拍照片，大家都会很开心地摆姿势，为什么呢？大部分印尼人觉得自己很美，希望把自己的美和你分享。

　　2004 年在亚齐，20 万人在海啸中去世，我见到一个女人，讲

115

她所有的孩子都死了，家也没有了，讲她怎么在椰子树上活了下来……我几乎看不到眼泪，所有人都在感谢真主，我真的傻眼了，是什么力量能让他们抗得起这些难以想象的苦难？从华人的角度，我很难理解这点，因为我们华人的教育过于强调自身的努力，最后的目的是为了弥补我们的不安全感，但他们是通过信仰超能量的神来得到安全感，有这样的信仰，他们的生活比华人轻松，也更能在苦中得到乐趣和满足。

行李　以前看英国历史学家汤因比的《历史研究》，他讲到为什么所有伟大的文明都诞生在温带地区而不是热带，因为热带资源富足，太容易获得最基本的生存所需，所以一般都比较懒。

奥古斯丁　我并不完全同意这个看法。一个文明的发展，其中一个非常重要的元素就是它的地理位置和自然资源，与邻国文明也有关系。印尼是一个岛国，当然跟大陆文明不一样。中国和中亚之间很早就已经有了丝绸之路，有经济贸易和文化上的互动，印尼的各种岛屿还封闭在自己的小世界里。另外，很多古代文明都沿着大河流发展起来，但是岛国有什么大河流可言呢？岛国文化要等他们掌握了航海技术后才可以跟外面世界有更多的文化交流，这可能需要等几百年甚至更长的时间，比如爪哇很早就发展了海上贸易，很早就吸收了印度的影响，8世纪已经修建了世界最大的佛塔——大名鼎鼎的婆罗佛屠塔。但是到今天，在巴布亚非常偏僻的热带雨林里，仍然还能找到不识字的原始部落，保留着像我们祖先几千年前一样的生活方式。

行李　现在印尼岛屿和岛屿之间的交通主要靠什么？

奥古斯丁　很偏僻的岛还是要坐船，可能一两个星期来一次，错过就要等很长时间，大部分地方是坐飞机。在印尼，海是团结，山是隔阂。比如隔离几千公里的两个岛，彼此靠海的城市会非常相似，而在同一个岛上，内部被山隔绝的两个村庄却完全不同，山里和海边差别非常大，因为海边可以有水路相通。

行李 我一直不解的是，一个岛国，不是应该海上交通很发达吗？为什么海上丝绸之路可以跨越大海大洋，而一个海岛国家内部不能建立海上交通系统？

奥古斯丁 印尼以前的确是一个海洋强国，你去马达加斯加、南非乃至澳洲，都能看到印尼文化的痕迹，你想想，这些地方有多远？我们都可以航海过去。现在相反，从雅加达走海运输送货物到巴布亚，比从雅加达到英国还要贵很多。它是怎么从一个航海强国变成内陆国家的呢？也跟殖民历史有关。荷兰一旦占领了这里，就把海给封锁了。所以在殖民的几百年里，本来是往外的视角，变成了往内。

行李 为什么？这些国家自身都是海洋大国呀。

奥古斯丁 正因为它自己从海上来，知道海洋的厉害，所以不会让我们发展海洋。

行李 上次你说你是第三代移民，你父辈那代是中国哪里人？

奥古斯丁 我爸爸是福建莆田人，我妈妈是泉州人，后来我去过泉州。

行李 泉州那个城市也很有意思，有很多伊斯兰教的痕迹。

奥古斯丁 它是海上丝绸之路的起点，那里可能就是我的根，我们就是这种在旅行路上出生的人，所以一生都在漂泊，是一个在漂泊的民族。但是这种漂泊也会让我们吸收各种身份，让我们的身份充满不同色彩。

宁肯

北京的一切每天都在被人们疯狂议论着，然而生活在这里的千千万万人，看上去与这座城市息息相关却又毫无关联。至少对我而言，虽然从小在这里长大，如今北京的变化之剧，早已把我远远甩开，陌生如谜。而我熟悉的北京，仍然在小时候家里的房顶上、树梢上、鸟哨里、小猫的绒毛里。

采访宁肯之前，还没有看到他的新书《北京：城与年》，也无从想象北京还会有什么新花样。

在此之前，宁肯为人熟知的作品是他的西藏系列，曾被很多人称赞为国内写西藏最好的文字。宁肯动笔写西藏，是在他从西藏回归十年后，而这次写小时的北京，更是中年之后。这是否是一种近乡情怯？作为同乡，我能隐约感到那种北京人对北京的复杂心绪，面对这些庞杂的东西，经过数十年的沉淀，他是否还能做到"神情沉静"？

当我把这些疑问抛出去，没想到收获的却是一次愉快的怀旧之旅。《北京：城与年》中的北京家常而朴素："北京，那时从空中看就是一大片四合院，一望无际的灰色屋顶。屋顶空旷如波浪，上面通常是猫、鸽子的世界。通常猫看着鸽子飞，在角落或枯草中，一动不动。一般没什么办法，或者永远也没办法。但是看，永远看。偶尔，会有个小孩爬上屋顶，探头探脑，与猫、鸽子构成另一种空间关系。"

宁肯经历的北京，我不曾经历过，然而某种情绪却让我们能够轻松地进入对方的语境。在他的带动下，我似乎也找回了我那屋顶上、树梢上、小猫绒毛里的北京，而此刻的我，也能够骄傲地像宁肯一样说出："现在，我已比北京老，我充满回忆。"

[ 程婉　2017 年春天采访 ]

# 1.

行李　我还没看你的新书《北京：城与年》，但我知道你是地道的北京人，在北京生、北京长。我知道写故乡其实是最难的，尤其还是北京。为什么会选择在这个时候来写北京？

宁肯　确实比较难，我为什么现在才写也有这个原因，当然还有其他的原因，很多作家都是从他的童年、少年开始写作，写少年视角，但我不太一样，我一开始就没有涉及早年生活，上来就是写长篇小说，写西藏之类的，基本都是有意识地远离自己的童年生活。

行李　原来北京都是青砖瓦房。

宁肯　对，有影壁有飞檐，下面都是整齐的砖，有的人家里面全都是花砖地，有前廊，都是典型的四合院，非常好，结果一挖防空洞，全变成大杂院了。

行李　你小时候是孩子王？

宁肯　对。当年一到国庆节前半个月，天上会突然出现一条巨大的光柱，然后逐渐增加，今天两条，明天五条，后天八条。每年一到那个时候就盼着探照灯出现。对于我们来讲特别好玩，快到国庆节时，大家一到晚上就盼着看到光柱，人家康德望着星空想的是哲学问题，我们对所有的星星都不感兴趣，实在等得无聊才看看星星。但从望天的行为来讲，跟康德没有什么区别，歪打正着。虽然那时候是在被动地、无意识观察东西，但潜移默化，也造成我们仰望星空的习惯。后来我们开始不满足在院里看，想从近的地方看看它，我们就开始寻找近处的探照灯光源，想知道它在哪儿。

行李　实际上特远吧？

宁肯　也不是，有的特别近，我住在琉璃厂，最近的一个在四十三中学里面，就在琉璃厂的另外一条街，大概一公里远。探照灯比这张桌子还要大，用汽车发电，往天上照。当时我们还不知道，就是特想看这个东西。我们只知道四十三中有，就去找四十三中。平常四十三中都让进，可是恰恰那个时候戒严，有当兵的站岗，因为探照灯属于战备行为，到处是军人，全是绿色。不让进怎么办？翻墙。

行李　那会儿拿小孩没什么办法。

宁肯　对。就顺着电线杆爬，上去一看墙头都是玻璃碴子，人家也防着你啊，过不去了，那就从厕所翻过去，结果厕所墙上抹的都是大粪……

行李　太惨了。

宁肯　是啊。但小孩不管这些，你们抹上屎我们就垫着砖头上，有一次就从厕所翻进去了。一看到探照灯，太激动了，大光柱那么高，光柱里面全是虫子，蛾子、蚊子、甲虫，全在那儿飞，然后看到汽车发电，我们对科学的兴趣大概就是从这儿开始的。

行李　真有意思啊。

宁肯　是啊，人性的东西是不变的。从看到探照灯，到看到灯的远近，再到寻找最亮的，翻墙，整个过程就是成长，但是这个东西只有那个年代有，这就是审美的特殊性。凡是特殊的都有意义，特殊之下，人性在里面是什么样的状态，也值得探讨。

行李　所以整本书都是写北京的那个特殊年代？

宁肯　都是那个年代的事情。再比如骑自行车，小时候特别渴望骑车，但那时候自行车稀缺，一个院里有两三辆就不得了。还没有自行车高的时候就开始骑，掏裆式骑法。骑不好摔得嘴啃泥，身上摔破了还接着骑。小时候对机械的那种迷恋、渴望，跟现在的孩子是一样的。

# 2.

行李　你是从什么时候开始突然对那个时代的东西有了想法？除了西藏那两年，你好像大部分时间都在北京？

宁肯　对。应该是老北京越拆越少，胡同基本都消失了，有一种怀旧感。这种感觉很强烈，当年生活的场景现在都没了。

行李　别说你，我小时候的场景也都没了。

宁肯　这是一个因素。再一个因素，随着我对人的认识、对文学的认识，我会从审美的角度来看这段生活。经历过那段生活的人，很少有人把它写出来，即便写，也写的是符号性的东西。我们经常说每一片叶子都是不相同的，但是要找到那个不相同的部分并不容易。很多人写的都是共同的叶子，都太相似了，尤其写北京。

在这些相似的地方能不能写出不相似的地方，不同在哪儿？在于每一片叶子的差异里，在于个体。我不满足于仅仅是用那些符号讲一些故事。就像看探照灯时的那种喜悦、那种神秘，那种人性的东西很少有人写过，但其实它又有普世意义。

行李　你写西藏也是在离开西藏很多年之后才动笔，写北京也是。

宁肯　没有打量过的生活不叫生活，没有经过思考或者未经过省察的生活不是生活。

行李　你好像这种能力特别强，回望过去，很普通的事情都能看出诗意。

宁肯　其实并不轻松。因为实际上都被屏蔽着，我用了一个词，叫作"记忆考古"。看起来都是我们共同的记忆，但是在共同记忆下面那些差异的东西就在感受深处，深埋地下，如果你不去考证它，不去挖掘它，像考古工作者一样去分析，你是找不到那些东西的。

行李　相当于你为写这本书自己又到现场看了一遍？

宁肯　不是到现场，就是通过回忆，通过笔触。其实人们生活更多的并不是故事、事件，这些都是飘飘忽忽，碎片一样的，没什么可写的，泛泛写来就很符号化，就是相同的叶子。

行李　那究竟什么叫"记忆考古"？

宁肯　"记忆考古"是说，在我们记忆中有些记忆露了一点头，你平常回忆它，回忆不出来什么东西。举个简单的例子，比如我最早的记忆是什么……

行李　你写过的，好像是两只鸟。

宁肯　对，叫"记忆之鸟"，两只死鸟。我模模糊糊记得小时候养了两只鸟，都死了，我挺伤心。这么一说特简单，但我又觉得这下面有什么东西，然后我开始诉诸笔端，开始考证它、挖掘它，结果一挖掘，我才突然回想起当时为什么有这个鸟。因为父母上班去，也没有把我送幼儿园，就把我放到宿舍里，又怕我磕着碰着，就弄根绳，把我捆在床上，有一定的活动范围，但是出不了屋。我突然想起这事来，这事你如果不深入想，不诉诸笔端——就像拿着考古的小铲子小刷子，就想不起来了。

第二，为什么是两只鸟？我想起来，当时父母单位迁到房山，一个礼拜才回一次琉璃厂的家。有人逮了两只鸟，父母说一只鸟是给咱们院谁谁谁的，这只是你的，放进了两只盒子。我从什么时候开始区分别人呢？就是从这两只鸟开始的。然后开始有了私心，特照顾自己这只鸟，把别人的鸟搁在那儿。为了呵护它，把它放在手心上。结果把鸟玩死了，玩着玩着，鸟的一只眼睛闭上了，当时也不知道为什么，然后本能地知道这只鸟不好了，看别人的鸟还活蹦乱跳的，然后把这只鸟给换了。

这些东西，你如果不回忆，根本想不起来。什么叫考古？这就是考古，考古就是触发一点，有一个触点之后，自动就会引着你重新发现。然后开始玩那只鸟，结果那只鸟也闭了眼，然后又换回来。换来换去，最后两只鸟全死了。等到最后一只鸟死了，那叫伤心啊！那么小的孩子。人都说孩子没有情感，只有脾气，只有直觉，随着成长，才有情感、有审美。但我认为孩子是有情感、有悲伤的，而悲伤是最深刻的记忆。当我想起两只死鸟的时候，我想起的是我的悲伤，那种失落，那种说不出来的伤心。这样去考古、去发掘，想起这么多故事。

行李　这应该就是一个作家和普通人的区别吧，我的童年记忆里也有很多片断，但是没有深挖过。

宁肯　很多记忆都埋在土里面，你得扒拉它。只有深入进去之后，这些片断才会拉出其他已经埋得很深的东西。

行李　而且会很奇怪，不知道为什么会记得这些片段。

宁肯　这也是记忆的特点。

行李　很强烈的东西会留下来。

宁肯　实际上很简单，就是一种感受力。

行李　我现在总回忆起小时候在什刹海见过一个小脚老太太跳河自杀被打捞
　　　起的尸体，就晾在湖边，也不知道为什么总是记得这个片段，对那个
　　　老太太的样子记得特别清楚。

宁肯　这就是恐惧、悲伤。小孩子对喜悦的东西都记不住，你高兴的、
　　　嗨的全都忘了，平常的事真的记不住。凡是有刺激的就会记住，
　　　刺激的事无非就是恐惧，恐惧是记忆的一个源泉，然后就是悲伤。

行李　小孩都是白眼狼。

宁肯　对，只有深刻触及他生命的时候才能记住。所以我觉得记忆始于
　　　悲伤，始于恐惧，小孩子不是没有情感的，这叫记忆考古。
　　　　　类似这样的我还写了一部分，包括北京的城墙，本来我想不
　　　起什么东西，其实北京的城墙我就有一个印象，就是小时候坐的
　　　有轨电车，在北京城墙下，那个车总开得离城墙特别近，有时候
　　　城墙里面伸出一棵树，总怕被树刮着，有这种印象。

行李　你小的时候还有城墙？

宁肯　有，城墙是 1965 年开始拆的，之前都有，北京城墙非常完整的。

行李　我小时候在德胜门住，就知道那有一个门。

宁肯　1965 年的时候我已经六岁，记得不清楚，只是固定的这么一个
　　　记忆，但实际上这个记忆下面还有记忆。当我写这个东西的时候
　　　想起来，那时候已经开始扒城墙，扒城墙是为了修地铁，现在北
　　　京二环路的地铁以前全是城墙。当时为了地铁不拆迁，干脆把城

墙拆了，城墙下面都有护城河。但是城墙并不是一天拆完的，拆了好几年，最后成了残城墙，一段一段的，黄土都露出来。我记得小时候顺着黄土上城墙，摘酸枣、逮蛐蛐儿。

行李　变成长了草的土山。

宁肯　对，因为城墙中间是宽的，有很多树、野菜。这些东西只有写的时候才都想起来了，写东西相当于拿着小铲子在那扒拉，这里出现一块绿，那里有一个陶片，都破了，然后把它拼出这样一个形状。

行李　小时候对你后期的性格影响大吗？会有一些潜移默化的影响？

宁肯　肯定还是有的，首先是好奇心特别强，因为那时候生活非常贫乏，物质没有那么多，有一点东西都记得特清楚，有点新鲜感就会感觉特别强烈，贫乏和好奇心是正对着的。

行李　所以贫乏有时候是好事。

宁肯　对，就像禁欲和纵欲之间的关系。那个年代有一种特压抑的东西，所以那个年代给我的就是好奇，探照灯神奇、防空洞神奇、骑自行车神奇，这种东西导致我后来对于生活的不满，生活在北京想去西藏，想找一个有点刺激、有点神奇的地方。

行李　但你还是在念了大学才出去的。

宁肯　我上大学赶上最好的时候。我 1967 年上小学，1977 年粉碎"四人帮"，"文化大革命"结束。我 1977 年毕业，"文革"十年我全部赶上，但是也赶上恢复高考，不像插队那帮人，待了好多年，二十七八岁才开始高考。我 1977 年考，没有考上，1978 年凑合考上了。本来没考上，结果北京那年大办分校，北京 300 分以上全部录取，把我最后一把又给抄起来，本来就要扔出去的。所以我上大学的时候，在我们班年龄是最小的，出了中学门又进了大学门。

行李　你在哪儿上的大学？

宁肯　北京师范学院，现在叫首师大，但不在现在首师大的位置。

行李　你是在分校？

宁肯　对，北京师范学院当时有一个分院，后来大办分校，又办了一个第二院，在南横街菜市口那边一个小胡同里面，我就在那儿。

行李　离你家很近。

宁肯　对，跟没上大学一样，学校就是原来的七十六中，把七十六中改成分校，没有图书馆，也没有足球场，什么都没有，哪叫大学？跟上中学一样的，走读。也没有宿舍，老师也没有。来一个教授，一个人教六个班。

行李　是不是老师都还没平反呢？

宁肯　不是，因为没有那么多师资，师资都是从本校来的。来一个老师讲中文，比如现代文学，六个班只能在一个教室讲，其他班怎么办？看闭路电视。我们当时每个教室都有两个电视，前面一个，后面一个，我们都看电视，跟电大似的，我们是这么上的大学。后来师资慢慢好了，才取消闭路电视。阅览室也是临时搭的简易房，非常艰苦。上了四年师范学院，分到中学。

行李　毕业后又回去教中学？

宁肯　是的。等于我出学校门上了大学，又回到中学。我觉得这个生活简直太无聊了，还走读，生活没有什么变化，所以就想要出走，那时候看上新疆了。这种心态其实和小时候的好奇有非常大的关系，如果不是好奇，可能分到中学也就安于现状了，没有那么强烈的出走的愿望。

行李　你小时候应该特别淘，可是你之前写过，刚开始的时候挺害羞的。

宁肯　对，挺害羞，受欺负，给我欺负得没边了。

行李　后来一把椅子把全班都制伏了。

宁肯　在没有反抗之前欺负我到什么程度？那个年代上小学，每周分组，到周末的时候，评优良中差。你一旦第一次评了中以后，可能这几年都是中。我就受过这个。每个班里面总有这么几股势力，组长、副组长，加上学习好的学生；再一种势力，他们俩好或者他们仨好，是一个小团伙、小圈子。如果你是单拨的人，就等着倒霉吧，我就属于那个单拨的人，跟谁也不好。

行李　比较高傲。

宁肯　也不高傲，就是羞怯、胆小、无能，什么才能也表现不出来，什么特点也表现不出来，就是平庸、软弱无力。跟动物世界一样，狮子从来都不逮强的羊，都逮最弱的那只。所以班上第一次评比，评到我，有人觉得我好欺负，就把我评为中。其实我表现很好，完全可以得优或者得良。

行李　不是老师评，是班里面评？

宁肯　班里面，小组开会。

行李　得中有几个人？不会就你一个吧？

宁肯　基本就是一到两个人，因为班里几乎没有差。有优，优是少数人，大部分是良。中就是最差的。也有得差的，他今天打架了，或者骂人，偷什么东西了，这个得差。没有这个就是中，中就算最差的。

行李　这个东西没时代感，都有，我们上学那会儿也是。

宁肯　再给你举一个例子，小时候我们院有个土乒乓球台，整天打。我

128

乒乓球打得挺好，但是从来没有在我们学校展示过。我们学校也有乒乓球台子，根本轮不上我打，所以我们班人根本不知道我会打乒乓球。五年级的时候，举办乒乓球比赛，我们班从来没赢过。正好有一次我们班有个主力队员生病，得找替补，问谁还会打啊？有个人就推荐我去。结果我上去，第一局就把学校亚军打胜了，他们都觉得特惊讶。等到第二局的时候，他们班人开始起哄，我赢一个球起哄，他赢一个球人家鼓掌。这也就罢了，自己班的同学也给我捣乱。最后第二局输了，第三局没几个球也输了，压力太大了。

行李　后来一把椅子把他们震住了。

宁肯　上中学完全不一样了，人也长大了，也看了《水浒传》。其实我举起椅子的时候特别肝儿颤，结果一看，别人都吓坏了。那一瞬间的快感，突然就看明白这世界了，也明白了自己的弱点、别人的弱点、群体的弱点。后来逐渐又成为特闹的孩子，但本质并不是这样的。这就是性格的变迁。所以我的性格也是有起伏的，从最弱到最强，从自我到别人。

行李　童年的起伏还是很大的。

宁肯　该经历的东西都经历了。小时候被劫道，一群孩子去护城河边捞小鱼，走着走着，突然出现几个野孩子把我们劫住，大家就像小动物似的，四散奔逃。跑得最慢的就一下被人抓住了，把你的鱼全拿走，翻你的兜，踹你两脚，走吧。等你再过这里的时候总有那种惊恐，嗅觉特别敏感，走着走着突然觉得不对，咱们得绕一个弯儿。

行李　我听着一点年代感没有，我小时候也这样。

宁肯　这就是普世性，只不过每个时代有它的特点，但本质上是一样的。所以文学就是要既写出独特性，又要写出时代性，任何时代都有本质的东西，这是比较重要的。

行李　所以你写《北京：城与年》，只不过是因为你恰巧在北京。
宁肯　对，北京有个优势，北京的任何东西都具有代表性。

行李　北京的很多东西别的地方都没有。
宁肯　外地哪看得到探照灯啊？你要是说北京没有探照灯，郑州有一个探照灯，那它的探照灯没有多大影响。

行李　北京还是很特殊的。
宁肯　对，它有它的特殊性，这是北京天然的优势。所以北京任何地方只要写透了，都很有意思。

# 3.

行李　你的书讲的是 20 世纪六七十年代的北京，这么多年你还一直在北京，对北京到底怎样看呢？
宁肯　就在《北京：城与年》这本书的序言里，谈到我和北京到底是什么样的关系。我谈到我们家从乡下来到北京，坐着一条船，我的哥哥、姐姐、父母，全都生活在老家，只有我在北京。北京人其实没有北京的概念，我第一次有北京的概念是上中学的时候讲周口店北京猿人。

　　我也写到了，我在年轻最迷惘的时候，去西藏之前，一个人去了一次故宫。黄昏的时候，也不进大殿，也不想看皇帝宝座，就喜欢那种空旷，地砖开始斑驳，长着荒草，站在那个地方感受另外的空间，那种空间和我当时青春的迷惘特别契合。这种迷惘非常豁达，和周围的历史连在一起，而对历史我一无所知，对天空也一无所知，对未来一无所知，一无所有的那种迷惘感。迷惘的一代，这也是北京特有的东西。北京首先是无可把握的，你无法把握北京的这种博大。但我同时又觉得内心的空旷完全可以和北京的那种空旷相媲美，它和我内心的神秘性，和我内心的不可把握性是一致的。

所以谈北京非常不好谈，你不知道从哪儿谈起，但是北京对你的影响又是无所不在的。写完《天·藏》，我的责任编辑说读出了北京的感觉。换句话说，只有北京人才可能写出这样的西藏。我对故宫的那种感觉，那种空旷感，对大自然、对世界不确定，那种迷惘、那种开阔，总之我觉得北京毫无疑问就是大气，大气磅礴，不是小家子气，这是北京的特点，就是深厚，心特别大。你面对北京的时候跟面对世界是一样的，所以你不会感觉到我是小地方的人或者有一种怯场，或者心里不踏实、怀疑自己，总之没有对自身的怀疑，只是觉得自己能力不高，这个东西是无限的，但是你还没有能力把握它。

行李　能把握，就是能不能表现出来。

宁肯　对。北京是非常不好表现的。

行李　你找到了一个很好的切入点。

宁肯　北京常被写小了，本来北京是博大的，结果一写北京就是那点小吃、老北京话、家长里短，这就是老北京吗？北京其实还有中关村，还有新型的建筑，像鸟巢之类，风景一大批，非常后现代的建筑。

行李　我看到你提到这个，你说对这个东西倒没有意见，之前很多人都反对。

宁肯　我没有意见，我觉得它增加了北京的复杂性，增加了不可把握性，我很喜欢这样一种开放式的，你可以增多，但是不要消失，我反对消失。

行李 北京最要命的就是这一点。

宁肯 如果不消失就太棒了，你不要把这个东西换了，这个东西不好，重新盖一座楼，应该在旁边盖一座楼，这个东西还保留，它是无限增值的。

行李 还是你那个年代很多东西都弄没了，但是你那会儿不觉得这是特别严重的事吧？

宁肯 当时哪觉得啊？拆城墙的时候还挺高兴，拆影壁的时候高兴着呢，小时候盼着变化，怎么我的生活是这样呢？再没有新的东西？很想从自己开始有新的东西，这是小时候的心理。

行李 不只是小孩，那时候人做规划的时候也没有想过现在。如果知道现在的这种情况，他也不会去拆那个东西，可能就是时代带来的心态，急于改变。

宁肯 对，急于改变，看到别人那样马上学，人家高楼大厦我们也得高楼大厦，实际上你没有发现自己的东西是好东西。

行李 所以现在也没办法说当时是不好还是好，在那个年代做的决定可能都一样。

宁肯 我觉得要开放，看世界，有见识之后，判断出什么是好的、什么是差的。

行李 现在走在北京的路上，你有没有忽然被某一个场景突然打到：北京现在已经是这样子了？

宁肯 这方面的感觉已经麻痹了，相反倒是那些老胡同会击中我。比如我回到琉璃厂，有些老院子、老房子还在，会非常触动你。我前两天陪一个新加坡的摄影作者到我小时候生活的琉璃厂一带。前青厂这一段全拆完，但是琉璃厂外面那些胡同还在，包括小学还在，我带他走了一些胡同，跟那些老同志聊天。虽然这不是我最开始生活的地方，但是我能进的地方，让它来代替我的怀旧也对付了，因为大同小异。虽然我没生活在这条胡同，但是跟我过去的生活很相似。这条胡同的街坊、老头老太太不是我当年那个胡同的老头老太太，但是我都把他们认为是我那个胡同的，跟他们聊天，感触特别深。我记得带他去了我每次上小学都要经过的西单元胡同，琉璃厂小学你去过吗？

行李　没去过，我小时候在北城长的，没进过南城。

宁肯　和琉璃厂平行的地方还有一条路，叫琉璃街，这两条路之间有很多小胡同，我们的学校在这条胡同，每次都得从琉璃厂过来，然后穿小胡同。我经常走的小胡同还在，那天我带着他去，突然看到院门里面一个老太太出来，一看就很老了，我问她多大岁数了，九十岁了。我当年路过这个小门的时候还经常往里面看，但是从来没进去过。我看到她特别亲切。让我特伤感的是什么？这个小院大概有四五户，一家都没有人了，门全锁着，只有这老太太一个人，她一直生活在那儿，从小就生活在这个屋子里。她说她的儿子就是琉璃厂小学毕业的，可能是我的同学或者其他班的同学。这么一个深邃的胡同没被拆，还有一个老人，但是就剩她自己，生活着，存在着。我说你这么大岁数，谁来照顾你？她说闺女每天晚上过来做一顿饭吃。我在那跟她聊了几句天，但人已经老了，什么都记不住。我觉得这个老太太可能也活不了几年，人要是没了，胡同也就死了。

行李　主要还是人。

宁肯　到这些地方特别感动我。遗憾的是什么？我 2010 年也来过一次，我的小学还在，结果这次走到小学门口，小学不在了，变成幼儿园了。虽然那个小学和我小时候的小学也面目全非，概念还在、方位还在、小学的名称还在，但现在小学的名称都没了。所以到现在，从小学到中学到大学，我的母校全没了。我上中学的时候

宁肯童年时的北京城已经远去，
但那时的气息还残存在某条胡同里，
某个树梢，
某个黄昏，
某个午后……
他的文字像一支时光的箭，
把我们发射回五十年前。

[摄影 / 陈惜惜]

特逗，临时成立的中学，等我中学毕业的时候，这个学校消失了，合并了。上大学时候上的分校，独生子女就我们这一代，大学四年，下面没人，等我一毕业，这个学校没了。之前好在还有一个小学，现在也没了，我将来准备写一篇文章叫《没有母校》，这就是我们那个年代。

行李　现在琉璃厂那边你生活时的印记都没了？

宁肯　都没了。2001 年开始拆，拆了十五年，去年年底才拆完。

行李　你什么时候从琉璃厂搬出来?

宁肯　1987 年，等于在那里生活了二十八年。现在全都没了，彻底没了，但是我留下很多图像资料，包括录像。

行李　我小时候是在北边德胜门一带长大，后来大学在外地读，回来工作，我们家搬到五环外。觉得那边哪像家啊? 不像! 工作也在南边，我原来在广安门上班，后来租房子，哪儿都不想去，就想在德胜门那一带。我在那找了一个平房，胡同里的院子，住了七年，特别舒坦。你说小时候经常在房顶上坐，我后来租的那个房子有一个房顶，可以直接出去，我觉得无比舒服，所以你刚才提的那个，其实没有什么年代的问题，大家对于 "家"，对小时候的回忆都很像。

宁肯　原来觉得年代差异特大，但是随着时间的长河慢慢流淌，其实年代间是有很多共同的东西，感觉的东西、情怀的东西，这些东西其实就是文学。

行李　新书为什么叫《北京：城与年》?

宁肯　城是空间，年是时间，从大的方面说，我的回忆被时间和空间笼罩，时间和空间无疑是这本书最重的主题，其他主题是在这之下派生出来的。另外，像北京这样一个大城市，名字上就应体现出大来，感觉上要与之相称。这个名字我想担当得起北京。

在看所有的书时，我都在等着描述风景的场景出现，那些故事和故事之间轻描淡写的景观，因为暂时转移了悲凉的话题而显得辽阔苍远，或者因为暂停了欢愉的满溢而变得优雅。它们是电影里的留白，是侯孝贤的空镜头。作家宁肯的小说最大程度地满足了我对风景描述的渴望，但他对风景的呈现，不是留白式的，是交响乐式的。因为二十岁刚出头时，他就在西藏见到了最恢弘的风景，直到二十年后，他才消化了这交响乐，通过文字翻译出来。这些交响乐如此强烈，坐在北三环车水马龙边的办公室里，他第一句话才说"我需要回到现场才能复述当时的情景"，第二句话就已进入现场……

［黄菊　2017 年秋天采访］

1.

行李　你生活在西藏是 1984 年至 1986 年吧？现在都过去三十年了，但是提
　　　到你的作品，首先想到的还是和西藏相关的主题，《蒙面之城》《天·藏》。

宁肯　是，最近我还在跟《十月》文学院来的两个捷克翻译家聊西藏，
　　　其中一个翻译家叫李素，他之前翻译阎连科的作品，现在正翻译
　　　我的《天·藏》。昨天他问我"加持"怎么翻译，一下把我给说
　　　愣了，我在小说里写道："雪落在维格身上，王摩诘要为其掸去，
　　　维格说你懂什么，这是加持。"李素说大致明白意思，但译成捷
　　　克文很难，的确，既有原意，又有转意，原意已很难说清，何况
　　　又是转意？

行李　小说里那个意象特别好，言简义丰，情深意长。

宁肯　我也觉得挺好，他们两人是情侣关系，男的关心她，下雪得披点
　　　衣服，她说你懂什么，这叫加持，好像把老天也作为一种禅，佛

无所不在。

行李　感觉写西藏的作品那么多，你是最不吝于描述风景的，连加持这种意象，也通过雪这种景观来实现。你在西藏期间，大多地方都去过了吗？

宁肯　没有，我就在那里待了两年，而且我是在拉萨六中教书，有很重的教学任务，只有第一年暑假有时间到处跑跑，因为第二年暑假就要回来了。就去过藏北的那曲、纳木错，藏南就去过亚东，就在中国和（原来的）锡金、印度、尼泊尔交界处，你从地图上可以看到，本来很整齐的，结果一下子凹出去了，那个地方就是亚东。从喜马拉雅山上 5000 多米的海拔一下子下降到 2000 多米，大量的原始森林、河流，房子全是木结构，种水稻，那地方真是天堂。

行李　你那时候去亚东干吗？

宁肯　去玩儿。当时很有意思，我去的时候应该是 1985 年 7 月份，当时西藏组织一个地质夏令营，有一些地质学家带着西藏的中小学生一起去考察，两辆车，七八十人，终点就是亚东。

　　从拉萨先到山南，然后到江孜，然后到亚东，跨越两大山系，一个是冈底斯山系，一个是喜马拉雅山系，又一直从喜马拉雅山脉的北坡翻到南坡。那个夏天我就想出去走一走，但是没有名额，就辗转得到《西藏青年报》一个特派记者的身份，和大家一起去了。

行李　然后呢？

宁肯　就这样出发了，第一天就到了羊卓雍错，太漂亮了。我记得当时把我们一直拉到曲水，在那儿过江，过江才能翻越岗巴拉山，江对面就是喜马拉雅山。随行的工程师叫徐正余，他让学生带一些小锤子、小铲子，现场敲击喜马拉雅山，告诉他们，这叫页岩，这叫火成岩，这叫片麻岩，它们怎么形成的，太酷了。

行李　我看你之前还专门写过关于岩石的文字。

宁肯　是，如果真的在大地上旅行，没有地质方面的常识，没有植物学的常识，就像盲人和聋子一样。但是地质工程师这么一讲，一下子把你变成一个音符，并且和其他音符串了起来。他说岗巴拉山非常特殊，是三大山系汇集的地方，喜马拉雅山、冈底斯山，冈底斯山北边还有一个念青唐古拉山。羊卓雍错就在岗巴拉山山顶，就像一个圣杯举起来的一杯水。

　　　　过了江，我们在浪卡子住了一晚上，第二天接着往前走。那时我们几乎沿着喜马拉雅山在走，一会儿上来，一会儿下去，看到第一个非常重要的点是卡诺拉冰川，冰川对面一排山峰，给你一个极其开阔的知识型的视野，那是非常典型的呈现大陆板块学说的地貌，我在那里彻底了解了西藏的板块学。因为西藏的崛起就是两大板块的相撞，印度板块在类似现在澳大利亚的位置往北漂移，一下顶到亚欧板块上，继续顶，就把山隆起来了。这个隆起会有交错，那道山就是缝合线的地标之一。

行李　我最开始对西藏的地质地理感兴趣，就是从看马丽华《青藏苍茫——青藏高原科学考察 50 年》开始的，一个作家，以文学的方式写了青藏高原的地质结构形成过程。看了才知道一个地方可以这么神奇，它所有的文化都孕育于这样的自然背景里。

宁肯　太神奇了。在羊卓雍错，工程师跟我们讲，这岸是喜马拉雅山，那岸是冈底斯山，为什么有两大山隆起，而中间是雅鲁藏布江？其实雅鲁藏布江是真正的缝合线，一江跨两大山系。地质学家是特别有诗意、有想象力的一类人，你想想，两大板块整体隆起，河流在中间，雅鲁藏布江就是这中间的一道缝合线，多有诗意！

行李　这道缝合线还继续往东拐，一直拐到雅鲁藏布江大拐弯处，在那里，著名的南迦巴瓦峰和加拉白垒峰隔江而立，看着很近，但其实也属于两大板块，这条江很神奇。

宁肯　是啊，一江挟两大山系，这在全世界都是独一份。所以那次去亚东是我在西藏非常重要的旅行。

行李　那是你第一次去翻喜马拉雅山，而且从北坡走到了南坡，南坡的视野跟北坡完全不一样，对你的触动应该也蛮大吧？你对环境这么敏感。

宁肯　对，过了江孜，第二天就到了亚东，到亚东之前要先翻一座高山，叫帕里，也叫帕里高原。"帕里"是什么意思呢？工程师讲，就是指高原上的高原。

　　在帕里高原上，我亲眼看到了分水岭。就是一条河流，你见到它从雪山下来以后，这边流一条，那边流一条，两个小源头，最终流成两股完全不同的大江。我们小时候常常说这个时代的分水岭，它是政治上的概念，但是真正地理上的分水岭谁见过啊，在西藏能见到！站在分水岭的感觉太棒了，希腊哲学家赫拉克利特说"人不能两次踏进同一条河流"，他讲的是时间，但是在西藏，我可以一脚踏进两条河流，我占有了两种空间、两种时间。

　　再之后，下切将近 2000 米的落差，大概只用了一两个小时就经历了一年四季，我说的分水岭上的河流，最开始是一条小溪，慢慢地水越来越多，然后变成一条河——卓姆河，百转千回往下走，然后你就看到孟加拉湾的暖湿气流上来了，雾气上来了，遍地鲜花。

行李　那是几月份？

宁肯　7 月，最好的时候。我们一直下到亚东，他们叫上司马镇和下司马镇，我们来到的好像是下司马镇的亚东中学，就在卓姆河边，真漂亮，全是绿色的森林、木屋。那地方已经有那么多花儿了，老百姓还种花儿，还把自己的花儿装置到窗台上、阳台上。

　　我还在那里碰见拉萨六中的老师，他们家更漂亮，全搭着纱帘，外面全是花儿，木地板。我们在拉萨六中住的房子没有任何美学价值，可是在亚东那样的房子里，雨水长年累月流淌下来，木质湿得发黑，鲜花一开，和雨水浸泡的发黑的木质对照，再打开窗户，窗外一片雾茫茫……我觉得亚东就属于天堂，甚至是天堂的后花园，如果天堂还有后花园的话，就是亚东那种场景。

行李　后来去别的地方了吗？

宁肯　我教学的地方属于拉萨的西郊，那里有一个中国最大的汽车团——十六团，十六团有一个夜大，讲大学的语文、历史之类，他们让我去讲课。那些学生里，有一些当领导的，营长、教导员之类，他们觉得我们讲得也好，跟我们都成了朋友，就说我们出辆车带你们去玩一玩，我说太好了。于是营长亲自派了有驾驶经验的驾驶员，开一辆前后轮都可以驱动的吉普车，叫嘎斯69，苏联产的，带我们去纳木错，带着我们两个老师，当天去当天返回。

行李　那个时候可以当天往返？以那样的交通条件。

宁肯　可以，但是非常困难，时间紧张。我后来写过一篇散文《天湖》，就是这段经历。我们一开始走青藏线，到了当雄就开始拐，改成土道，路很烂，沿途全是驮盐的牦牛。过了某个垭口，突然看到天一样蓝的东西，我说这不是大理石吗，哪是水啊！那就是纳木错，非常有质感的一片水，比天还要蓝，因为天上还有云彩在飘，在云彩和大地之间，突然现出那么一片水，大海一样，太激动了。

　　车子接着往前开，还没到湖边，已经没路了。西藏的草原和内蒙不一样，它是一坨一坨的，车开得跟跳舞似的，叮叮当当，给那个司机愁得！最后车抛在那儿，说咱们不能再往前开了，一个是时间不够，再一个这么开也开不到，但是我觉得如果不到湖边，简直太难受了。我特别不甘心，最后趁他们不注意，连跑带徒步，往湖边跑去。高原是不能跑步的，容易猝死，但是当时全都不顾了，我就想快去快回。

行李　纳木错得有 4700 多米了，跑起来很危险。

宁肯　是，最可恶的是经常有河水，很浅，但你得淌过去，刚淌过去不久，这条河又转过来了，第二次、第三次拦住你，直到湖边，能拦住你好几次。原来一条河在收尾的时候，完全是 S 型的。河里的鱼多得很，咬你！到了湖边，虽然已近傍晚，但是非常激动，终于可以摸到水了。我捧起一把水，洗了一把脸，直到这个时候，才觉得和这片水真正建立了联系，否则我就是一个看客、一个旁观者。那一年我是二十六岁，就已经达到了人生的顶点。

行李　我记得你说过，从那篇文章开始，奠定了你写风景的基调。

宁肯　对，但不是当时写的。那时候文学圈里还流行一种鄙视散文、厌恶散文的风气，后来《散文世界》的编委韩少华约我写西藏，我就按照自己的方式写，他看完以后非常惊讶。完全是自然的融入，抛开政治上的语境，是用生命在写。

## 2.

行李　那两年拉萨的文学氛围是怎样的？

宁肯　非常好，我当时还订了《西藏文学》，还有一本文学杂志叫《拉萨河》，1985 年左右的时候，西藏是中国文学的一个高地。

行李　是本地作家写本地作品吗？

宁肯　不是，主要是内地作家，包括一些援藏的，也有当地作家，如扎西达娃，但是他们基本都是汉藏结合，爸爸是汉族，母亲是藏族，我们叫团结族。我记得当时有一个文学活动，西藏文联搞的，就在拉萨西郊，他们在一个名字很洋气的咖啡馆搞了一次诗歌朗诵会，咖啡馆的名字好像叫巴格博咖啡馆，几乎拉萨的文学青年全部集中在那儿，印象非常深。

但是我那时还没有完全进入到西藏文学圈，当时就是一个援藏教师，爱好写东西。我们是两年援藏的那种，而马原他们一大批作家都是八年援藏的那种，到那儿去定点培养。他们去的时间长，很早就形成一个圈子，我们等于是外来的教师，跟他们还不兼容，一个286，一个386。

行李　他们那时候都有作品了吗？

宁肯　都已经一举成名天下扬了，我们和他们的差距得多大？可是年龄都一样，我们都得仰视他们，很边缘。那时候在西藏文学圈一成名，马上全国都有名。

我当时读到马原的《拉萨河女神》，包括扎西达娃的《皮绳上的魂》《西藏隐秘岁月》，他们写的东西很好，也很有创意，但是和我对西藏的感受还是有非常大的距离。比如西藏的自然环境，我刚才讲的那些大山大河，纳木错、亚东，他们写得很少。包括我住在拉萨六中，与哲蚌寺一村之隔，我对那个环境感受特别深。我们经常逛哲蚌寺，哲蚌寺的空间如迷宫一样，到处都是入口，也到处都是出口，像山城一样，喇嘛念经的声音如蜂鸣。

我后来写过，哲蚌寺是个寺院城，里面有许多这样的小巷，不知通向何处。它们环环相绕，叠叠层层向上，构成迷宫。《天·藏》描述过这里："没有出口，又到处是出口，而所有的出口又都是事实上的入口。"整个《天·藏》事实上就是由出口和入口组成的，有许多庭院、单元。

我们喜欢坐在那里看风景。夕阳西下的时候，能落得很远很远。你站在哲蚌寺往下看，太阳很有辉煌感，我没见过那么猛烈的黄昏，那种山、云、水交会起来的宏大！那种黄昏甚至都不是一个诗人、一个音乐家所能接得住的，绝对是交响曲，而且得是若干个大音乐家、大诗人一起演奏吟唱，比如贝多芬、海顿、巴赫、李白、李商隐，他们集合在一起，面对黄昏去咏叹、去演奏，才能把西藏的黄昏接住。

这些东西对我影响非常大，但是我在描写西藏的作品里却很少读到过。

行李　他们都没有歌咏过西藏的风景？

宁肯　没有。可是风景是你存在的场所，宏大的、具体而微的，哪怕一个台阶，一棵草从山缝里滋出来，这些东西对西藏都非常重要，但是关于这种东西的描写我却很少看见，包括在马丽华的作品里也不多，而西藏给我的震撼恰恰是这些东西：风景之中的一些建筑、物品、细节，所有的生活形态，非故事性的。

所以我说描述西藏的难点在什么地方？就像描述音乐一样，音乐是抽象的、非叙事的，它刺激人们的感官，西藏的风景非常像音乐。但是如果不把这些东西写出来，你就没办法把真实的西藏表达出来。风景里包含人的存在感，如果去掉风景，就把你的心情去掉了。如果剩下故事，那是另外一个语系，它没有直接性。风景一定是文学里非常重要的一部分，但是我们很多作家把它忽略了，虽然故事讲得很好，但是和我感受到的西藏不一样，不能满足我，但我当时无力表达这个东西，因为太难了，他们回避也是有道理的，没法书写。

行李　可是每个人面对这样的风景都会被打动。

宁肯　打动你的东西不一定能用语言表述出来，就像你看完一场音乐会，你能写一大篇文章吗？很难对音乐进行描述。我后来写过《坐看黄昏》，就写大的阴影中村庄的陷落，在大面积黑夜降临时，村庄一个一个陷落，阳光沿着树梢往前掠着走，越来越快，但远方仍然极其辉煌，等到最后变成灰烬一样定格，变成蓝、变成黑……那时候，我觉得贝多芬、巴赫、李白，他们都得起立致敬，变成一个雕塑定在那里。这些东西必须书写，难是难，但是仍然有办法，不过得经过时间的淘汰和梳理。

# 3.

行李　我看你后来再回哲蚌寺时，发了很多条微博，现场"直播"哲蚌寺。

宁肯　是，时隔二十八年，我又回去了一趟，一个人去了哲蚌寺。二十八年，别的都变了，只有哲蚌寺没有变，一草一木都那么熟悉，它一点没有变老，但是我老了，非常感伤，好像我那些生命还都印在上面。

　　我记得措钦大殿前有一棵很大的松树，树皮非常老，长得像铁一样，快成化石了，但是叶子还活着。二十八年前我面对这棵树的时候它就这样，那时我非常年轻。二十八年后，这棵树还这样，一点没变，而我慢慢在风化、在老去，但它又是我唯一的见证人，那么威严，上面挂满哈达，可能还有当年我挂的那条。那种感觉真是有一种说不出来的滋味。

　　所以人为什么反感变化？反感拆迁？因为人都需要有生命过往的见证，按理来说，你生活的城市一定是比你老的地方，它已经存在很长很长时间，你消失的时候，它还存在。但是现在反过来了，如果一个城市比你年轻，你是什么感觉？

行李　"我已比北京老"。

宁肯　对，如果你比你所在的城市老，你会有一种无根的、无着的、被抛弃的感觉。本来是我靠着北京，我从这根上长的，现在它还得靠着我。

　　所以我再次看到哲蚌寺，真是感慨万千。1984 年至 1986 年，我几乎每周都去一次。虽然我也不懂佛教的东西，但去得多了，会形成依赖。每次到哲蚌寺，心真的就像沐浴一样，你的精神需要洗澡、需要沐浴、需要冲洗，到那儿就感觉到这种冲洗，非常宁静、非常舒畅。你说这是宗教吗？也不是，就是那个环境、那个构成，它的存在本身所具有的功能施加在你身上。这些东西，你不表现出来怎么可能呢？所以我在《天·藏》里把这些表现了出来，更早时期的《蒙面之城》还没有来得及表现，当时也不知道如何处理这样的环境，不知道如何处理它所负担的那些宗教的东西。后来我读到《僧侣与哲学家》这本书，你知道这本书吗？

行李　父子两人，一个僧侣、一个哲学家，两人之间的一场对话。

宁肯　对，两个文化身份非常特殊的人：一个是法国年轻的科学家，到了不丹，皈依了佛教；一个是他父亲，一个怀疑论的大哲学家、法兰西院士，欧洲最典型的保守知识分子。这两个人在喜马拉雅山脉这样的环境中进行对话，关于佛教，关于宗教和哲学，太棒了，从此之后我才敢写我去哲蚌寺的感受。

　　所以那次回去，等于我又用行动写了一遍《天·藏》，我在现场找我写作中经常刻画的门、台阶、云彩、小院、马丁格修行的地方……它是一种双重的回乡，既回到我原来居住的地方，又回到我的作品里，那种感觉非常奇妙。

　　记得有一次，我们在哲蚌寺里走一条非常陡峭的台阶，走着走着，突然间，真是晴空霹雳，咣一声霹雳，雪粒子哗就下来了，当时根本没人推我们，也没人点拨我们，我们当时就噗通跪下了。

行李　跪下了？

宁肯　是，直觉的反应，一下就跪下了，给吓得！但是过一会儿，旁边小窗口里出现念经的声音，你的魂慢慢又回来了，他们就像招魂一样，把我们又给拉回来了。那种对我们极大的震吓，和他们的完全不为所动——打雷那一刹那，我们吓跪倒了，而他们的念经并没有停止——也给我很大触动，那时候觉得，那些经是专为我们念的，就像超度一样。那次是一个特别大的奇迹。

　　还有一次，我们刚到西藏那一年，周围除了我们学校，没有公共建筑，一到夜里，四处一片漆黑，哲蚌寺的灯光几乎看不见，也就一点点。有一天晚上，哲蚌寺忽然有大面积的空间亮起来，就像佛祖显现一样，周围全镶着金边。村子里家家的窗户也都亮起灯。又神秘又害怕，这怎么回事？

行李　燃灯节？

宁肯　对，但是当时不知道。我们一方面怕，一方面又感兴趣，于是穿过村子上了哲蚌寺，平常我们晚上也去过，村子里的狗会叫，结果那天狗一直不叫，我们反倒害怕了。到了哲蚌寺，全是点的酥油灯，而且酥油灯都在外面窗台檐上。有人守着，如果风刮灭了，就拿火把重新点燃。

　　我们一直走到哲蚌寺顶上，一边是很多大喇嘛在点灯，穿着红衣服，戴着黄色的大帽子。另一边，一个十几岁的小喇嘛也在点灯，点着点着，他突然唱起歌来。按理说，寺庙里的音乐、法号，挺庄严，但也挺恐怖。但那个小喇嘛一边点灯一边唱，一听，歌曲来自草原，那个悠扬婉转啊！可能小喇嘛这时候想起了自己的家乡，这种思念，这种人间的东西，和神性、和对神秘的恐惧性，一下融合在一起，所有的孤独都没有了，所有的神秘、宗教、信仰都没了，我们眼前好像出现了草原，沉静，阳光，河流遍布……

行李　那个孩子的歌又把你们的魂招回来了。

宁肯　真的，我和朋友两人一人点一支烟，坐在台阶上，又回到了人间，太爽了。

行李　你在那边没有交什么交情特别深的藏族朋友、喇嘛或者活佛？

宁肯　有几个老师，还有我的三个学生，现在都有联系。有一个老师叫巴桑次仁，教数学的，也是特神奇一人。我们俩关系非常好，他写日记，我也写日记，就在快离开前的两天，我们俩交换日记本写，我的日记由他来写，他的日记由我来写。后来我说，我从来没去过夜晚的拉萨，你能不能哪天陪我去一次？

行李　那个时候早上三四点钟没有人在大昭寺前磕长头?

宁肯　因为我们住在郊区嘛，夜里磕长头主要在八廓街，拉萨中心。他说行，我陪你去一趟。大概是夜里两三点钟，我们在八廓街走着走着，又碰上特恐惧的事，忽然那边过来一队人，静静地，拿着花什么的，是出殡的! 葬礼! 正式入葬之前有一个宗教仪式，要扛着尸体围着大昭寺转一圈，然后在大昭寺前做一点法事再装车。我们碰上这么一队伍，给我吓得! 但是也让我见识了拉萨人的葬礼，这在拉萨是非常重要的活动，和我们不期而遇，连巴桑次仁也没见过。

行李　哎呀，听得好过瘾，回去把《天·藏》里描写风景的部分重新找出来看一遍。

宁肯　风景难写，它既有客观性，又有主体性。如果仅仅是客观的风景，视频就可以呈现，但你写出来的风景，一定是视频拍不出来的。我有一个观点，他们说读图时代会影响文字，我说不对，图像越发达，人们内心越哑巴，越需要阐释，这时候就需要作家把它讲出来。我觉得图像越丰富，文字讲述的空间越大。

徐则臣

在一次论坛上见到徐则臣，他和一群北大写作班的师弟师妹分享"我们这一代人的阅读和写作"。"我们这一代"，是指七〇后，他被视为七〇后最优秀的作家，获奖无数，过去二十年写下的小说——《跑步穿过中关村》《夜火车》《如果大雪封门》《耶路撒冷》《王城如海》，等等，也在探讨七〇后面临的问题：到世界去，以及返乡。

他小说里所有的主人公，几乎都以运河为背景，从运河边的花街出发，来到北京，再走到世界去。"到世界去"，是他一直以来的主题，因为小时候在农村，外面的世界遥远神秘，没机会出去，心中积压了很多出走的欲望，他把自己实现不了的想法，在小说中表现出来。

二十年后，小说里的主人公开始在他笔下回到花街，回到运河。而他准备了数年，即将出版的长篇小说《北上》，还会将外国人的故事搬到运河上。

讲座在一座风景怡人的公园深处，讲座结束，我们同行一段长长的夜路回家。刚下过雨，有风，阴凉湿润，使我们精神警醒，使我们和自然连接。我说最喜欢他笔下描写风景、气候和时辰的部分，经常大段大段摘抄。在边缘人物压抑的故事里，那些偶尔写下的景色，如拂面春风：

"一定有人在大地上睡着了，梦见和麦子一起生长，听到大地的汁液流进身体的汩汩之声。伏在大地上，感觉世界是整体的，它是一个巨大的球，缓缓地转动，人和每一棵树、每一株麦子一样，是大地的一部分，夜包裹着你，月光包裹着你……"

"乡村的黑夜就是黑夜。乡村的黑夜意味着太阳和尘土落地，火柴、油灯、蜡烛和月亮升起来。除了个别晚上我在煤油灯下看书，多数夜晚在月亮地里度过……大人们常常会在月圆之夜到田里干活，月光明亮，麦子水稻高粱玉米和白天一样清晰……月光从窗户进来，画一个水一样的方框，我们像头小兽蜷曲着身子，疲惫地睡在水上。"

他说小时候在农村生活过，生活真是很圆满。城市生活大家基本都能得到，但是农村生活错过就永远错过了。"我偏爱写风景，是因为你有农村生活，跟大自然之间早早建立了某种契合，和大自然接上了头。"

如今他住在百望山附近，在这之前，他暂寄在北大万柳、芙蓉里、海淀南路、知春里、中关村……他习惯在文章落笔处标示出他在北京的移动版图，也让他故事里的主人公在这些地方活动。这移动的版图，是北京的现代化进程，也是整个全球化的缩影。

没有路灯，天很高，星星像洗过一样亮。我们不再说话，淋着细雨，吹着冷风，一直走到午夜深处去。

［黄菊　2017 年秋天采访］

1.

行李　我有一个同学，网名就叫"花街九号"，淮安人，所以最初看到你的故事也发生在花街，真是惊喜，就这么一路看了下来，但从不知道现实里的花街长什么样子。

徐则臣　我这个花街跟莫言的高密东北乡一样，半真半假。现在城市改造，只剩下了一小段，但是花街对我来说很重要。它是我文学的根据地，一写东西我就必须把故事的发生地搬到这里来，从此才觉得得心应手。它靠着京杭大运河，是流动的，运河的人可以来来往往，里面的人也可以沿着水路到世界去，这个世界越来越宽广，花街也就越来越宽广。我以前说这个世界有多辽阔，花街就有多漫长；这个世界多复杂，花街就有多完整。你在这个世界上看到的任何东西都可以在花街上看到，所以我笔下的花街也就越来越长。

行李　跟运河相连的街应该不止花街一条，为什么选中了它？

徐则臣　花街那里有一个石码头，还有一个清江大闸，那是当年整个运河上重要的咽喉所在。沿着码头的石阶上去就是花街，它地理位置好，才可能会有这么多的故事。而且我在北方生活，花街有水，又是老街，青砖、盖瓦、白墙、石板路，两边店铺都是疙疙瘩瘩的门板，房子看起来摇摇欲坠、风烛残年，非常符合我对南方的想象，天然地具有文学性，所以我把很多故事放进去。慢慢地，它变成一个符号。但是随着你越写越多，可写的东西越来越少，局限就会越来越大，恰恰是这样，你能体会到创作的乐趣，逼着你去开拓其他领域，一点一点尝到建立一个新世界、开辟一个新战场的乐趣。

行李　你笔下的主人公，除了来北京的，好像都在运河上活动。

徐则臣　运河一开始对我来说就是一条河，后来发现它是整个封建社会的缩影。元朝以后，运河成为中国的经济大动脉，对整个中国帝国的影响，怎么说都不为过。即使到了海运很成熟的时候，封建王朝依然坚持漕运。沿岸城市奠定了很多东西，比如淮扬菜系，比如沧州舞狮、杂技之类。我觉得运河的标志性意义要大过长城，长城过去是用来被动地抵御，而运河是主动地生发，长城现在就是一个景点，但是运河可以重新唤醒。

行李　可是长江也是大动脉。

徐则臣　长江更多是自然水文意义上的，运河是一条人工河。运河经过的城市，文化经济都是最发达的。原来淮安是非常小的地方，到了清朝，突然因为运河发展起来。运河沿线很多这样的例子，运河所过之处，繁华富庶，人杰地灵。运河的昌盛，贯穿了统治阶级的意志。

行李　接下来会写一本运河的书吗？

徐则臣 正在写一部长篇小说。写了很多年运河，但是运河从来都是作为故事发生的背景，这一次要认认真真地看一看运河对古代有什么意义，对今天有什么意义，对整个中国人性格的形成、对中国文化人格的形成，到底有什么意义。准备了好多年，明年就会出来。小说从杭州一直写到北京，从 1901 年写到 2014 年，空间和时间跨度都很大，我会找一个合适的结构，让时间和空间自然有效地交织起来。

最近看了不少外国人写的 20 世纪初在中国的游记。这两天刚把《我为景教碑在中国的历险》看到一大半，写一个丹麦人 1908 年将景教碑从北京护送到西安，沿途坐船、牛车、骡子车，很有意思。

行李 看这么多当年的游记，是想重新恢复那个时期中国的景象？

徐则臣 我得找感觉。小说的第一部分是写一个沿着运河北上的意大利人，外号"小马可·波罗"。1900 年义和团运动，洋人的北京使馆被包围了，多国部队从天津出发去给使馆解围，小马可·波罗的弟弟就是其中一位，跟义和团和清政府产生一些冲突，受了伤，隐姓埋名，和一个喜欢多时的中国姑娘结了婚。他非常喜欢运河，决定隐居到河边。他的家乡在意大利的维罗纳，离威尼斯不远，从小就喜欢水。因为音信杳然，别人都以为他死了，但他哥哥不相信，觉得弟弟应该在运河的某处，于是从意大利过来，沿着运河缓慢北上，边走边寻访。小马可·波罗的行踪落下了很多疑点……说来话长，就不剧透了。

行李 真像电影剧本。你自己沿着运河全部走过吗？

徐则臣 基本上走完了。前一段时间刚去了山东汶上，汶上有个南旺水坝，是整个运河上最重要的水利枢纽之一。之前一直搞不懂运河从南到北具体如何运行，因为中国地势北高南低，资料上说，漕船北上，一会儿顺水，一会儿逆流，又要引流，又要分水，怎么回事？到南旺实地看过后，豁然开朗。京杭大运河最高点跟最低点之间落差34米，而最高的地方就在南旺。黄河泥沙堆积，这一段河床和水位逐年升高，船怎么上去？于是有了南旺水利枢纽。之前看了很多关于南旺水坝的描述都没看懂，到现场，瞬间明白了。那一瞬间，整个运河也突然活了，在我心里真正流动了起来。

行李　好期待，我很喜欢你笔下那些生活在水上的人，尤其女性，侠义、彪悍、能干、多情，又不矫情。

徐则臣　有一句俗话说："人间有三苦，打铁、摇船、磨豆腐。"水上生活一定很苦，但是人的心境都很宽阔，就像水一样，很有韧性，也都比较善良。水上饭是百家饭，每个人都漂泊不定，偶发事件很多，必须相互依存，没准哪天你的船就出问题了。现在行船，多半是夫妻搭档，船的空间小，人也容易孤独，一趟船可能来回好几个月，又忙得要死，男人在船上肯定有很多坏毛病，如果女人性格不好，不能包容，日子肯定没法过，所以她们都很乐观。

行李　水对你的性格影响大吗？

徐则臣　当然。小时候我们家屋后就是一条河，叫后河，天天在那儿捞鱼、摸虾、洗澡、游泳。再往北走一两百米又是一条河，再往北走又是一条河，一直是河。上初中的时候，校门口就是江苏最大的人工运河，叫石安运河，夏天中午不睡觉，就跑到河里游泳。冬天住校，自来水管冻住，我们一大早爬起来，抱着洗脸盆，拿着刷牙缸，搭着毛巾，直接往校门口跑去刷牙洗脸。运河水到了冬天是温的，冒着热气，洗脸刷牙正好……童年的成长基本上都是在跟水打交道，我理解世界的重要路径之一就是水。

行李　你也常写火车，很多直接以火车为标题的文章，《夜火车》《开往北京的火车》《开往黑夜的火车》，等等，当运河不再通航以后，火车是不是另一形式上的运河？

徐则臣 是，火车是我们生活里最为隆重的事情。我以前在小说里写过："裤子总是一不小心就提到腋下的年轻人，一年到头站在故乡边缘，看火车呼啸着奔向远方……"运河的小说里，那个意大利人在济宁溺水后，济宁以北断流了，怎么办？我看能不能让他坐一段火车。

行李 我一直有一个困惑，在江苏这样经济发达的地区，为什么火车那么少？

徐则臣 运河在很长时间里就是今天的高速公路。运河发达时，很多地方都很富庶，随着真正的高速公路、火车出来，这些城市就慢慢没落了。但没落是非常缓慢的过程，等哪一天发现已然没落了，修铁路也没用，成本太大，效益太差，划不来，就扔在这儿了。比如淮安，到1998年周恩来总理诞辰一百周年时，才通火车。

　　风卷起纸片和塑料袋在站台上飘，然后火车叹了一口气，动了。灯光向后走，黑夜又来了。窗外是缓慢移动的墨块，树也像山，远远近近，重重叠叠。我放下窗帘，躺下来，感觉重新漂在了夜里，像一片树叶漂在水上。
　　……
　　四肢伸展。大地也如此，火车在上面奔跑，听不见声音。黑夜此刻开始开放，像一块永远也铺展不到尽头的布匹，在火车前头远远地招引着，如同波浪被逐渐熨得平整。黑暗再次从大地上升起来，清爽地包容了一辆寂静穿行的火车。我躺在其中的一个角落里，平稳地浮起来……如果夜色不是浓黑，就让十几户矮小的房屋和院落来到路边，我能看见窗户里一点让人身子发暖的灯光，看不见人，或者只有人影在窗户纸上半梦半醒地晃动。我想象出了没来得及收拾的饭桌，他们的轻微而又散漫的脚步声，一条窝在筐子里无所事事的狗，还有他们平凡狭隘的生活。

2.

行李 你笔下那些边缘人物和你自己一样，都慢慢来了北京。他们、你，和北京城彼此塑造。

徐则臣 我看你们刚采访了作家宁肯，他刚出了关于北京的新书《北京：城与年》。他是老北京人，所以对北京的认识跟我的角度完全不一样。我会以一个外来者的眼光看北京，一开始我写北京基本上用的都是年轻人视角，那样能把我个人的经历和看法真实地表达出来。我希望小说里能够有"我"，不是说非得第一人称，非得是我的经历，而是要有我最真实的感受、疑问和发现。

行李 第一次看到《跑步穿过中关村》，特别激动，觉得那个"我"也是我。

徐则臣 你只有把自己最真实的经验拿出来，才有可能让别人产生共鸣。很长一段时间我都写了一帮边缘人，因为边缘人面临的问题更多，他们可能生活在阴影底下，不被世俗、甚至不被法律兼容，压力更大。大压强下更容易凸显人和城市之间的关系。

　　后来有意识地关注城市化的进程，这帮人从一个小地方来，其实是城市化进程的结果。打工潮、移民潮，都是背景。移民不是一开始就咬牙跺脚非走不行，而是"我"在这个城市待了一段时间以后，觉得生存已然有了可能，才决定移民。我最初写的大部分都是前移民阶段，它跟整个城市化进程之间有某种暗合。接着写了移民以后一部分人的生活，开始认真把北京作为一个研究对象，探讨城与人的关系。这些人如何看这个城市？他们盯着北京看，免不了以其他城市为参照。我也需要其他的城市这个他者来打量北京，所以自然也会把中国目前的现代化进程、城市化进程和全球化联系起来。在一个全球化时代，即便一条偏安一隅的花街，也不可能脱离北京、纽约、耶路撒冷独立存在。

行李　在全球化时代，现在你是怎么看待家乡的？前阵子看熊培云的新书《追故乡的人》，感觉他已经从寻找家乡的状态，变成了"普天之下皆吾乡"的状态，从过去地理空间上对家乡的执着追求，变成了对精神意义上"家乡"的认领。

徐则臣　这个问题真是很纠结，我每年都会回老家，但是这个老家对我到底意味着什么？我写过一篇文章，叫《此心不安处是吾乡》，苏轼不是说"此心安处是吾乡"么？我觉得现在到哪儿都不安，在北京心不安，回老家心也不安，就是缺少了一些传统意义上的认同感。故乡仿佛进入了另一种陌生的轨道。我在哪儿都很难有生根发芽之感，这可能是常态，唯其如此，此心不安处，非吾乡者亦吾乡。只能如此。

行李　所以这就是七〇后的问题？

徐则臣　有一点吧。五〇后作家回老家，能跟过去一样，见谁都打招呼，蹲谁家门口都能吃饭聊天。我问过很多同龄人，好像都做不到，有一段时间我回老家，见人就想躲，近乡情怯。

行李　想躲的原因是什么？

徐则臣　说不清楚，尤其是跟我光屁股玩到大的小伙伴。不知道是谁的问题。你会觉得两人在一块儿聊天，聊着聊着就拧巴起来了，双方都希望赶紧撤，你担心他误解，他也担心你误解，三句话多了，两句话又少了。过去那种，两人坐一块儿，心无挂碍地聊天，不太多了。

行李　可是为什么贾平凹、莫言那一代人能做到？因为他们离开故土的时间稍微晚一点？

徐则臣　不是，他们也都是上大学或者当兵时离开的，但他们离开时的乡村，还保持着纯正的、文化上的、伦理意义上的稳定结构和关系，他们在那样的乡土中是真正地扎下了根。

158

行李　七〇后离开家乡时，乡村已然在发生改变，等到再回去时，几乎和城市一样变得面目全非。

徐则臣　对，在我们扎根乡村的过程中，乡村已经在涣散、解体，一个稳定的乡村该有的文化、伦理结构，甚至独特的乡村政治，都没了。你跟乡村之间还没有来得及建立铁打一般的关系，就一拍两散了。我们曾经有一个扎根的可能和努力，但是没扎下来。真正的"还乡而不至"，也许正是从我们这代人开始的。

# 3.

行李　这些年你真正走到了世界去，有哪些作家的作品使你产生过走向世界的冲动？

徐则臣　比如奈保尔，看过他的书再去看印度，理解起来就特别容易。奈保尔对印度可能挺失望，而我恰恰觉得印度蕴藏了无限可能。在印度，尤其贫困地区，他们尊崇的那套伦理、生活规范，对我构成了一种奇异的景观，五星酒店门口就是贫民窟，大腹便便的人西装革履，出门撞上一帮随地冲澡、在路边倒头就睡的贫民……现代跟前现代之间无缝对接。恰恰这种各得其所、各安其命的没有过渡，有点像鸿蒙初辟的感觉，蕴藏了无数可能。

我写北京的小说受过奈保尔的影响。20世纪后半叶以来，世界上最重要的作家大部分都在探讨跨民族、跨文化、跨种族的问题。像刚获诺贝尔文学奖的石黑一雄，英籍日裔，用英语写东方文化。土耳其作家帕慕克生活在亚欧大陆交界处的伊斯坦布尔，他生活的地方天然具有两种文化，莫言评论帕慕克时说过类似这样的话：洋流交汇的地方物产丰富，文化交汇的地方容易出现大作品。奈保尔也是，在英国生活，回头写印度文化。我们深居国内，跨不了文化和国界，是否就跟这些大问题没关系？有关系。我后来想，对一个中国人来说，从村里到北京，从农业文明进入到城市文明，我们内心经历的纠结与折磨，一点都不比从第三世界到第一世界小吧？他们在文化认同和身份认同上的体认，我们走在从农业文明到工业文明的路上时，一样也没少经验。

还有很多作家写的城市作品都对我有所启发。唐·德里罗写纽约，索尔·贝娄写芝加哥，安德烈·别雷写圣彼得堡，扎迪·史密斯写伦敦……他们用什么方式去写固然值得琢磨，我更看重他们站在哪个角度看一座城市，以及他们笔下所表达出来的城市性是什么。

行李　帕慕克笔下伊斯坦布尔的"城市性"是指什么？

徐则臣　帕慕克写伊斯坦布尔，他通过对成长经历和文化上的伊斯坦布尔的书写，提纯出了一种只有伊斯坦布尔才有的"呼愁"（土耳其语的"忧伤"）。一锅水沸腾了，有的作家盯着咕嘟咕嘟的滚水，帕慕克更在乎水面上那层氤氲的蒸汽，这就是我所谓的城市性。我也不知道这个说法是否科学。

行李　你的作品也都可以视为城市文学。

徐则臣　算是吧，觉得我们这一代应该致力于城市文学，不是说乡土文学不应该写，而是到了需要我们认真来看一看城市文学的时候。

行李　听说你同时也在准备一部关于爱丁堡的小说？

徐则臣　是，我一直很喜欢爱丁堡，去过三次了。第一次去的时候就特别有感觉。那种城堡式的哥特式建筑，庄严、神秘，适合作悬疑故事的背景。柯南·道尔的《福尔摩斯探案集》、罗琳的《哈利·波特》，都是在这里写的。传说爱丁堡历史上经常卖死人，供医生解剖，最早的解剖学是从这里开始的，有很多杀人魔。柯南·道尔本身就是一个医生，把自己当成《福尔摩斯探案集》里华生的原型来写。这座城市天生有一种文学氛围。

今年刚去了一次，明年冬天可能还会再去。冬天天黑得早，雾又大，我想把故事的时间背景放在这个时候，雾幔重重，城堡森森，影影绰绰，想想都觉得有故事要讲。我特别喜欢类似的城市，重庆、耶路撒冷、伊斯坦布尔、彼得堡、阿姆斯特丹。

# 4.

行李　听说你从小练书法？

徐则臣　小时候我们家卖字，卖对联，我爷爷是老私塾，字好。当年被批斗，那时候他是一个小学校长，被打回了老家，后半辈子在村里生产队养猪，直到 20 世纪八十年代初平反。平反后，闲着也是闲着，为了补贴点家用，就开始写对联，一直写到八十多岁。我从小在身边看，也写，算有一点功底和心得吧。断断续续也一直写到现在。

行李　书法对你写作有影响吗？

徐则臣　肯定有。书法要求笔到、意到、力到，你的笔走到哪里，力气就要跟到哪里，心思也应该跟到哪里。跟写小说一样，有一个"落实"的问题。很多人想法很好，但落实到细节上经常走样，意和力跟不上，就潦草了。

　　　　还有谋篇布局。我写字从来不折纸，因为写对联写惯了，看到一张纸多大，一打眼，就能知道可以写几个字，每个字占多大地方，最后要留多大空间，落什么样的款。全凭直觉，练多了就成了本能。就像写小说，一个故事大概多少篇幅合宜，我会有个大概感觉，最后写出来，浮动范围一般不超过一千字。这跟平时的书法训练有很大关系。

行李　性格上呢？

徐则臣　影响也比较大。练字的人比较容易沉下来。刚开始写人躁，心会浮起来，写小楷，这感觉更甚。开始只能写十个字，慢慢练，可以写到二十个字才开始浮，然后越写越多，越写越沉静，就把那个躁气给压下去了。

行李　你小说里有主人公跟书法有关系吗？

徐则臣　《耶路撒冷》里，初平阳的爸爸就写书法，一手好字。

行李　刚才你讲到爱丁堡冬天起雾的情景，你自己比较偏爱一天里的什么时辰？

徐则臣　按照勃兰兑斯在《十九世纪文学主流》里的分类，我该是一个浪漫派。喜欢黄昏，喜欢夜晚，喜欢那种不是蓝天白云的天空。生活中的蓝天白云当然我也喜欢，但还是觉得从傍晚开始，从残阳晚霞开始往后的时间，一直到太阳出生之前，更有感觉。浪漫派喜欢夜生活。光天化日之下，你觉得这个世界属于所有人，只有到了晚上沉静下来，才觉得这个夜晚只属于你一个人。

行李　就是暮色四合之后。你好像还专门写了一篇文章详细阐述"暮色四合"。

徐则臣　"天色将晚，这是四月初北京的黄昏，天灰灰的，风也是灰的，暮色从四面升起来。四合。暮色如浪，卷起来，像饺皮开始兜住馅，把世界包起来。车在走，人也在走，我却觉得周围静下来，只有黄昏的声音，暮色四合的声音，精致琐细地响起来，声音是沙哑的……暮色从喧嚣的芦苇荡里浮上来，雾一样，后来知道掺了水的墨在宣纸上洇开来就是那样。风拉弯所有芦苇的腰，庄稼和大地也在风里起伏，越来越暗，越来越黑，野地里动荡起来……当年沈从文大约就是这样站着，在北京那些暮色四合的黄昏里，他从故宫博物院出来，一个人站在午门的城楼上。他看到了暮色四合，夜晚来到了北京城。然后他开始往家走……暮色四合，要么想家，要么无家可归。"

行李　你觉得怎样的天气是最有文学性的？

徐则臣　就北京而言，我喜欢下雪之后的北京，黑白分明。下雪天，世界开始安静，总能听见雪地上有音乐响起。有点忧伤，有点沉郁，但庄严肃穆，我会觉得这是一座伟大的城市。

行李　"如果大雪封门"这几个字是怎么想到的？真是像一首诗。

徐则臣　我写小说都是先有题目，《如果大雪封门》，那天走在路上，无端冒出这句话来，觉得特别好，适合做一个短篇小说的题目，但不知道该写什么。我书架上有一张纸记满了各种题目，比如《跑步上中关村》《狗叫了一天》……写完题目，放在墙上，之后没事就盯着这句话看，有时候看着看着觉得不好玩了就删掉，如果好就继续往下看。看多了，就像建筑，你会看到它的阴影，你看得越久，它的阴影就越大。阴影是它的内涵和外延。我说不清楚，只是模模糊糊地感觉到，就是它。哪一天一个合适的故事有了，跟这个题目接上头，小说就有了。

行李　北京的风是不是也常出现在你的小说里？之前还有一部纪录片叫《北京的风大吗？》，就是一个人拿着摄像机问所有人："你觉得北京的风大吗？"你一直在海淀区活动，那里的风更明显。

徐则臣　是，《跑步穿过中关村》里就写过。现在感受更深，因为住到西北方向了，正是北京的风口。以前写过一篇文章，《风吹一生》，我说城市里没有风，所有的风都来自野地和村庄。"因为没有谁像野地里的孩子那样依赖风才能生长……风是我们见过最多的东西。我一直跟着一阵风向前走，走着走着就长大了。"北京的风从山那边来。

郭净

第一次看到写梅里雪山的五十万字的《雪山之书》，完全惊呆了！从梅里雪山史上最大的山难开始，写到登山者、当地村民、外来支教的青年、游客……不同人对同一座雪山的理解，以及藏民如何看待动植物、冰川，如何看待死亡。我至今能背出书里各章节的题目：山难、狼之祸、冰川正在融化、在虚无中冒雨赶路、坠落在香格里拉的飞机、路、游客来了、信仰之源、山中神界、圣境的意义、山歌行、前往中阴的旅行、转山笔记……一流的结构、一流的文字，以及一流的同情心、同理心，这不是中国版的《忧郁的热带》么？一点都不夸张，我至少手抄了十万字，就像当年手抄《忧郁的热带》一样——但后来听他自己说，这本是《一千零一夜》的结构。多年后，在他的家乡昆明，我们才有机会坐下来聊聊天。

[ 程婉　2017 年秋天采访 ]

2000 年 10 月 11 日。

黎明前，星光渐渐隐没，远山近岭匍匐在深邃的夜空下，如安睡的牛群。

三个男人和两个女人各自走出房间，聚到旅馆二楼的走廊上。他们穿着厚厚的羽绒夹克，依着木栏杆，耐心地朝西面仰望着。黝黑的冷杉林沉默不语，寒气从旁边的冰川毫无察觉地上升，弥漫在山谷中。没有风，只有寒冷刺激着神经。此刻，我的指尖麻木，神经却瑟瑟发抖，变得如同摄像机镜头一样清醒和敏锐。

我忘了戴表，估计时间是早晨六点多，地点，是在云南省德钦县明永村海拔约 3000 米的冰川山庄。

我小心地把镜头推上去，用特写从左到右慢慢摇过走廊上的每张脸。

最左边穿蓝色滑雪杉，戴着头灯的男子是小林尚礼，三十来岁，原京都大学学士山岳会登山队员，山岳摄影家，他是此行的领队。

右边穿蓝色滑雪杉，戴眼镜的一男一女，是六十来岁的广濑容治和他的妻子。

他们旁边一位略微秃顶的男子和两个女人，是工藤秀雄以及他的妻子和女儿。

这两家人来自日本不同的城市。有一个共同的理由，促使他们参加了由小林尚礼带队的旅行团：他们两个家庭，都有一个年轻的孩子被埋葬在卡瓦格博（Kha-ba-dkar-po）的冰雪下面。

工藤秀雄的儿子叫工藤俊二，是京都大学文学部学生及该校山岳会会员，遇难时二十二岁。

广濑容治的儿子叫广濑显，京都大学大学院农学科研究生及山岳会会员，遇难时二十七岁。

日出的帷幕以缓慢的节奏徐徐拉开。家属们看的是正像，而我看的是镜像，那是从一块玻璃上映出的卡瓦格博。在特定挑选的机位，我恰好可以同时观察到两幅图画：家属们的表情，以及他们身后的窗户。窗户的玻璃反射出雪山的影子。随着晨曦吐露，那影子逐渐清晰。藏青色的卡瓦格博主峰先被阳光从顶端点破一处，然后自上而下，像水彩颜色一般渐渐晕化为曙红，再过渡到越来越强烈的黄，由橘黄、金黄到耀眼的明黄。最后，在瞬间燃烧成刺目的白色，直至完全融化到湛蓝的虚空里。

……

以历史的眼光看，我们不过是千百年来，到此窥探雪山秘密的人群中的一小部分，就像梅里山难只是卡瓦格博时间链条上一个显眼的环节而已。当地村民发现，这些来自另一个世界的"甲"有两个明显的特点，一是喜欢问这问那，二是老举着一些机械的独眼代替两只眼睛观看。这些照相机、望远镜、摄像机会把景物放在一个精确但狭窄的方框里，"甲"们认为，那比眼睛看到的更加真实。

然而，村民们似乎不太在意界限清楚的"真实"，却更在乎"好看"。有一首德钦民歌这样唱道：

我最喜欢的颜色是白上再加一点白
就像白色的岩石上落了一只白色的雏鹰
我最喜欢的颜色是绿上再加一点绿
就像绿色的核桃林中飞来一只翠绿的鹦鹉

……

"甲"们甚至不知道，为神山养育的藏族，已经把陌生的来访者以及因他们而生发的种种事件，演绎为民间传说中的几句唱词和几段故事。某个沿着转山小路云游的阿扎拉（游方僧），会在阿丙、扎朗、雨崩、溜筒江等大小村子收集这些故事，又以演唱或讲笑话的形式，在火塘边传达给听众。那故事和曲调如此动听，总能引起大家回应，并你一言我一句地填加更多的情节。

就这样，借助一代又一代的传唱，真实的事件慢慢演变成了传奇。而个人短暂的痛苦和喜悦，也因此蜕去真实的外壳。在现实中倍感孤独的生命，进入传奇的虚幻场景，会即刻得到解脱，逐渐融入雪山永恒的寂静当中。

——《雪山之书·缘起：看山》

167

**郭净** 雪山之书

1.

行李 看你的《雪山之书》，非常好奇，写梅里雪山的书很多，但很少有人用你这样的笔法来写，有纪实性，有文学性，也有数据支持，还有人类学田野调查的感觉，感觉你应该有人类学背景，而且文学功底也很好。

郭净 我最早是学历史的，77 级的第一批大学生，当时在云南师范大学史地系读书，毕业以后留校，三年后考东南亚史的研究生，因为当时研究东南亚很难到实地去考察，我毕业后便选择到云南社科院历史所，转而研究苗族。读研究生前我到山区的工作队做了一年，曾徒步在大山里走了一个月，考察民族风情，从此喜欢上了田野调查。

行李 去的哪里？

郭净 在云南武定，那里彝族最多，但是我对那里的苗族更感兴趣。

168

行李　为什么？

郭净　不知道，就是一种感觉吧。有一次在一个大花苗的村子过夜，听老人唱迁徙的古歌，居然讲到了亚当和夏娃，这才知道他们信基督教，产生了一种奇异的穿越感。后来在社科院的时候，碰巧单位跟法国合作调查云南的苗族，我就带着法国和美国的学者去昆明附近的安宁调查，现在那个地方已经变成化工厂了，当地被拆的村子就是我们原来调查的苗族寨子，苗族已经全部搬走了。

行李　昆明附近就有很多苗族？

郭净　对，非常多。昆明周围都是山，你只要从昆明走出去，到了山区就有苗族。他们叫作大花苗，和贵州石门坎的苗族是一个支系，他们就是从贵州迁来的，我在村子里调查他们的家族谱系、迁徙历史。

行李　那时候你做的不是人类学？

郭净　我们那个时代没有什么人类学，只有民族史、民族学，但之前有。人类学最早是民国时期传到中国来的，当时中央研究院、中山大学、燕京大学，包括云南大学都有学者在做，已经很成气候了，要不然费孝通、林耀华、江应樑等先生怎么会有影响呢？但是新中国成立后到 20 世纪 50 年代就把这门学科取消了。

行李　他们不讲田野调查？

郭净　也讲，但方法大不一样。但是整个 20 世纪 50 年代到 70 年代，中国做的民族调查成就非常高，可以说现在很多方面都没有超越那个时期。当时还拍了一批关于少数民族的纪录片。而且很奇怪，那时参加拍民族志电影的大多数是云南人。最厉害的一个人叫杨光海，是大理的白族，现在住在北京密云。我去采访过他几次，后来与几位合作者出了一本书，叫《中国民族志电影先行者口述史》，全书三十多万字，有十万字都是他的讲述。他的整个人生经历就是中国的一部纪录影像史，非常有意思。

他原来是八一电影制片厂的摄影师，一生参与拍了四十多部关于少数民族的纪录片。这些影片有二十多部是在 20 世纪 50 到 70 年代由国家出钱拍的。他年轻时还拍过修川藏公路，还协助苏联导演拍过最早的中国野生动物纪录片。杨老师是大理的农家出身，从来没上过大学，自己到昆明打工，在子雄摄影室当学徒，学会了拍照片和拍电影。所以，中国的民族学，包括民族志电影有非常长的历史。后来我们到日本访问，日本学者看了杨老师他们拍的影片非常吃惊，说在社会主义国家，都没有听说有长期拍摄民族志电影的传统，但是中国居然会有，而且延续到了现在。

行李　很难想象，那个时代我们的人类学、民族学那么先进。

郭净　是啊，光是我们云南社科院收藏的民族调查资料就有几亿字，数量之大，根本整理不完，出版的调查报告也有上百本。"文革"以后再也没有这种大规模的长时间的民族调查，到 20 世纪五六十年代，全国所有民族的情况都弄得很清楚，民族分类也是那时候做的。但是现在整体的民族情况变化什么样，除了基本的统计数据和个案以外，反而不清楚了，只有单一民族、小地区、小区域的调查，像这种大规模的深入的调查没有人做了。

行李　现在是因为人手不够吗？

郭净　现在人更多，钱更多。那个时候刚建立新的国家，到底有多少民族，他们的状况如何，当政者都不了解，你派干部进去，怎么跟那些人打交道？

那时候的领导人还是比较有远见，把以前民国时期学人类学的这批人招来，然后带学生，各个专业集中起来，全国各地组织调查队，一个一个民族调查，而且就住在那里，很多人把当地语言也学会了，做记录、拍照片、拍电影。现在我们对这些民族最基本的了解，大都是那个时代留下来的。

整个中国文化的发展，是中原文化和周边不同族群的文化相互碰撞生长出来的，将来也还是如此。但是很多人没有意识到这个，由此带来很多误解和冲突，比如在游牧民族的地区大量开矿，打野生动物，在草场实行网围栏的管理之类。美国动物学家哈里斯在他的著作里说，这些无限制的开发和一些出于好心的保护行为，都摆脱不了汉人"园艺农业"的想法。为了改变"落后"，搞"现代化"，把他们原来的畜牧文化破坏了，在东北地区把狩猎文化破坏了，在云南把山地农业和狩猎文化破坏了，文化之间的互动出现了很多问题，也根本上改变了牧区和山地民族与野生世界的亲密联系。

## 2.

行李　你还在西藏待过一段？

郭净　我的经历很复杂。先是研究苗族，后来又对面具感兴趣，因为我父亲是学戏剧的，受他影响，我转到做面具仪式的调查。1993年我报名援藏，到西藏待了一年多做面具研究，那段生活是最有意思的。

行李　为什么想去西藏研究面具？

郭净　全世界的面具非常多，但是以前人们不知道中国有面具。从 20 世纪 80 年代末期开始，中国的学者开始做这方面调查，结果发现越来越多，而且规模最大的面具仪式就在藏区。中国的藏族地区有上千个寺院，至少有三分之一的寺院（尚未有全面的统计），会在一年中定期做羌姆仪式表演，那些仪式表演全部需要戴面具。蒙古地区因为受到藏传佛教影响，也有很多寺院表演面具舞蹈。这样说下来，环喜马拉雅山地戴面具表演的寺院至少几百座，每个寺院出场的面具几十、上百，而且都不一样，你想这个规模！

行李　这要怎么研究？

郭净　我去到西藏以后先是看人家写的东西，当时各地的文化部门都在做艺术集成，比如舞蹈志、音乐志、戏曲志，里面就有相关的调查。但是没有人类学背景的调查，比如一写就是某某寺院的面具有哪几种，舞蹈形式是什么，用的音乐是什么。但人类学是说我要住到这个寺院去，边调查边学习当地的语言和文字，了解他们的生活，我只写某年某月某日的那个表演，而不是这个寺院所有面具表演的概况，关注的是特定的时间和地点所发生的事情，这个跟写旅行的东西有相似性，必须这样来写。

行李　所以你就天天泡在寺院里？

郭净　我去到西藏第一个跳羌姆的寺院，叫桑耶寺，太漂亮了，寺院一边是雅鲁藏布江和广阔的沙原，另一边是修行的神山。面具表演也非常精彩，是宁玛派、萨迦派、格鲁派等几个教派融合起来的，公元8世纪吐蕃王朝时期，佛教金刚舞"多吉嘎尔"从古印度传到西藏，在桑耶寺演变成藏族风格的羌姆，然后才传到其他寺院，所以这里是藏传佛教面具表演的发源地。

　　一开始去的时候，藏文也不懂，藏话也不会说，怎么办呢？我听说寺院的住持在住院，就直接跑到医院去，拉来一个藏族护士，请她去跟住持说，说我想到他们寺院做调查。住持马上写了一个条子，让我去找寺里的藏医，叫索朗仁青，寺院里只有他懂汉文。我就带着条子跑到寺院去，一见面就谈得来，医生把他的诊所让出来给我住，他去跟朋友挤着住。每天他和他的僧人朋友给我提一暖水瓶的酥油茶，还有他们做的各种糕点，因为我提出教他们英语，便被他们尊为"格庚"（老师），藏人对老师非常尊敬，所以受到特殊待遇。后来开始跟他学一点藏文，看一点藏文的经书，虽然没有学好，但掌握了很多专用词汇。整个羌姆的过程，全部是跟经书连在一起的，它是和书本互动的仪式。现在道教、佛教里很多经典都是做仪式用的文本，你只有懂得仪式才知道文字是什么，而文字也需要回到仪式当中去。

行李　桑耶寺的羌姆是每周都有吗？

郭净　不是，一年有两次最大的仪式，一个在年中，一个在年尾。每个寺院的时间也不一样，年中这次有个说法。藏传佛教最重要的一个导师叫做莲花生，公元 8 世纪，莲花生把佛教密宗传进来，藏传佛教便尊他为第二佛祖，羌姆舞也是他在桑耶寺首创的。据说现在他还住在他自己的一个圣地"铜色山"，每年藏历的五月十日会回到藏地。每当他回到藏地的这个时间，就有一批寺庙要举行迎请的祭奠，桑耶寺五月的羌姆也是纪念这个日子。

　　表演的仪式只有三天，第一天就是纪念莲花生，莲花生和他的八个化身会一个一个地出来，为信众祈福，并接受大家的祭祀，是很复杂的一个过程。当时我只有一个照相机、一个笔记本，其他什么都没有，怎么办呢？我和医生坐在观众当中，每出来一组神灵他就赶紧跟我解释，我一边听一边做笔记，然后画草图，又要拍照，几样东西全部要一人弄。第二天、第三天的活动围绕本寺院的两个护法神展开，一个叫白哈尔，一个叫孜玛热，他们的来源据说跟中亚有关，据说西藏的宗教仪式受到古代波斯拜火教的影响，在历史上，西藏实际上也是一个文化交流的中心，与汉地、天竺、中亚、蒙古有密切的交往，羌姆就是这种交流的产物，其中包含了汉地、古印度、中亚和蒙古的元素。

行李　当时看仪式的只有你一个外人吗？

郭净　当时大概有一万多人围着看，仪式表演的三天好像没见到内地来的汉人，其他有十多个国家的外国人。各种人都有，有很多人是长期待在藏地，喜欢跑藏地的，有到全世界看面具表演的希腊作家，有研究藏族建筑的美国学生，非常好玩，大家都像达摩流浪者一样聚在一起，住在寺院中，那是段非常好的生活。

行李　你做这个调查的时候，是按人类学田野调查的思路来做的吗？

郭净　我们是野路子出来的，当时人类学在中国还不太流行，老的民族
学家都是以前做民族调查的一些人，可以学到一些东西，但是那
些方法和思想有的太老，怎么办？我就到社科院的图书馆去找台
湾地区和国外的民族学调查资料来看，看它是什么结构，从他写
的东西去推导怎么做调查。后来法国人类学家勒穆瓦来云南访
问，带我做苗族调查，他先带着我到街上买笔记本，告诉我要买
哪一种，然后到了村子里面，在三天的时间里面，教我一步一步
怎么问问题，这家人的亲属关系是什么，村寨图应该怎么画。这
就是我的第一个人类学课程。

行李　人类学调查还要特殊的笔记本？

郭净　对，不是我们现在用的笔记本，很大，不光是画画，还要记录。
那个法国老头说一口流利的苗语，常年住在老挝，做的东西非常
精彩。做这一行的人都很好玩，从不循规蹈矩，甚至显得粗野、
落魄。有一天村民表演舞蹈给我们看，他却喝得醉醺醺的，躲在
人家家里睡大觉。据说他和儿子现在还待在老挝和泰国，很少回
巴黎。

# 3.

行李　在西藏待了一年多？

郭净　对，跑了很多寺院。印象最深的是有一个山沟里的小寺院，我记
得是当地派出所的所长开了吉普车带我去的，车里塞了八个人，
每个坐的人再抱着一个人，也不管男女，反正都是混在一起挤着
坐的。那个寺院的名字非常有意思，叫右眼寺。寺院原来的住持
在村子里好像是厨师或者会计，到 20 世纪 80 年代开始恢复宗教
信仰，他回到寺院里头开始筹钱，自己带一帮年轻人，一个一个

# 卡瓦格博主要山神图
## Map of Khabadkarpo's God Family

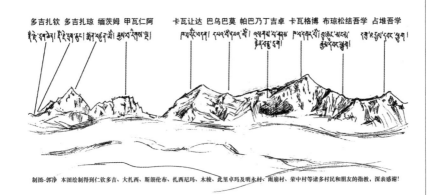

多吉扎钦　多吉扎琼　缅茨姆　甲瓦仁阿　　　卡瓦让达　巴乌巴莫　帕巴乃丁吉卓　卡瓦格博　布琼松结吾学　占堆吾学

制图-郭净　本图绘制得到仁钦多吉、大扎西、斯朗伦布、扎西尼玛、木棱、此里卓玛及明永村、雨崩村、荣中村等诸多村民和朋友的指教，深表感谢！

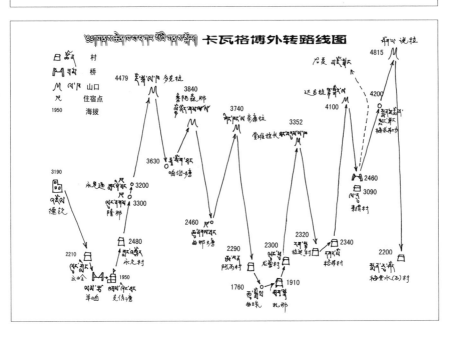

郭净以人类学家的视角，
准确、生动地画出了当地人对卡瓦格博神山的理解。

[绘图 / 郭净]

[绘图 / 郭净]

重新做面具，就在那个破旧的地方一点一点地把整个羌姆仪式恢复过来。我去看的那场最精彩，拍了很多照片。羌姆的服装很华丽，僧人的服装却很寒酸，但行为举止极其有礼貌。那个寺院就像一个村民的小院子，但表演一开始，感觉变成了一个很大的广场。

现场的气氛和那种生活状态改变了你的感知，让你彻底脱离了熟悉的环境，其实旅行最核心的东西就是去远方。那么长时间脱离你原来的地方，过着一种完全不同的生活，那种体验太深刻了。

行李　西藏那一年的生活对你影响非常大？

郭净　非常深刻，可以说整个世界观被彻底颠覆。后来我走的整个路子跟这次经历密切相关，以后就摆不脱了，《雪山之书》算那次经历的后续。

从西藏回来以后，1995年，云南电视台纪录片导演刘晓津找我，她要在昆明附近的小屯村拍摄面具表演，找我做人类学顾问。从那时起我开始接触纪录片拍摄，她算是我的第一个影视老师。1998年，我找一个在上海做生意的朋友借了三万块钱，买了一台DV，我应该也是国内最早用DV拍摄的人之一了。好玩的是，国内最早拿DV拍摄纪录片的大多是云南人，如云南电视台的谭乐水（他父亲参加过20世纪五六十年代民族志电影的摄制）和吴文光（他是中国最先做独立纪录片的）。我知道DV，就是谭乐水介绍的。到90年代末期我又开始接触环保。当时美国大自然保护协会（TNC）进入云南，云南那时是中国NGO（非政府组织）的圣地，早期的国外NGO，都愿意把基地设立在云南，我和许多学者参加了TNC跟云南省政府发起的滇西北环保行动，这样就跟大自然协会认识，然后开始关心环保问题。

行李　相关的全都尝试一遍了。

郭净　对，我好像跨界跨得一塌糊涂，但其实是有因缘的。这以后发生另外一个事情，让环保和影像两个结合起来，引出一个新东西。2000 年我们找福特基金会申请一个项目，叫"社区影视教育"，让老百姓来拍纪录片，就在我们调查的迪庆的三个藏族村子。那时摄像机很小，一万多块钱就可以买很好的机器，我们买了几台，送给村民，他们用这些机子拍录像，再做成纪录片。以 DV 作为媒介，通过学者和村民的互动和交流，开始了中国社区影像的探索。

2003 年我们还搞了电影节，因为我们拍了很多纪录片，云南当时的纪录片已经形成一股热潮，在昆明各个学校都搞，我们干脆联合起来做，做了一个"云之南人类学影像展"，后来叫做"云之南纪录影像展"。后来才发现，2003 年是中国独立纪录片的重要一年，北京的独立影像展、南京的独立影像展，加上我们，三大影像展都在这一年开始正式对公众展映。

行李 感觉云南出了很多有意思的牛人。

郭净 我在城里长大，老家也不是云南，但是在云南这个氛围，你的朋友当中各个民族都有，大家混在一起，没有什么隔阂，在跨文化这一点有先天优势，只是你不知道他是少数民族而已。到合作的时候你才发觉，这个是藏族，那个是白族，大家也都在一个圈子里面，所以很容易亲近他们，到这个地方就想待下来。

再加上很多环保、多元文化的项目活动都在云南，自然就会把这些人吸引过来。像我们社科院很多所都做少数民族，研究经济、文学的也做少数民族，大家自然就会形成一个氛围。

行李 但你们做的乡村影像大部分在藏族地区。

郭净 这跟我们藏族地区的经验有关系。后来一直做到青海藏区去，青海有一片草原叫果洛，那里有个草根团队，叫"年保玉则生态环境保护协会"，由藏族僧人和牧民组成。果洛以前非常偏僻，牧民自己说当地盛产强盗，民国时连班禅大师的队伍都被他们抢过，青海军阀马步芳的部队都打不进去。和那个协会的人交往以后，发现他们非常好玩，他们之前参加过我们的培训和电影节，可能是受到启发了，2010年便自己发起一个活动，想要做影像培训。我认为这是中国乡村影像的转折点，原来是我们培训村民，现在变成村民邀请我们去做培训，主体变了。中国整个乡村运动，从民国时期开始做，轰轰烈烈的，但其中一个最核心的问题还是谁是主体的问题。

2010年这个协会付钱，请云南的影像团队去果洛的白玉做培训，以后连续做了几年，先后有"乡村之眼"的负责人吕宾、云南大学和云南艺术学院的老师李昕、陈学礼还有郭思宇和我去做培训。第一期的培训就在他们草原上的一个寺庙里头，一堆人聚在一起，有僧人，有牧民，大多数人都不会说汉语，没有摄像机，有一个僧人带来的摄像机，就像刮胡刀一样小。就这样开始培训，一个星期，从什么都不懂到学会拍摄，一直到后期编辑。

行李 我在一些艺术节上看过一些片子，取名"乡村之眼"，质量都很好，"乡村之眼"这名字也好。

郭净 对，教他们一年后就开始出了一批片子，影响最大的一部叫《牛粪》，拍得很有意思。拍摄者是年轻牧民兰则，他的观点就是，牛粪等于我们牧民的石油，整个生活都靠它。他们的影片提出一个问题，在西部的这些游牧地区，人和环境是什么关系？它不像我们现在需要依靠一些永远不可能再生的资源来维持我们的生存，在西部地区不是这样。用美国动物学家哈里斯的说法是，中国西部占百分之五十几的国土面积，这里的人有一个非常大的特点，就是他跟周围的环境，跟植物和动物保持着亲密的关系，而东部是没有的。但是东部对于西部的开发或者环境保护，用的是东部、特别是汉族人园艺经济的观点，每块地只种一种作物，精耕细作，其他都是无用或有害的"杂草"，要全部除掉，但是在西部不是这样。

举个例子，年保玉则协会的负责人叫扎西桑俄，是个大牛人，他跑遍藏区拍鸟，而且把每种鸟画出来。我们第一次到他家，他家在草原上，他说你一个巴掌按下去，手下会有七种治病的植物，整个身体扑下去，医治你所有病的植物都在你身子底下。

# 4.

行李　所以东部与西部民族的思维有很多互不了解的地方。

郭净　做这行以前，在昆明出生、长大，我却不知道有少数民族，但其实昆明周围都是彝族和苗族的村落，只是我没有接触过。现在我们靠着虚拟的网络，靠着人工智能，以为这样就可以一路奔着幸福而去，实际上不可能。昆明有一个卖电脑的朋友，他看着网络的发展，感到越来越惶惑，任何一个做得很厉害的东西，突然第二年就消失掉，比如现在大哥大不在了，传呼机不在了，胶卷不在了，柯达公司也不行了……你不知道前面这个变化在哪里。他问我，什么东西将来能够保证不会被更发达的事物取代？我说只有一个东西，你脚下的土地。你到西部的时候才会真正体会到这些东西是意味着什么，对你的生活意味着什么。

行李　看《雪山之书》也有这种体会。

郭净　我想去探讨的，就是在当地藏族的观念里，到底是怎么来理解跟自然的关系，他们有一套完整的体系，而这个体系是我们根本没有的。或者说汉人曾经有过，现在却丢掉了。

行李　会不会还是因为科技没有发达到那个程度，所以他们会形成那样一套体系。

郭净　它肯定是在科技不发达的时候形成的，但是什么叫科技发达呢？科技要发达到哪个程度才叫发达？是一条直线不停地发展下去才叫发达，还是藏族人讲究的轮回？这就是他们为什么转山，他们讲的是一个圆形的旅途。你去看他们的东西，会相信一点，总有一天人会回到原点，回到原点有各种回法，其中一个回法就是人类不在了。做生态学的讲过，比如你看到有些星球是死的，其实那个星球以前不是死的，对自然来说，沙漠也好，一个很可怕的星球也好，都是正常的，对人类却是一个绝境。

行李 大部分人类觉得自己是直线性的，但是藏族人，在你的书里表现得挺明显，他们一直在强调来世。

郭净 在工业社会之前，世界上的大多数民族都相信来世，那时的宇宙观和现在的宇宙观不一样，现在我们都被洗脑，你看不到另外的东西。只有你到了草原上才知道那个东西是存在的。你会大吃一惊，那个对你是一个黑洞。如果从旅行的角度，一种有意义的旅行是到黑洞去旅行，你的认知的空白点会远远超过你所了解的东西。

行李 从人类学的角度，旅行还是要人完全能融入那样的环境里去。

郭净 其实一般人也不想融入，但现代社会有一个东西衰落了，就是探险。工业时代早期的探险是真正的探险，现在的探险与那时不可同日而语。博物学、植物学、动物学、人类学，对海洋和天空、对其他民族的认识，都是那时探险活动的产物。而今天的探险，大多变成了富人的游戏，没有产出丰富的知识产品。人类是无限求知的生物，如果探险活动和探险精神消失，大家都玩虚拟交流，搞短平快的"知道"问答，你想想，会带来什么样的结果。

5.

行李 《雪山之书》的信息量太大了，从未看到有人这么写梅里雪山。

**郭净** "梅里雪山"是外人的叫法，当地人叫"卡瓦格博"，意思是白色雪山。我曾经跟一个美国公众广播电台的录音师做调查。他叫比尔，就带了一个小型的索尼录音机，他做的是声音纪录片，走路、炒菜、聊天、大地的声音、森林的声音、瀑布的声音，他全程记录下来。他说美国公众广播电台有一个声音的资料库，那个资料库里面有全世界大象叫的声音。有一次他去陪登山队，在爬一个绝壁的时候，突然有一根绳子松了，攀登者往下坠落，整个过程都被录了下来。我那天把他录音的整个考察过程都拍了下来，做了个短片，我就想了解这背后的东西。这种东西在国内没有成长起来，包括像梅里山难事件，到现在你看到一个扎实的作品了吗？

**行李** 你的作品就挺好。

**郭净** 我这本书主要写藏族人对登山的反应和他们的生活，关于登山事件本身，就只有一章，那个可以再写一本书。相反，国外关于山难和登山的书和电影多得不得了，梅里山难那么大的事情，怎么发生的，出了什么问题，这些都需要人研究。我本来想做这个事情，但是我没登过山，必须是有登山经验的人来写。

**行李** 你是什么机缘跑到卡瓦格博去的？

**郭净** 第一次去卡瓦格博是跟《读书》杂志的编辑扬之水一起去的，我们去开一个会，后来跟我们的老师何耀华又去了一趟，很喜欢那座雪山。

**行李** 可是在西藏的时候已经看过很多雪山了吧？

**郭净** 不一样，西藏海拔太高，所以那些山看起来并不高，卡瓦格博这个地方是从澜沧江底下2000多米，一直升到6000多米，相对高差有4000多米。河谷里散落着很多村子，山腰森林茂密，山顶又积着白雪，景观非常多样，我看了以后就感兴趣，就拿这座雪山做博士论文。当时刚好是 2000 年，搜狐搞重登卡瓦格博的活动，那时候我已经有摄像机，就带去那里做调查，后来还到日本去拍，把影像和文字的记载综合起来，就写了《雪山之书》。

行李　我看你用四年时间写这本书，其实调查应该不止四年？

郭净　前后八九年时间。每年去两三次，每次最少住一个月。现在因为身体不太好，就没去跑。

行李　你觉得还有更多可以深挖的东西？

郭净　我自己看这本书写得太浅了，因为有关雪山的东西实在太深奥。

行李　你觉得还有哪个部分可以扩展？

郭净　太多了，比如神山体系。卡瓦格博雪山下面的每个村子都把大神山的各个部分分成小神山，分别祭祀。据藏族学者马建忠和诗人扎西尼玛的调查，至少有两百多座小神山。我本来想调查这些小神山，让每个村的村民把图一一画出来，然后完成整个神山地图，但根本做不了，太复杂了。

　　20 世纪 90 年代后期，我去迪庆州参加过一次世界山地年会，会上认识了一位加拿大的学者。他们当时正在调查俄罗斯北极地区的萨米人，他们要把萨米人跟动物、植物、圣地的关系，用一个巨大的卫星地图画出来，因为当时是没有电子地图的。他们通过各种外交关系说服了当局，用一辆卡车把一个巨大的卫星地图运到萨米人的村子里，跟村民一起讨论、培训，制定了一套当地人认可的图标，比如驯鹿应该画成什么图样，某一种鸟画成什么图样，某一种野兽画成什么图样，圣地又用哪个符号表达，做了一套符号体系，然后让村民在这张地图上把所有这些东西一一标注出来。我和这位学者长谈，又看了他们的著作，《雪山之书》很大程度上受到这项研究的影响。

行李 你做《雪山之书》的时候,现在这个结构是已经想好的?感觉环环相扣,像章回体小说。

郭净 不是的,原来的结构是我的博士论文,很套路的那种,题目为《卡瓦格博澜沧江峡谷的藏族》。虽然论文顺利通过,但我非常不满意,我一定要用写一个旅行作品的方式把这本书写出来,最后这本书的结构,我用的是《一千零一夜》的串联方式。《一千零一夜》里,每一个故事里都会串出另外一个故事,所以这本书每一章的故事都是从上一章里串联出来的。最后是用《小王子》的意境结尾,我非常喜欢《小王子》作者的写作,能那么简单,那么深刻。

行李 你的开头特别像新闻的写法,又有点像电影的写法。

郭净 其实是纪录片的编辑结构。我对纪录片的理解,有一点跟其他人不太一样,别人喜欢讲一个完整的故事,我说其实不可能讲完整的故事。人的一生,如果按小时来分的话,就是一个个碎片,每一个碎片之间的连接只有你自己知道,在外界看它们是毫无关系的。雪山也是,登山者看到的是一座雪山,一个放牧的人看到的是另外一座雪山,雪山在每个人眼睛里都是一个片段,我直接用碎片的方式表达,那个完整的结构是由读者来拼合的。

行李 这个不会跟人类学的那套东西冲突吗?

郭净 不冲突,人类学是非常开放的写作方法,非常喜欢探究文本的不同表达,有一些人类学家是用诗歌来写的。所以要找哪个学科跟旅行有特别密切的关系,就是人类学了。这个学科强调你个人的体验,甚至你要学当地语言,你书里的这些人都要出现。

张承志曾经说过,他为什么要写西北的这群回民?他们是非常小的群体。他说他是背对着中国的知识界而面对这几十万回民写作,结果他的书被这些回民当作经典一样供着。我非常羡慕这种作者的态度,不仅让知识向外传播,更注重知识对当地民族的回馈。

　　我为什么一定要写这些文章？有多少人真正体验过这些东西？反而是书里面的人自己能够体验，当地一个退休的藏族县领导读了这本书，找我去聊了几次，说就像听村里人自己在书里聊天，我觉得那是最好的评价。

　　德钦的朋友在他们的杂志和公众号上连载书的章节，其实旅行就是跨文化的了解，但是我们经常两手空空地回来，即使收获满满地回来了，那些也是你拿走的东西，当地人得到什么呢？他们依然是两手空空。一种旅行有没有可能是带去某种东西，跟当地人有所交换呢？是一个有交流、而不是单向的旅行过程。这个东西可能是一本书，可能是一部纪录片，也可能是其他的什么。

行李　感觉藏族人看待生死和我们完全不一样。

郭净　藏族人对命运看得比较透，发生任何事他都可以接受，这是上一世的因缘，躲不掉的。一个当地的藏族朋友家里有人病故，我发短信去安慰，对方却反过来安慰我。当然我知道她心里肯定非常难过，但是她有一个社群在背后支撑，相关的仪式是由一个家族、一个村落来做，会给个人很大的抚慰。城市里面的个人肯定是独立的，但是在乡村，你可以依靠一个群体。群体的关系，在处理这类事情时非常重要。同样，带着信仰的旅行对他们也很重要，藏族人在某一个时期会转山，把日常的烦恼隔离，让自己陷入苦恼的心平复下来。那样的旅行带有精神的意义，和我们的"旅游"截然不同，松太加的电影《太阳总在左边》讲的就是这个。西藏的朝圣者曾告诉我，去寺院看面具表演的真正目的是与死亡交流。因为每个人都要死，所以每年有祭奠的时候要去寺院，通过舞蹈和戏剧认识这些神，一个一个把他们记住，当你闭眼，进入中阴的时候，他们全部会来接你。要是你看着面相恐怖的神就躲掉，便会堕入六道轮回中的恶趣，甚至转世为畜牲。转山的含义也和看羌姆一样，为什么转山？转山就是一个七七四十九天在中阴世界旅行的过程。转了卡瓦格博我才明白，早年到西藏考察面具表演，和后来调查卡瓦格博地区藏族的信仰和生活，是有理解死亡这根线牵着的。

行李 就是藏传佛教经书里提到过的中阴之旅?

郭净 对，我们现在临终关怀的观念和实践，很大程度上是跟藏传佛教学的。日本拍过一个纪录片，就叫《西藏度亡经》，试图追溯藏传佛教死亡观念与现代临终关怀之间的关系。藏族人在临终的时候，会在死者耳边念经，念的经是他在中阴七七四十九天经过的道。藏区每个村子都与寺庙保持着供施关系，涉及生老病死的仪式，寺庙可以帮助你解决。我们没有这个体系，个人在生命之旅的最后一站，将独立面对死神，我怎么面对它呢? 我只能说我自己内心可以挺得过这个事情，但不可能从文化上去解决，我解决不了。

置身静谧的林间牧场，日常生活的烦琐和激情变得虚无缥缈，开满野花的草地，近在咫尺的雪峰，深邃湛蓝的天空，都透露着一种淡泊清凉的气氛。藏地有很多独居深山修行的人选择了这样的环境，而牧人则半年在村里过日子，另外半年做隐修者，以劳作的方式修炼着自己的外表和内心。

一个人应该有两个世界，一个世俗的，一个神圣的。能在这两个空间自由穿行，生活才有意义。藏族就是这样度过一生的。对于他们来说，神圣空间不仅存在于人造的庙宇中，更存在于荒野中。如果谁自称是藏族，那他应该每一年，至少每隔几年，就会选一个特殊的日子离开家、离开村子、离开世俗的工作和追求，去围绕某座神山"转经"，如同一个牧人上山去放牛。

到卡瓦格博转经，是为了在死亡的时刻得到救度，以摆脱六道轮回的"枯干生死海"，"升入西天极乐世界"。这也是藏族朝圣活动的根本意义所在。藏族的朝圣延续了上千年，它和笔者研究过的假面跳神一样，都以一种仪式行为的方式，向一代又一代的人们进行"中阴救度"的教育。围绕神山转经的过程，就如同到中阴世界走了一趟，每个朝圣者都要经历一次象征性的死亡和再生。在一些重要的地点，如荣中村靠澜沧江边的"白久"，去明永太子庙的半路，到雨崩神瀑路旁的河滩，以及外转要经过的两个山口，转经人要为自己建盖阴间的小房子。这"房子"的材料取自周围的小石块和树枝，石头搭成两边的墙壁和屋顶，树枝作为烧柴。还要在房子里放几粒粮食，供死后食用。据转经人的解释，盖这小房子，是希望死后能来到卡瓦格博圣地，即使转世，也愿来这里生活。

云南的一些民族，如纳西族、瑶族等，把前往死后世界的历程看作翻越高山大河，藏族则把转山当作体验中阴境相的一种仪式。你不能征服山，但山可以帮助你解脱。中阴里的顶峰，矗立在自我本性的晴空之上，除非你扫除贪欲的尘埃，才能在死后的混沌状态中得到解救，在内心的旅途上一览众山的美景。

——《雪山之书·前往中阴的旅行》

叶放

苏州最负盛名的莫过园林，但所有园林都从以前文人的生活空间，变成了现在空荡荡的旅游景点，除了叶放的"南石皮记"——这是现在苏州城唯一有人居住的园林，而且由他本人亲自设计、建造。NHK（日本放送协会）将他家的园林放在苏州城九个列入世界文化遗产的园林之后，位居第十。那九个被评为世界文化遗产的园林，有好几个和他家有关。

[ 黄菊　2010 年春天采访 ]

**叶放** 造一个园子过日子

1.

行李 刚刚在你家院墙外都快失望了，这不是一个现代小区么，怎么可能有
园林？结果推门进来，太惊艳了，隐藏得这么深。

叶放 每个人都这么说。虽说苏州是古城，但是今天的苏州，还是要越
过几条热闹新街才能找到古老巷弄的。

行李 还好你家里有院子，可以不出门而得山水之乐。

叶放 这正是造园的初衷，不出城郭而获林泉之怡。在城市里营造这样
一个园林，是在唐宋以后慢慢兴起，明代进入高潮。到了宋代，
城郭才是生活的便利所在，园林是不用车马劳顿去郊野欣赏的山
林池泉，也就是家在自然中，山水与花木之家成为城市里最理想
的生活天地，精神乐园。

行李 NHK 曾经将你的南石皮记排在苏州九个列入世界文化遗产的古典园林

之后，位列第十。

叶放　我想那是在强调一种对于文化遗产的态度：保护是为了传承，传承是最好的保护。因为南石皮记是生活中的当代园林，而古典苏州园林大都由昔日的文人士大夫宅第转变成了现在的公共游览场所，已非原来生态。对于园林来说，它真正的精髓在于通过物质形态传递出来的非物质精神，艺术的二元自然，虽由人工却宛若天开，也就是把园林作为一种世界观与方法论，这才是它的哲学思想及文化内涵，而不只是一个造园艺术，或者一个古典文物。

行李　园林原本都是生活场景，但现在基本上看不着了。

叶放　对，我常说一部园林史几乎成了绘画史，因为历史上的园林场景只有在文学和绘画作品中来寻找了。现在古典园林中那些亭台楼阁里大都空荡荡的，只有些桌椅橱柜的大件摆设，琴棋书画茶酒香花等生活细节全没了，而那才是反映主人品味格调与生活情趣的重要因素。毫无疑问，如果你要了解古人生活，思考中国园林文化的真正意义和价值，那些细节极为关键。显然，没有了人的生活居住，宅第园林就变成了没有灵魂的躯壳，所谓园林文化也就成为了生活样式的记忆而已，如果说在南石皮记中融入了许多我对园林艺术的当代传承发扬，那么其目的正是对园林艺术在当代生活中的价值思辨。

行李　还好可以在你这里呈现。南石皮记的面积不大，要在小空间里建造山水世界，你采用了怎样的处理手段？

叶放　中国园林的审美理念是小中见大，以少胜多，而园林布局的结构方式丰富多元，具体就取决于园林所在的地形和面积了，所谓因地制宜。对南石皮记来说，由于东西长、南北窄，所以我就以一幅山水画长卷的形态来进行布局，整幅卷轴由西往东、自右往左渐次展开。以山起势，其间有悬泉，半轩傍水半斋面岛，随着山势绵延画卷渐入佳境；临池水阁依山而立，建筑与山水花木在此起承转合，然后山势逐渐升起，形成画卷的高潮，由桥下崖洞入山谷，仰首奇峰险峻，低头溪流潺缓，曲折山涧将山谷分出山峰山峦，其间以桥梁连接，谷中四周汀步、磴道、石柱、悬崖、石梁、峭壁、峡谷、洞室、山峦等错落有致葱郁幽深，山径弯转沿石阶盘旋上山，过悬崖之顶后从山峰旁下山，若不上山也可跨过山涧铜桥，穿入石室山洞后来到山的另一边，这是整幅山水长卷的高潮，趣味的中心，所称"画眼"，接着奇峰落下，山坡层递，其间设有叠瀑，最后以山收势。虽然南石皮记加入了很多当代意匠，但它仍传承了一脉的园林精神：与自然人文的谐和。园林是一件可生活的艺术品，几乎可以作为一座美术馆来看待；而作为美术馆的园林，山水花木亭台都是其作品的展陈，在与观众参与交往与季时介入交流的过程中，互动变化，每一件都呈现出生命对艺术的意义。

行李　园林里有山水花木亭台等元素，怎么有序处理它们之间的节奏和关系？

叶放　园林是住宅的延伸，以游乐为主要功能，所以园林里的宅居空间无需太多。重要在于，园林生活之目的是为了享受城市里的山林，故造园均以山水为主角，花木为搭配，亭台为点缀，历史上称为"文人写意山水园"。南石皮记的布局为南山北楼中设水，山为阳为开，水为阴为合，开合呼应，互相环绕，水循山转，山因水曲。山作天然野趣，高低起伏藏露相间；水作鲤鱼形态，泉瀑呼应动静相宜。

行李　完全像文章一样，精心设计，谋篇布局。园林部分是和住宅一起设计的么？

叶放　没有，造园时住宅部分已经有了，园林的营造是对住宅进行诗情画意的改变，必须非常谨慎而巧妙的处理园林与住宅之间的关系，从整体布局到细节构成，所谓园林化其实就是自然与人文景观的优美及完善。

艺术家叶放自己设计、建造，
并居住其中的现代园林南石皮记。
日移光影，雨霁初晴，
坐在室内即可感受。

[照片提供 / 叶放]

行李　你这里的山全由石头构成。

叶放　其实是土石结合，唐时流行以石代山，就像白居易"太湖石记"对苏州太湖石的欣赏，有咏石比德的人文因素。到宋徽宗的艮岳，开始了以石抱土的叠山方式，土石结合的人工山体更有了山岳林泉的野趣。中国园林文化受文人文化的影响，向来以山为崇敬膜拜，无论是以石为山的单峰，还是叠石为山的峰林，都是名贤高士的象征，就像《诗经》所说："高山仰止，景行行止。"

行李　还在石头里造了山洞。

叶放　受中国文化中"洞天"思想的影响，传统的叠山道法，是有山必有洞，以山洞为超凡脱俗的修行地方。从外面看过来不过层叠的山峦山峰，走进来才发现别有洞天。进山洞素石空壁完全感觉不到城市的喧嚣，可以面壁内省观照自我。出山洞仰视，四周苍峰古树扑面而来。登山峦俯视，峡谷岩壑之中山洞溪流蜿蜒曲折。中国人的山水情趣就在仰俯之间得以完成。

行李　这么小的天地，可以有这么跌宕起伏的韵律。

叶放　的确，造园是一项综合的艺术，韵律是其中不可或缺的元素。视觉的表现可以通过造型，无论是山水花木还是亭台装置，包括体量、线条、色彩的大小，强弱浓淡所产生的节奏变化，而听觉的表达则通过因借，并非实借人力所为的演奏与演唱，却是向天地自然虚借风雨雷电的声音，包括鸟鸣、蝉噪、蛙鼓、鱼嚼等等，用听觉来传递音乐的空间美感，对自然韵律的想象充满了诗情画意，显然虚借是最佳的法门。

2.

行李　陈从周先生还从造园的结构和技术上论述过动、静的结合，比如，所有的路径、步道、走廊、桥，它们串起一条线，走在这条线上是动观，在线条的流动中观看。任何的亭、台、楼、阁、斋、轩，这样一个个点是静观，坐下来欣赏。

叶放　拙政园的梧竹幽居中有一副晚清赵子谦的对联，上联是"爽借清风明借月"，下联是"动观流水静观山"，山水动静与点线动静都是形态之说，而生命动静与季时动静则是情境之说。朝花夕拾，悲欢离合，对山水花木的时空观照之道和身心赏玩之法皆在动静之间。

行李　沿途都有水的痕迹，但都很细，除了间隔园林和住宅的水池。

叶放　水在园林中的作用十分重要。在这个由水阁戏台与水岸月台所构成的演艺区域，水的功能就非同一般，当昆曲演员在戏台演唱，隔着水池，观众朋友在月台观赏，五六米的距离，根本不需要麦克风，声音在水池上拂波而至，水对声音的漫射和过滤，使声音更为婉约更为纯净。特别是园林中的舞台是实景化的舞美，一个眼神，一个手势，就可以把景观借来。

　　昆曲唱的是水磨调，甩的是水袖，水上还有波光倒影，几乎可以说，水阁戏台与水岸月台是昆曲演出最理想的场所。历史上春秋时期吴王的园林馆娃宫有一条走廊，在地下布置着大小不一的陶瓷水缸，缸上铺有木地板，宫女穿着绫罗绸缎，戴着翠珠玉环，脚蹬木屐行走其上，如同走在琴键之上，水缸发出的不同回声，与罗绸窸窣，珠佩叮当，组合成的音响效果如音乐演奏，感觉之奇妙至今仍引人遐想。

行李　作为居住者，拥有从内往外看园子的视角，和游人从外往内看完全不同。

叶放　我个人感受最深、感触最多的，基本都是一些细节，坐在这里喝茶，长窗的线条横平竖直特显安静，窗外，日移光影悄然无声，早晨的阳光自东往西照到西侧的墙上，有几枝腊梅花疏影横斜；黄昏的阳光自西往东照见东边的墙角，竹篁对联上霞薄簾虚。点上一炉香，我们可以到琴案抚琴，园中突然飘起细雨。雨霁初晴，我们可以依着栏杆听泉阅读，枕流漱石，与此同时，荷风送翠锦鲤翠鸟悠然其间。我的视角其实也就是园居生活的视角。

行李　春夏秋冬、晨昏昼夜也都有变化。

叶放　季相是园林中最动人的审美内容，季节时令中园林相貌的变化最细微，也最丰富。我们现在从长窗看出去，是一幅由紫薇、凌霄和爬山虎构成的画面：春天，枝芽初绿，墙上春意尽染，犹如水墨；夏天，花开次第，墙上翠云连天，就像挂毯；秋天，叶变红黄，墙上五彩斑斓，仿佛油画；冬天，梢间缀果，墙上枯藤绵延，好似书法，这就是所谓的粉墙作纸，岁月为笔。每个季相的细节，就是园林的静观；而季相的变化，则是园林的动观。春华秋实，天地枯荣，风卷云舒，阴晴圆缺，都是审美的重要部分。我们身心因应所产生的感受与变化，自然也都在动静之间了。

行李　就像拙政园的远香堂，面朝三座山，以蓬莱三岛，喻示神仙居住处。三座山：一个赏秋，枫红菊黄；一个赏春，雪香云蔚；一个赏夏，荷风四面。你是从小在园林里长大？

叶放　我出生在毕园，那是我外高曾毕诒策建的宅第园林，我在园中居住生活，在园中学习成长。在我幼小的生命体会和记忆中，园林是人过小日子的场所，而不是人们旅游观光的景点，只是这个地方充满诗情画意。幼时我模仿板桥，在毕园的墙上留下了炭条画的竹影，感受王冕，在毕园的梅瓶中插入了刚折下的梅枝，而当我在外公舫式书斋楼上看到窗外庭院深深屋檐起伏时，俯瞰的惊喜至今难忘。因此，营造南石皮记时，与生而来对园林艺术的积淀和艺术园林的思考，成为发想、发明及发扬的酵母，也正是由于童年的园林岁月，让我对文化与事物及文人与生活之间的关系感受深刻。

　　其实文化传承不仅是在博物馆、图书馆、美术馆、大剧院、音乐厅这样象牙塔似的殿堂里，更是在我们日常生活的衣食住行里，在琴棋书画茶酒香花的生活方式中。作为中国文化理想的艺术空间与场所，园林演绎着风雅的生活趣味，花宴、茶席、堂会、雅集，作为中华美学典型的审美载体与对象，园林承载着风雅的欣赏体系，把玩、上手、酬答、唱和，让艺术审美回归生活。造个园子过生活，无疑是个不错的选择。

行李　很多人以为园林应该是隐逸的，而且是消极的。

叶放　在我看来，隐逸者，方法与目的也，隐，指的是方法途径，逸，指的是目的状态。换句话说，也就是以隐的途径求逸的状态。从孔夫子的"道不行，乘桴浮于海"，到白居易的"大隐隐于朝，中隐隐于市"，园林逐渐成为文人士大夫以隐求逸、以隐达逸的理想空间，更成为寄情山水修养身心的方法论与目的地，王摩诘的辋川别业就充分说明园林其实是美好生活的代表。

行李　可惜后来都充公，变成了民居。

叶放　毕园在文革后期被变相充公，也许，命运变化的苦难比园林熏陶的幸福更为刻骨铭心。园林，对我来说如同胎教一般，带我在童年阶段去认识生活中的中国文化，我对"四书五经""三教六艺"的启蒙，对"苏黄米蔡""沈文唐仇"的认知，都是在园林中产生和进行的。我浸淫在这个人生的宝藏，一个可以起居、游乐、学识的家园，也可以探索文化、寄托精神、蕴寓理想的乐园，可是呜呼哀哉，失落的悲痛和历练使我有了怀故反省，也有了观照思辨。

行李　今天已经很难想象以前有主人在时的生活场景了。

叶放　所以当下游古典园林需要准备好想象力，首先把自己想象成园主人或园主人的朋友，其次用想象力把周遭的游客加以屏蔽，然后再想象与朋友漫步逛园或由园主亲自导览，游哉优哉，自由自在，重点是始终在书僮丫鬟的陪伴之下。

走走停停，移步换景，边行边聊，随心所欲，随时，"坐"，"看茶"，"笔墨伺候"，丫鬟和书童随时听候召唤。如闻得暗香浮动，又见溪水边腊梅花疏影横斜，"闻妙香轩"掩映在花丛之中，幽幽静静，一行人便会来到轩内，乍暖还寒的轩内连桌椅都被暗香所笼罩，丫鬟铺好锦垫，奉上茶水，书僮则汲来清水，展纸磨墨，于是三五好友挥毫泼墨，写石点梅，吟诗作对，所谓莫负春光美意。如果是那位范成大，带着歌婢小红，又遇见了姜夔，触景生情，赠予范老先生的一曲"暗香"和一曲"疏影"，被小红唱得清婉动人，让老先生当下就把小红还赠了姜夔，于是就有了垂虹桥边"小红低唱我吹箫"美妙情境。

可见撇开游客的想象有多么重要，还原园林中每个空间的生活形态，品茗听曲，唱和酬答，有纤手弄莲，还有红袖添香，所有的意趣都可以想象，乃至在拙政园远香堂内摆上一桌暗香小宴，也尽可以肆意抒发，这才是游园时最好的心态和心境。

## 3.

行李　你后来画过一些画来纪念那段生活？

叶放　说不上纪念，因感而画，早年我画过《归去来兮》《春江花月夜》《月亮湖》等，是那种观念性的新水墨绘画，虽然在形式表现和趣味方法上都有了很强烈的探索及发想，但在精神思想上却并不能表达情感深处的东西。正巧台湾杂志社《大地》约稿，画了一组以园林为题材的水墨，也就在这个创造过程中找到了自己内心的思辨，情感与生命的落点。现在回过来看，当时的画，都有一个很明显的情结：俯瞰、鸟瞰，那是一种怀故的审视，也是一种未来的观照，极其感性中也包含理性，《约梦故园》《庭园旧事》就是那个时期的作品。

行李 我们也聊聊别的园林吧，下午刚去了沧浪亭，它的复廊给我印象最深，看似外墙，阻隔外面，但因为是花窗，又吸纳外面，同时，从外面看来，复廊又是内部的一部分。

叶放 沧浪亭始建于宋代，当时并没有复廊，园前有河池荡漾，园后有丘陵起伏，沧浪亭就座落在池边，依山傍水，周围也没那么多房子，一派田野乡村的趣味，从园林前坐船可以直接出城通往石湖。清代才建了复廊，以区分内外，有了园墙的感觉，并把沧浪亭搬到了山上，可以俯瞰复廊及园外的一泓清池。所谓复廊，就是中间是墙两边是廊，一条走廊两条通道，由于早年建园时借景在前，因此以复廊作为园墙既能保证园内赏景不受损失，又能在园中赏到园外的景观，平添几分乐趣，实在是古人的奇思妙构。

行李 廊是园林里很重要的建筑。

叶放 沧浪亭的复廊，堪称苏州园林乃至中国园林中复廊的经典。首先那是枕水廊兼爬山廊，复廊为东西走向，南面依山，北面傍水，在东西走向之间，复廊逐渐升高至偏西湾港处，犹如进入悬崖绝壁，好似身临深渊险潭，趣味横生。复廊中的墙上设有花窗，廊南是山，山上古树茂密，景致丰满而偏紧，于是通过花窗将一些景致透泄出去，也就是吐景；廊北是水，水面开阔空旷，景致简单而偏松，于是通过花窗将一些景致吸收进来，也就是纳景。带花窗的复廊还具有吐纳景观的作用。

其次那是连接两点的曲折廊，在观鱼亭与面水轩之间，复廊的趣味在于随处可见的变化，你在南廊走，山林与你同行，从不同花窗和不同角度看出去，水波的景致一直在变化；你在北廊走，水波与你相随，透过个同花窗不同角度看过来，山林的景色也一直在变化。

我们说建墙的目的是为了安保区隔，建廊的目的是为了观赏连接，而复廊的巧妙就在于既满足了区隔园内园外的安保，又满足了连接亭轩之间的观赏。在亭轩中观廊，蜿蜒曲折高下起伏，藤树缠绕浓荫遮蔽，一幅幅静观的画面，在廊中观亭轩，亭轩被山水环抱林木掩映，随行走变化时隐时现，一个动观的场景。

再来那是展示花窗的景物廊，都知道墙开窗是为了通风采光，也为了吐纳景观，然而如何开窗，就是项有趣的学问。沧浪亭内包括复廊一百多个花窗，几何、花草、博古等，造型图样无一重复，产生了一个由花窗与环境所构成的独特景观。当我们在复廊中游览，随着脚步的移动，透过花窗看出去的景观变化着，与花窗图案纹样所对应的画面也变化着，这就是所谓的移步换景，步步有景，窗景生画，窗窗不同，其实这是一个从趣味到情境的法门。

行李　所以那时的文人还是很幸福，自己建造家园。

叶放　园林只是一个载体，主要是有关风雅的生活方式与态度，这就是为什么很多人并没有营造园林，也照样自在快逸，不亦乐乎。所谓心中有园，处处可园，说出了园林人文的核心是情怀。有豪宅也没用，无阳台也不妨，从唐代韩愈、杜牧的"盆池"，到清代沈复、芸娘的"碗莲"，可以看出园林向来不以空间大小论高下，而盆景作为盆栽盆养的风景，就是中国人小中见大审美智慧的经典体现，所谓案上的园林，以老子的玄览思想来看待，一样风光无限。

行李　南石皮记是你的鸟笼么？

叶放　这要看如何定义鸟笼，我做过一个铜雀台的装置，四只大小不一的铜鸟笼围绕于一根柱子，立在池塘之中，而柱头设有棚顶，每只笼体顶上与侧身均刻有四书五经的选句，笼门敞开，笼中饮食不绝，任飞鸟自由进出。毫无疑问，鸟儿可以在这里享受供养，却会因而丧失生命的活力，只有飞出鸟笼自由地寻觅野食杂粮，才能在天地遨游，茁壮成长，当然如果营养不够，随时可以回到笼中来补充。无疑，这是个寓言，人鸟相同，四书五经正象征着构成中国文化的无形笼子，南石皮记也是个笼子，只是门永远敞开着。

南石皮记手稿

[照片提供 / 叶放]

戴建军

采访之前，我对戴建军和他的龙井草堂了解很少，只知道这是杭州最贵的餐厅，金庸、范曾这些大文化人对它赞不绝口，经常有人从台湾、香港打飞的过来吃一顿，而杭州城名声最大的作家麦家，快把这里当成食堂了。

　　我比预约的时间提前了半小时到，先转转他自己亲手搭建的园林——是的，这家只有八桌的餐厅坐落在一个大园林里，而且不在城里，不远处就是龙井村。这里清幽，不见游客，但并不见得有更多特别处，虽然我听说它获得过很多肯定：欧洲文化电视台（法国·ARTE）要在全球五大洲各选一家餐厅代表世界饮食文化的未来方向时，龙井草堂作为亚洲代表入选；为了撰写他的故事，耶鲁大学的人类学博士跟了他一年半，企鹅出版社已经跟了好几年……

　　戴建军准时到了，长衫、布鞋，快步走路，坐下来的第一句话就是："如果不跟我待七天以上，我是不会接受采访的，是听说你想聊聊书院，我才来的。"他后来才开玩笑似的说到另一个不太愿意见媒体的原因：请吃饭请不起。一个开餐厅的，请不起吃饭？

［黄菊　2016 年春天采访］

1.

行李 杭州有很多餐厅开在山里，但像你们这样全程没有路牌导览的很少见。我们花了好一阵才一路寻进来。

戴建军 在西湖西进之前，这里更偏。狮峰山、翁家山、凤篁岭从三个方向将我们的园子环绕，只有一个出口敞向你来的那条路，但那条路也属于外鸡笼山，距离城区和西湖已经很远了。我们躺在一个山谷里，龙泓涧从门前徜徉而过，那是一条冷泉溪，并不适合种田，所以这片园林最早的时候用作了西湖公社的苗圃，后来经营不善，倒闭了。1999 年企业改制时，我们便把它接手下来，那时可以说是一片废墟状态。但历史上，这里曾是龙井八景所在，从你进来的那个入口开始，乾隆六下江南，四来龙井，走的便是这条路。以前大家都在西湖边游玩，这边很少人来，八景渐渐荒废，直到 2006 年政府推行西湖西进计划，才又重新恢复了八景。但整体而言，这边来的人很少，何况我们并不在主路上，还有这么多林木遮挡，外面是看不见的。

行李　当时为什么想把这里做成餐厅？

戴建军　很简单，因为我自己喜欢吃，就想好好建一个园子，让大家在里面好好吃顿饭。这片园子做了整整四年，因为那时也没多少资金，就一边在外面赚点钱，一边把钱拿回这里来弄弄，就这样一点一点做下来。那时很少有人知道我在干吗，就是一个人在这里默默地做。做完时，已经四年过去了。建好了园子，第二件事就是把菜肴找回来。

行李　"把菜肴找回来"是什么意思？

戴建军　在做园子的过程中，我想通了，美食之美，美在食材，但是好吃的东西，在城市的水泥地里是不可能长出来的。那时杭州著名餐厅楼外楼的厨师长董金木常和我说，"唱戏的腔，厨师的汤"，没有好的食材，是做不出汤的。

　　当我决定把这里做成餐厅时，杭州大学（现浙江大学西溪校区）的刘翔老师给我推荐了几本书，其中一本是清代的杭州才子袁枚写的《随园食单》，当时大多人还在看他的《随园诗话》，不太有人看《随园食单》。书里有一句话打动了我："大抵一席佳肴，司厨之功居其六，买办之功居其四。"意思是，做一桌酒宴，六成的功劳在厨师，四成的功劳在采购，而采购，就是指食材。

行李　很多餐厅都很重视食材，但你们和其他餐厅的做法都不一样。在你的标准内，什么才是好食材？

戴建军　第一是当地的，第二是当季的，第三是不施农药、化肥的。

　　有一次去欧洲，在火车上一本杂志里看到了一篇豆腐块儿大小的文章，题目叫《未来我们吃什么？》，这个问法和我心中的疑问很契合。后来在欧洲有意识地看了一些乡村，我发现他们和我们如此相像：他们每个城镇的中心点是教堂，而我们是祠堂；

他们有自己的小学，我们有书院；他们有诊所，我们有郎中铺……他们的主要食物都来自附近，而我们讲"一方水土养一方人"，也是这个意思。你的食物，都能在周边短距离内解决。这是建立我第一条标准的背景。

小时候我在浙大附中念书，当时那里正好处在乡村和城市的交叉口上，学校周边都是稻田。那时每天都能看见农民伯伯把家里的菜拉到城里来卖，再把城里的一些厨余、粪便带回去，形成一种能量互换。这对我触动很大：原来除了阳光和空气，食物是我们跟自然界进行能量互换的唯一途径。现在大家都讲正能量，什么是正能量？孔子讲，"不时不食"。不是时候的蔬菜不吃，必须吃当季的食物，为什么？因为这时候正是它生长得最好、能量最正的时候，如果这时吃，就是和自然互换正能量。

所以从一开始，（龙井）草堂就确定了这样的标准：就在一天行程之内的附近地方找食材；所有食材都必须是当季的，中国人有二十四节气，我们就按照二十四节气来采购。现在大家都在说二十四节气，但是十多年前，几乎还没有餐厅这么提过，所以当时大家都觉得不可理解，因为节气的局限很大，比如现在是出笋的季节，我们就通过吃笋来和大自然互换能量。

行李　近距离内采购，是指杭州周边的乡村？

戴建军　对，就是乡村。做园子那四年，为了找好吃的，我几乎天天跑乡下，这里转转，那里转转。2000 年的时候，我在乡下遇到了一位对我影响很大的老农。

那一年在桐庐县分水镇找吃的，当地村民告诉我，某个山上有一个老人对传统农耕非常了解，你可以去找他。找到他时，他正在田里干活，看见我，根本不理，一边埋头干活，一边无所谓地问："你是哪里人？"我说："杭州来的。""来干吗？"我说："想找点好吃的。""你们杭州有楼外楼、山外山，我们乡下有什么好吃的？"我说："杭州的很多东西没有小时候的味道。"

当我说到"味道"的时候，老人停了下来，然后拎了把锄头给我，等于是给我一张凳子。我就着锄头坐下来，给他扔根烟过去，他也坐了下来，说："小伙子，就是因为这个味道，我跟你聊两句。"原来他也有两个孩子在杭州（城区），他说他们很孝顺，把他接到杭州去，但是城里待不惯。为什么待不惯？他说了一句非常经典的话："你们城里是菜没菜味、肉没肉味、人没人味的。"

行李　真是一句让人感慨万千的话呀。

戴建军　对呀，这句话让我想到很多。一个人吃的食物，是可以决定一个人的心性的。以前我脾气很急，但是做了草堂，慢慢吃这些健康的食物后，性子就慢了下来。今天我们有很多星座控，其实也和食物有关系，那个时节你能吃到什么东西，就会形成你的整个性格。当菜没有菜味，肉没有肉味后，人怎么有人味？

　　老人姓宋，后来我们熟了，就直接叫他老宋。当时他坐在田埂上问我："你知道我为什么这样种地吗？"他的田地是在一个大山坳的山顶，流水最先经过他的田，再流到其他人家的田里。"因为我家三十多亩地，从不用化肥、农药，水经过我的田后，流到下游其他人家去，也不会污染他们的庄稼，得先把源头控制下来。"做任何东西，关键要正本清源。我们现在有点本末倒置，什么东西都要快，猪几个月出笼，鸭子一年养十一批，所有食物的生长期都在拼命压缩，但是又想寿命长，这怎么可能？

　　那天和老宋一直在田头聊到下午，他很早就下山回家，晚上做了一大桌好吃的，又把爱人叫到亲戚家去。我们两个人坐在床上，一边抽烟一边继续聊，比如怎么做传统饮食，产妇应该吃什么，为什么中国的传统喜酒不在五六月办而在秋冬时节办——因为五六月是菜荒季节，秋冬是菜最丰富的季节。

　　第二天走时，他送了我一大车东西。临走前，他指着大田里的东西说："其实你们城里人蛮可怜的，现在大家都出去打工，土地荒废了，那些大田里不用化肥根本种不出来东西。"他说了一句很风趣的话："这些东西喂我们家的猪，猪都不吃，都是你们城里人吃的。我们自己房前屋后的菜地从来不用化肥、农药，那是种给我们自己吃的。"

因为和他的这一场相遇，让我更坚定了草堂的采购：必须按照节气，去乡下农民家采购房前屋后的蔬菜。

行李　园子也建成了，菜肴也找到了，就开始真正做餐了吧?

戴建军　2004 年春天，我亲自跑到杭州周边采了一些好东西，和我当时的厨师一起，用这些食材做了十多个菜出来，请了四个比较会吃的朋友来一起吃。他们吃完都说好，问我怎么收费，我说我也不知道怎么定价，这桌菜要从几十户农家收过来才能做成。他们说，要不这样吧，我们明天每人带几个朋友再来吃一次，看看大家意见。我说明天不行的，没有这么多食材。最后定在一周以后大家再来。

就这样，我们又花了一个星期买菜，那四位朋友各自又带了几个朋友来，总共三十二个人，四桌。那是我们第一次对外烧菜，没有服务员，端菜都是我们自己来。大家吃完都觉得挺好，怎么付钱呢? 我让他们根据吃到的食物，自己决定付多少，结果四桌给的价格也很不一样。后来我们给客人定的价格，就是在这四桌给的价格基础上定的。我们的第一批生意，就是靠这三十二个人，今天打电话来说有三个朋友来吃饭，明天说有五个朋友来吃……没有广告，连外面这条石板路都没有，全是煤渣路。

行李　原来你们的价格体系是这么形成的。

戴建军　但是那次还只是试吃，等到正式营业前，我请了杭州的胡宗英等十二个大师级的人来评判，我们像最后的审判一样，等着他们给意见。他们说，这样做也好，但这不是做生意之道，"人家在发财，你在发呆"，正好我姓戴，大家从此就叫我"阿呆"了。胡老师说，你这样做怎么赚钱呢? 这么大的园子，你只有六桌。人家已经三瓢半打天下（鸡精、味精各种调料放三瓢半），你什么都不放，反其道而行之。

我回答说，因为我们没法点菜，我是以采购定销售，今天我买到什么，就吃什么。我们也没有什么菜系，就是把我自己的口味介绍给你，你喜欢就来，不喜欢拉倒。

自我就自我，任性就任性，我们就这么一路做下来了。两年后，我们已经做得热火朝天。那时正好政府推行西湖西进计划，草堂也在这个范围内，我们也停下来改造，到 2006 年 10 月份重新营业，二十七亩大的园子，我们只做了八间包房，一直到今天。

行李　以采购定销售的具体意思是什么？

戴建军　我们采购的故事说起来太多了，那也是我很自豪的。你知道我们的采购日记吗？

行李　刚才看到了，满满一柜子。从 2004 年第一次采购到现在，十二年，每年三百六十五天，全都有记录。而且每次采购都有照片，有农户的签名。

戴建军　前面说，给最早的两批朋友试吃完后，并没有马上经营，而是找采购队伍。因为采购最重要，要一个个亲自跑乡下，所以就想到把我妈和舅舅叫来做采购。结果我妈觉得我这样跟傻子一样，她说城里就有这么大的批发市场不买，偏要跑到乡下去买，又辛苦，又贵——青菜要卖肉价钱。所以她每天三点钟起床，到市场去和人讨价还价，买便宜的菜，买回来骗我说是在农户那里买的，但我一看菜就知道不是，从此就让我妈回家去了，再也不让她参与，也确定了这样的采购监督模式。

行李　是怎样一种模式？

戴建军　我们现在有十条左右的采购线路，大致都在周边地区，像余杭、临安、安吉、长兴、海宁、嘉善、富阳、桐庐等地。每条线路都有一辆采购车，每天早上从杭州出发，先开车到每条线最远的地方，从那里逐级往杭州方向收回来，到草堂时基本都是中午了。有些特殊蔬菜，采购员早上五六点就会出发，因为要赶在露水掉落前采摘，像夏天的黄瓜，如果中午采摘就会很苦。采购员必须要到达农户家里，将采摘过程拍照记录，最后请农户签字，才算结束，这是对采购员的监督。

还有对农户的监督。每个乡村基本上都有六七户和我们合作的农户，这些农户会形成一种类似连保机制的关系。我们在他们中选一个保长，请他监督所有的种植和养殖都没有使用农药、化肥，也没有使用合成饲料，不打抗生素的。如果采购员在哪一家发现有使用，那这六七户的东西我们都不要了。

行李　如果一户做不好，六七户都会怪他。

戴建军　对，只有这样的监督，才能确保我们的食材真正可靠。

行李　价格呢?

戴建军　和我们草堂一样，我们和农户之间也是议价制度。把六七户人家叫来一起商量，最后确定一个大家都很满意的价格。像我们的鸡蛋，从来没有论斤，都是按个买的，最便宜也要两块多一个。如果是头生鸡蛋，最贵的鸡蛋要十一块钱一个。原种的鸡就更贵了，要八十到一百元一斤，因为时间摆在这里，外面市场上的一只鸡，三十多天养成，十块钱一斤，但五百四十天养的鸡，你给什么价格? 一定要鼓励农民用这样的方式养下去。我有一句话："凭良心采购。"我相信农户给我们的价格也很合理。

行李　所以你们这里没法点菜。

戴建军　对，农户家里的东西都不能量产，有多少就收多少。还有另一些需要加工的东西，像酱油、醋、油、酱菜等等，也全都是我们自己委托小农户做的，也没法量产。我们前后合作过一万六千多户小农户，常年供应的有五千多户。十多年下来，和那些农户已经走得很熟，像亲戚一样，采购，其实就是走亲戚。农耕文明最好的是什么？是熟人政治，张家豆腐铺、李家裁缝铺，大家都认识，所以有诚信，彼此都是很信赖的关系。

行李　你为什么对这种模式这么有自信？没有先行者，同时代的人都说你傻。

戴建军　看起来很自我，其实是因为我相信这些东西是对的。我是跟着奶奶长大的，她对我影响很大。杭州人比较相信甲鱼，我奶奶活着的时候，如果一个月给她吃个甲鱼，她就精神焕发得一塌糊涂。但是她知道吃樱桃的时候吃甲鱼最好，叫樱桃甲鱼。等到樱桃下市，苋菜开始长出来，这时候甲鱼就没劲了。因为苋菜一出来，蚊虫就出来，甲鱼虽然叫霸王，好像很厉害，但是蚊虫一叮，它必定会死。每一样东西都有每一样东西的局限。

　　后来法国 ARTE 拍了一部纪录片，在全球五大洲选五家餐厅，来呈现世界饮食文化未来的方向，那部纪录片的名字叫《乐在盘中》，也叫《餐盘中的未来》，我们草堂作为亚洲代表名列其中。这部纪录片又使我想起了当年在欧洲火车上看到的那篇文章：未来我们吃什么？很多人说中国人没有信仰，但中国人讲"民以食为天"，我们怎么会没有信仰呢？食物就是我们的信仰、我们的神。只是人家是神本位的，我们是人本位的。在中国人的生活里，食物是一切生活的源头，所谓生生不息，生生不息的关键是什么？就是你补充的食物的能量一定要是正能量。

行李　这么做下来，没出现过困难吗？

戴建军　当然有，但是吃是对我自己好嘛，所以我很坚定地走下来了，老子不是有这样一句话，叫"反者道之动"。五代时候有个布袋和尚，他有一首《插秧偈》，和老子说的是一个道理："手把青秧插满田，低头便见水中天。六根清净方为道，退步原来是向前。"当高速发展的时候，往回退一退、停一停，反倒是进步。

行李　虽然不符合行业常规，但这么多年一直坚持了下来，而且经营得还很好，可见杭州人还是很认可你这种方式。

戴建军　杭州人对食物是"讲究不将就"，即使是最普通的老百姓，菜也要切得细细的，炒个青菜也要在里边放点肉片，这是从南宋以来的杭州文化，所以我们这样的经营模式也就是在杭州能留下来。现在大家都在说"雅集"，但我要说的是"宴集"，让童子拿些菜，到山林中野宴，这就是曲水流觞的传统。

# 2.

行李　这个园子也是你一点点打造的？

戴建军　对，我自己一点点弄的，杭州人天然有这样的特性，因为就生活在山水之中。我喜欢看中国古画，古画里留存了很多传统的东西。我希望在我们草堂，通过我们的食物，传达杭州人的生活方式；通过我们的园子，藏着山水之乐。

行李　为什么取"龙井草堂"这个名字？

戴建军　因为在龙井这一带，自然要用"龙井"。而"草堂"，即简陋的茅屋，那是古人谦称自己书斋所在处，我是一个读书人，读书人也是要吃饭的，所以叫"草堂"也很合适。而我们最初找到这个地方时，真的也只有几间茅舍，便和两个合伙人（柏建斌、林平）商量，取名"龙井草堂"。

　　园子建成后，有一天大画家范曾先生来，他给我们题了个园名：遗园。后来浙大的刘翔老师为我们填了首《醉花阴·遗园》，算是对我们的解释："临水柴门竹影护，只合幽人住。风满荷叶塘，一坡茶园，习习凉风度。绿荫碧藓开樽处，客醉忘归去。远树野雀啼，轺雨轺霁，疑是蓬莱路。"

行李　你们对食材、对传统乡村依赖很大，过去二三十年里，不仅城市突飞猛进，乡村也渐次城镇化，你怎么应对这种转变？

戴建军　第一是价格问题，像之前所说，由他们来定价格，只要合理，我就接受。当城市化的进程越来越快，越来越少的人在种地种菜时，其实城市是越来越需要乡下的支持的。提高价格，就是鼓励他们坚持传统、保留传统。另一个，从 2008 年起，我在丽水市遂昌县黄泥岭村建了一个躬耕书院。建书院的目的，一是建立我们自己的农业基地，实现餐桌和田园的零距离，另外也是希望更多的人来关注传统。

行李　这个地方是怎么找到的？

戴建军　早几年的时候，我们在遂昌县金竹镇买那里的山茶油。2008 年前后，遂昌县想推原生态的概念，当地负责人通过朋友知道龙井草堂，来吃过一顿饭之后，觉得这就是遂昌未来的方向，然后托人找到我。我当时对他说的东西不太相信，就派采购员去看看。因为我爱吃鸡嘛，就让他带了两只鸡回来。那两只鸡炖了之后那个香啊！太迷人了。我说就是它了，我要去这里。你大概不知道，我平日一到乡下就喜欢钻鸡窝、钻猪窝，农民到底用不用饲料，你一钻进去就知道了。

　　黄泥岭村坐落在一个小山呑里，三面环湖，一面倚山，像把太师椅，宽阔的湖面水光潋滟，与远处的笔架山遥遥相对，是读书养性的好地方。那里是钱塘江和瓯江的源头区域，森林覆盖率非常高，我们草堂在杭州算是负氧离子很高的地方，但黄泥岭的负氧离子含量是我们草堂的十八倍。当地经济不是很发达，但也因此留下了很多原住民，并且留存着很多外面不易见到的种子。这正是我们想要的地方。

行李　听说你们在那里有很多反向性的变革措施？

戴建军　对，如果你有机会去书院看看，会发现那里的整个生态系统都重

213

建了：我们用传统的方式种水稻、蔬菜，不用化肥和农药；用最原始的方式养鸡，不添加合成饲料；撒锯末改善土壤透气性；烧制草木灰，加粪肥为底肥；用辣椒水治虫；点黑光灯诱蛾……当其他人都在用现代化科技发展农业，我们用《齐民要术》《农政全书》这些经典农书里的方法种菜，虽然这样做的代价很高。在庆元，我曾经按照传统的方法花了四万六千块钱种出十一朵香菇，人家说你要疯了，对，我是疯了，我就希望把传统的香菇种植工艺找回来。现在书院所在的黄泥岭村，以前飞走的长尾山鹊回来了，小绿鹊回来了，田里的鳝鱼回来了，虫子也回来了。

行李　除了农耕基地，书院里有文化课堂吗？

戴建军　当然有的，我从全国请了文化领域里各位大师来给当地学生上课，教授诗词歌赋、千字文。比如我们书院的学长就是著名的作曲家陈其钢先生，还有古琴家陈雷激教授古琴，宿悦教授书法，严洁敏教授二胡……这么多名师，在大城市里最好的学校也未必能聚集。陈雷激先生在 2008 年北京奥运会的开幕式上，以一曲《太古遗音》震惊全场，现在他不仅给孩子们教授古琴，还在书院对面创办了琴淤书院。我常开玩笑说，请这些大家来给山里的孩子们上课，是"原子弹打鸟"，但我相信这是有意义的，时间越久，意义越突出。现在书院里既有榨油坊、豆腐坊、猪舍，也有归真堂、躬耕堂、藏经楼，我称之为"耕读并举，家国遂昌"。

　　这些年，草堂所有的盈利都用在了书院上，整个书院全是公益的，不收一分钱，但我觉得只要草堂需要延续，只要我们的口味、我们的传统需要延续，就需要书院。刚做书院时，家人不理解，觉得我不给儿子留点财产。我和儿子说："爸给你最大的财产，就是给你几个少年闰土朋友。"

行李　等孩子大了，会越来越觉得这笔财产珍贵。

戴建军　希望吧。

行李　身处今天中国城市建设的狂潮之中，有历史感的人都不会无动于衷，所谓"礼失求诸野"，所以当年梁漱溟诸先生在山东做了近八年乡村建设，只是今天走在这条路上的知识分子太少了。

戴建军　孔子说，"礼失求诸野"。我很喜欢乡村，那里有城市的根，中国整个文明的根，当外面很纷乱的时候，回到乡野，还可以在那里吸取到养分。

行李　食物对你来说意味着什么？

戴建军　中国文化，万变不离其宗的就是一个"道"字。食物里有没有道？当然有。中国人说"味道"，"味道"的关键是什么？是悟道。杭州是一个可以开悟的地方，我经常请朋友到杭州的西湖边，到草堂，到书院来发发呆，发呆是为了什么？为了出神。出神为了什么？入化，所以有一个词叫"出神入化"，你一旦出了神、入了化，你就开悟了，你的心就是世界。这就是悟道，食物对我来说，也可以悟道。

行李　最后推荐几道菜吧？

戴建军　一年四季，我就推荐草堂的四道菜吧。

春天吃"土步露脸"。袁枚《随园食单》之"水族有鳞单"有记载："杭州以土步鱼为上品……肉最松嫩。"唐代诗人白居易离开杭州时，曾痴迷地写诗道："未能抛得杭州去，一半勾留是此湖。"清代诗人陈璨曾有一首《西湖竹枝词》，诠释白居易勾留的一部分内容："清明土步鱼初美，重九团脐蟹正肥，莫怪白公抛不得，便论食品也忘归。"这道菜选用土步鱼最为活络的鱼鳃肉，手工剔出，讲究火候。当年国家副主席宋庆龄寓居上海时，要宴请几位来访外宾，便请上海名厨何其坤掌勺烹制美食。何在上桌菜中专门做了一款姑苏名菜"咸菜豆瓣汤"，其"豆瓣"之嫩，堪称一绝，食者无不惊奇。但这"豆瓣"不是那豆瓣，这"豆瓣"用的就是土步鱼双颊上的两块腮帮肉。腮帮是鱼呼吸时活动最频

215

繁的部分，因此最活最鲜。一条土步鱼也只有那么两小片半月形的、宛如"豆瓣"的腮帮肉。

夏天吃"金蝉银翎"。选三年的绍兴麻鸭，去脏去掌，配以金蝉花八至十枚，置些许盐（断不可过少），并覆开化桃花薄纸，蒸四五时亦可。夏季喝鸭汤，清火温补，江南老百姓家每当夏日便备此菜，恭迎贵客。其肉嫩，其汤鲜，此乃草堂当家菜。

秋天吃"出水芙蓉"。秋季在安吉采摘新鲜的野生竹荪，将白条鱼的鱼茸塞入其中，用鸡汤来烧。《随园食单》记载："白鱼肉最细"，用白鱼"活者，剖半钉板上，用刀刮下肉，留刺在板上，将肉斩化"，用手搅之，得白条鱼茸。鱼茸嫩滑，竹荪鲜脆。

冬天吃"舍得"。冬季霜降过后，乌青菜最美味，不仅糯，而且最甜。这道江南菜讲究不将就，粗菜精做，取其菜心烹饪而成。其他菜叶分档取料，物尽其用：将虫疤多的菜叶用于养殖家禽，枯黄的老叶用于堆肥。在获得健康食材的同时，以合理的价格帮助小农在传统种植方面得到收入的保障，继而使传统农耕方式得以延续。在坚持与农民分食吃，与虫子们分食吃的过程中，小农舍弃化肥、农药，才让我们获得更多的健康食材，皆有"舍"有"得"。

行李　与农民分食吃，与虫子分食吃，有舍有得。

戴建军　是的，有舍才有得。

一年前在龙井草堂见到戴建军时，他说的第一句话是："不去书院，你根本不知道我在做什么。"书院？龙井草堂不是一家餐厅么？

　　就是从那时开始，我用了一年时间从上下左右各种方式了解草堂，一年以后，我们终于来到了书院。

[ 黄菊　2017 年春天采访 ]

1.

从杭州开车四小时才能到遂昌县。下高速，离开遂昌，转入县道、乡道、村道，一直到公路尽头，一面宽阔的水库出现，没路了。想起沿途经过的那些不那么发达的村庄，同行的人面露难色："今晚会有住的地方吧？"

水库对岸，能远远看见一个不大的小村子嵌在山腰上，书院就藏在那个村子里。八年前戴建军刚来时，最后这一段连公路都没有，而他着手建造书院时，所有材料都从遥远的杭州拉过来，路远、路况差，颠簸的司机们频频绝望地问：还有多久到？到底还有多久？戴建军送上笑脸，呵呵道：快了快了……就这么一路把司机们骗过来，直到书院建成。

水库是乌溪江内最为开阔的一段，从这里往西往北，是钱塘江的天下，最后由杭州入杭州湾；往东往南，是瓯江流域，最后在温江入海。水库所在的湖山乡，是浙江境内这两条最重要的水系的源头、分水岭，环境的洁净度可以想见！后人为苏小小在杭州写下"湖山此地曾埋玉"时，并不知道，真正的"湖山此地"，要沿着钱塘江溯源到这里才是。

水库两岸，青山连绵不绝，有时疏朗开阔，有时逼仄险峻，有时层层推远，有时孤峰起立。湖面上的水汽和山岚起起落落，变幻不停。云山沧沧，江水泱泱。面对这样的群山，我第一次切切实实地相信，古代山水长卷就是写实的，就像我们这样，坐在这里，看对岸青山云雾上演不同戏码，如实记下即可。

对岸书院所在的村子名黄泥岭，这名字真是很土呀！土，加上这一方湖水阻隔，就一定保存着没被外来干扰的古老物种，当年戴建军就是闻着黄泥岭村土鸡的味道找进来的。

在浙江这样的经济发达地区，还有村子至今不通公路（谢天谢地），现在每天有数班轮渡往返于黄泥岭村和湖山乡。

轮渡来了，我们和黄泥岭村的村民，他们的摩托车、拖拉机、装货物的麻布口袋，还有我们心里的一万个不信任，一起上了船，渡往戴建军和他的躬耕书院。

弃船上岸，一段山间小路后，在一片竹林深处，两个古代仕女一样的姑娘，一前一后在那里候着，她们身后，书院门口上写着：躬耕书院。下方的楹联是：耕读并举，家国遂昌。

我们的桃花源之旅开始了。

入院门，穿照壁，右侧下石阶，栈桥穿过竹林，左侧再上石阶，书院的中轴线徐徐展开：第一进是设有孔子像的归真堂，人贵在四真，"田园有真乐，不潇洒终为忙人；诵读有真趣，不玩味终为鄙夫；山水有真赏，不领会终为漫游；吟咏有真得，不解脱终为套语"；穿过归真堂的屏风，是第二进的房屋院落，"琴棋"室和"书画"室分列方池左右两侧；方池后，一侧是"梅""兰""竹""菊"房，一侧是"风""雅""颂"房，这七间便是我们当晚下榻处；收尾的，是书院的中堂，也是周末给当地孩子义务教学的讲堂——躬耕堂。

刚推房门，就听得隔壁先进房间的人频频大叫，这哪里是客房，这是传统文人的书斋，只是在书斋外配了休息的房间。哇哇乱叫，是因为就在一小时前，大家还在担心今晚是否有地方住，住的地方是否有独立的卫生间，还在一个名字这么土的村子里！

后来和人转述书院的房间时，找不到合适的言语，我常这样说："比（杭州的）法云安缦更好。"法云安缦已然很好，但毕竟是酒店，所有场景都是陈设，极少被使用；所有人都是流动的客人，极少常住。但在这里，房间陈设全是实用性的、供使用的，因为房间有常住的主人。


改叫"躬耕书院"之前，戴建军为这里取名"耕读人家"：提供一种"晴耕雨读、日耕夜读、忙耕闲读"的生活方式。

刚才的几进院落，只是"读"的部分。"耕"的部分，由院落外的农田、菜地、牲畜及家禽区构成，体量不大，不是集中种植（养殖），也不是现代化种植（养殖），相反，是用《齐民要术》里的方法种植（养殖），就像我们小时候，或者我们父辈、祖父辈小时候一样，小农经济，但自给自足。

像杭州的龙井草堂一样，这里没有反季食物，有什么吃什么。孔子说"不时不食"，不是时候的蔬菜不吃。十三年前草堂刚创立时，戴建军就立了规矩：中国人有二十四节气，我们就按照二十四节气来采购，工资也按二十四节气发放，连牙签都按二十四节气更换，通过各种方式提醒你现在是什么季节，你需要吃什么食物和自然界交换能量。

草堂是书院的前庭，书院是草堂的后院。除了盐，书院的所有食物都自己生产：油自己榨，酱油、醋和酒自己酿，水稻自己种，牛和猪自己养……这到底是一个怎样的书院？

2.

　　戴建军和大家共进晚餐。面对满桌他形容为"粗茶淡饭"的当季饭菜，一路上都不肯吃饭的小孩子们开始争抢着吃，大人们则舍不得吃，或者吃完掉眼泪：原来菜真的有菜味，肉真的有肉味。

　　鸡要养十八个月才能熬出好鸡汤，酱油的酿制时间是一年多，猪也要养一年——因为我们要来，他们甚至提前杀了一头猪！一切都很奢侈，一切又都很朴素，每份菜都没有公筷："你们城里人喜欢用公筷，到了乡下，如果正好遇上村民吃饭，我一般就两个动作，要不把男主人的筷子拿过来就用，要不用手抓。有一次汤唯和我下乡去，见我这动作，她就接过女主人的筷子来用，有点呆呆的呵。""戴"，在杭州话里也念"呆"，身边的人都叫他"阿呆"。

　　晚餐后，在方池旁边的"琴棋"，戴建军和大家追忆了书院建造的过程，也分享了很多视频资料。有一段是戴建军下乡去探望农户，其中一位年过八旬的老人非递给他两支烟，他只接过一支，对方又推回来，必须收两支……来来回回推攘，就在这一支和两支之间，在这推让之间，他和农户的关系一目了然。

行李　你不在杭州好好待着，为什么跑到山里来？

戴建军　草堂一共和一万六千万户农户合作，为我们提供食材的农户都是八十岁以上的老人，他们走一个，我们就少一个提供原生态食材的人，所以一定要有传承。但是年轻人又不愿意学这些东西，最好的方法就是建立我们自己的食材基地。当时就是奔着这样的原因来到遂昌，找到了黄泥岭。这里是钱塘江和瓯江的分水岭，环境非常好。另外，现在大家都在倡导农业工业化，需要规模化经营。其实中国没有"规模化经营"这个概念，浙江本来是"七山两水一分田"，遂昌尤为极端，它是"九山半水半分田"，但这里已经有四千年的农耕文化，完全是精耕细作。中国的文化植根于农耕文化，从这里也可以学到很多，所以是各方面的机缘……

行李　你们什么都自己生产？

戴建军　是的，盐除外。对中国人来讲，食物是神，是信仰，"民以食为天"。我喜欢自给自足，但需要全控，关键是要正本清源，现在是本末倒置。你吃到的猪肉，那只是形似猪的另一种生物；三十三天养成的鸡肯定不是鸡，它是变异的种鸡……中国有很多传统品种，但消失得非常快。黄泥岭因为有一个水库隔着，交通很闭塞，反而让这个地方的物种保存得更加原始，我们在找的就是这样的处于源头的种。我希望这样的物种不要成为一种考古，为什么不让活着的东西继续下去？这是做书院的一种实践，我们没有任何的教条和主义，只提供一种生活方式。

行李　书院的想法是怎么开始的？不是只是找一个食材基地么？

戴建军　这里 2009 年 3 月 28 日动土，当时叫"耕读人家"，2011 年的时候，我们拜访了国学泰斗杜道生，他说耕读人家只是关起门来一家人，如果是书院，就会有教育的责任，中国人一直讲耕读并举，古人说"读而废耕，饥寒交至；耕而废读，礼仪遂亡"。于是改名书院，也是杜老给我们题了"躬耕书院"几个字，他活了一百零一岁，九十九岁给我们题的字。当年 6 月，书院正式开院。

行李　书院的教育功能具体指什么？

戴建军　一个是做平民教育，一个是做创作基地。我们请了很多像作曲家陈其钢、古琴家陈雷激一类创作者在这里，做驻院创作家。这个山村真正想要脱贫致富的话，文化是一个概念。大家都知道汤显祖在遂昌写了《牡丹亭》，但那已经是历史，我们当代人应该站在现在这个历史当口去思考：一百年之后，我们为子孙留下什么？陈其钢在这里很高产，这两年还做了一个以他的名字命名的音乐工作坊，培养青年艺术家。陈雷激有一个琴淤书院，做音乐筑梦班。希望若干年之后，这里成为一个原创圣地。

行李　平民教育是针对当地孩子？

戴建军　是，所谓的教育公平、医疗公平，对山区是不公平的，我们一直
　　　　在试图打造这样公平的平台。躬耕堂每周末会给黄泥岭的孩子
　　　　们上课，每年会给孩子办夏令营，各种各样最厉害的老师都会请
　　　　来，每年给县里各乡镇办音乐筑梦班……所有这些都是免费的，
　　　　不管学费还是生活费。而且只收有黄泥岭和遂昌户口的孩子，我
　　　　要让这里的户口值钱。今年的音乐筑梦班受到杭州爱乐乐团的邀
　　　　请，连国歌都不会唱的孩子，五年下来，可以到杭州爱乐乐团去
　　　　演儿童舞台剧《糖果屋》。

　　　　我常跟孩子们说，人就三个选择，第一是择善食而食，第二
　　　　是择善地而居，第三个就是择明师承教，我说的"明师"是指明
　　　　白道理的人，不是有名气的人。现在我们算是在善地，有善食，
　　　　还有明师。

行李　听说连书院的阿姨也都耕读并举呢。

戴建军　是啊，我们讲"晴耕雨读、日耕夜读、忙耕闲读"嘛，阿姨们可
　　　　以把全篇《朱子家训》背完。

行李　书院这么好，想过以后扩大吗，或者是复制到别处的乡下？

戴建军　复制？如果你能复制阿呆，就能复制一个这样的书院。说实话，
　　　　我不大喜欢大，我喜欢小，小的就是美的。你看小朋友多美好，
　　　　受百般宠爱于一身。一个一个的小，组织起来就是大。想法虽然
　　　　小，做法也很小，但都去践行的时候，它就是大。佛家说，做就
　　　　对，见了便做，做了便放下，了了有何不了！

　　　　新中国刚刚建立初期有三百六十万个行政村，随着行政村的
　　　　合并和城市的无限扩大，现在还剩两百多万。中国的中产阶级业
　　　　已形成，如果中产阶级的百分之一能够觉醒，一个人帮一个村，

农村的小康就有希望。但不要带着利益的目标回到农村，西方的经济就是经济人假设，而中国人的经济，叫"经世济道"，它并不仅仅为了经济而经济。我们有一道菜叫"舍得"，舍是舍，得是得，为得而舍，那是投入和产出的话题，还是没有逃离经济人假设这个概念。你舍是你舍得起；得，得之你幸，不得你命。有则固然喜之，没有不过如此，生命就在这个过程当中。

行李　在这样的地方做这样一个书院，苦吗？

戴建军　确实比较辛苦，但是问我苦不苦，我说没有任何苦，因为那是我的梦。我有句话，叫"有求必苦，有梦就甜"。

　　第二天上午，书院的大厨朱引峰带我们逛农耕部分。不大的地方，我们竟然走了整整一上午，生态链完整、物种丰富，做法精细、古朴。朱引峰就是戴建军说的那种农民：哲学家、化学家、经济学家。一路上看见什么，他就摘下来放嘴里咬一咬，觉得清甜，或者苦涩，就会送过来问：“要不要尝尝？”十几个人，每个人嘴里都叼着一根草或是别的什么东西，就在层层叠叠的田埂上慢慢行进，像回到了小时候。

　　环绕这些田地的，是戴建军亲手布置的田园景观——呼应草堂的园林景观，以及另一些散布在田园景观里的院落，比如戴建军的住处、陈其钢的住处。整个书院都是戴建军设计的，每次问到：“一个学哲学的，怎么还会造房子？”他就答：“造房子要什么设计啊，捡块砖头地上划划就行了。”

# 3.

　　真是幸运，那几日陈其钢也在书院，就是那个 2008 年奥运会的音乐总监，创作了奥运会开幕式音乐，包括举国人民都知道的奥运会主题曲《我和你》，也是张艺谋《山楂树之恋》《金陵十三钗》《归来》

几部电影音乐的创作者。而且，他过去几十年都在创作古典音乐，获奖无数，誉满中法。

因为偶然的机缘，他也来到书院，从此长住。过去四年里，在这里创作了很多重要作品，甚至连性格都开始有了变化。没想到在六十多岁的时候，忽然迎来一段新的人生。

从媒体上看到的陈其钢，严肃、话少。但那天晚上，他竟然愿意来和我们一起坐坐，聊聊天。

他放了两部纪录片：一部是关于创作奥运会主题曲的《我和你》，一部是关于儿子陈雨黎的《雨黎的故事》。雨黎是著名录音师，和他一起参与了从奥运会到张艺谋电影的很多音乐创作。《〈我和你〉的故事》里，有一段讲到奥运会音乐中，有一部分作品是大家匿名参赛，投票选举，雨黎的一部作品被匿名选中，拆开信封一看是他，当即被陈其钢拒绝，"因为他是我儿子"。四年后，雨黎在瑞士遇车祸意外去世。再过半年，陈其钢来到书院。

那晚大家有很多对话，在一个穷山沟里，一个孤岛上，月明星稀，黝黑的大山横在身后，"书画"前的方池里倒映着月光，一切多余的声音都没有，一切多余的话都没有。很多处，屋里的人听得潜然泪下，屋外抱着孩子哄睡的人眼眶湿润。很多时候，大家话到嘴边又咽了回去，或者说到一半就停住了。彼时彼刻，不需要都说尽。

后来问陈其钢，雨黎当时没被选中的音乐可不可以给我们听听，他回答："雨黎去世后，在他电脑里寻找了无数次，都没有找到当时那段音乐。"

良久的沉默。有人哭出声来。

行李　陈老师是什么时候到书院来的?

陈其钢　我是 2013 年 4 月来的，至今整整四年。第一次到这儿来，觉得气场比较合，而且远离闹市，只管吃饭睡觉，其他什么都不管，可以安心实现一些想法。搞艺术的人，如果你每天还要想下顿饭吃什么，无论买还是做，都会比较伤脑筋。来书院后，我基本上连巴黎都不去了。我原来在巴黎，那是一个很自由的人文环境，想什么、说什么、做什么都由着自己性子。可是每天中午吃饭的时候我要上街，上街固然也不错，可以走一段路，而且风景也不差，但你的生活就没法有规律，不能安心做一件事。在这儿，到点了，"陈其钢可以吃饭了"，有一个很规律的生活方式，写作效率特别高。

行李 戴老师在这里的时候，你们作息不一致？

戴建军 完全不一样！他作息相对正常，我是每天晚上看书到凌晨四五点，然后睡觉，中午前起来，每天只吃一顿饭，和陈其钢只是晚饭的时候见一面，其余时候他干他的，我干我的。最开始跟陈其钢"同居"的时候，我们楼上楼下，因为是木板房子，开门会嘎吱嘎吱响。我是烟鬼，他肺不好，所以我要抽根烟，就每天把窗户打开，爬窗子到外面抽，但他依然能听到。他住在楼上，怕影响我，走路就踮起脚走，我也能感觉到。对自己，也是对他，爱惜羽毛的时候，往往就会这样。两个人这样相互折磨了半年，干脆分开住。

陈其钢 我是慢慢慢慢在调整，希望自己是一个能想到别人的人。可是因为要想到别人，比如晚上睡觉的时候，想早上还要起床，为了配合厨房的时间，就睡不着觉。后来吃饭时间也都是随我，爱什么时候吃就什么时候吃，所以这两年觉得很兴奋，真的很兴奋。

行李 你最初是怎么走上严肃音乐这条路的？

陈其钢 我父亲对传统的东西非常有兴趣，我又上了中央音乐学院附中，学的又是西洋音乐，家庭和学校都给了我很多影响。"文革"也给了我很多东西，"文革"中很多人沉沦了，但有很多人升华了。再加上后面在法国将近三十年的熏陶，影响非常大，知道自己原来是多么的粗俗，会有一种自省，有文化的对照，我们所学的是什么，他们所学的是什么，我们的社会如何，他们的社会如何，我们怎么对人，他们怎么对人……这样对比之后，不一定你全是优势他全是弱势，也不一定他全是优势你全是弱势，但是这种对比本身滋养了一个人。再加上在法国碰到了那么好的老师（梅西安，法国著名作曲家，陈其钢是他的关门弟子），给你一些做人的感受，而不是说教。我的父母和老师都没有教我做人，他们就是那样的人，这个很重要。

行李　你说你的作品有一种忧郁的气质，这是经历了社会变革和个人经历之后来的，还是与生俱来的？

陈其钢　忧郁的东西很美，这是肯定的，但欢快的东西不一定不美。你看那个纪录片里，我从头到尾一点笑容都没有，超级严肃，那就是我当时认为的美德。人就是会一个阶段一个阶段地去重新审视自己，过去十年我都不满意，竟然是那么一张严肃的脸，凭什么？为什么？有什么苦大仇深的事儿？第一个镜头，我在那弹钢琴，那张脸板着，人家要采访我，我说要和时间对抗什么的。

行李　是儿子去世后才来到书院的吗？

陈其钢　对，之前他们跟我说有这个地方，我根本不信，也不想去。雨黎2012年9月份去世，那时候我刚动完手术六个月，身体特别弱，再加上雨黎去世，状态非常不好。五个月以后，我就到书院来了，一见就留了下来，改变了命运。

行李　这两年算是你状态最好的时候么？

陈其钢　是，就是这两年。

行李　你的创作，和你深入思考更有关系，还是灵感？

陈其钢　和思考有关，和灵感无关。我从来没感觉灵感是个啥，我觉得永远是工作。灵感即便有，也就是灵光乍现的一瞬间，它构成不了一个作品。想让它构成一个作品，那真是实实在在地，很苦地，一点一点把它建立起来。就像一个建筑一样，从第一块砖开始，你就已经觉得这事儿真干不了，很累很累，但就是得一直干下来，到最后完成了。过去的一个多月，我一直在一个一分半钟的（音乐）段落里来回转，一直转不出来，这一分半，我一定要做到最好、最精，它是一个作品的素材基础，这个基础做不好，下面整个就会很水。其实很苦恼，有的时候都很失望，这辈子干这活儿！很痛苦。一个作品，想让它有生命力，就是从基因上下功夫。怎么从基因上下功夫？就从自己身上下功夫，没有借口。认识你东西的人，比认识你的人多，他们都要住到里头去，三班倒，一会儿这个（演奏者）住进来，一会儿那个（演奏者）住进来，就是这样的。

行李　音乐最初的源头，实际上是和自己或者是跟神进行沟通，你是怎么看这个的？

陈其钢　我也没搞通，肯定和你自己的状态有关系，有时回过头来看，三十年前那个作品是怎么形成的？怎么会写出那么一个东西？全力以赴是必须的条件，可是你水平不够，怎么就写了一个超越自己水平的东西？大家都说是神来之笔，不是你自己在动手，是别人在替你动手。

行李　过去这么多年创作的作品，有你自己最喜欢的么？

陈其钢　还不能说最喜欢哪个，因为不客观，因阶段而异，因情绪而异。大概从 20 世纪 90 年代以后的多数作品，还是可以体现我当时最好的状态。但是这些状态，放在整个音乐历史上，也很难说哪个东西就怎样了。从我自己过去这二十年的演奏状况来看，应该说是相当积极，它正在被越来越多的人，尤其是被专业的演唱家、演奏家、乐团注意。

　　作品就是孩子，孩子长大了，能够自己走路，自己去交流了。但是带大孩子的过程，其实和作曲家本人没太大的关系，是它的养父母，就是那些演奏者、指挥家、乐团，把它逐渐培养成人。这很幸运，绝大多数人的作品写出来，演一两次就没有了，或者像通俗音乐，会走另一个极端，非常有冲击力，特别感人，时髦几个月就被人遗忘了。但是经典音乐，它真是需要在时间里反反复复地、慢慢地成熟。演奏的过程，也是弥补、修正它缺陷的过程，修正的过程中，听到的人也更多。如果它自己的基因好，就开始成熟了。但这个成熟，只是对我们21世纪的人来讲，还是在非常小的领域里生存。

行李　还是非常小众。

陈其钢　是，古典音乐说的小众是什么？就是音乐厅，有一千多人、两千人的音乐厅。对于搞严肃音乐的来讲，贝多芬就是大众，但对整个社会来说，这部分根本不存在，多数人是从来不进音乐厅，没机会接触古典音乐的。如果有条件多领会一点，多接触一点，那真是人类精神文化发展到非常高阶段的产物，那么多的音符，那么多的音色，在一个相对的时间空间组织好，这和写一首歌完全不是一回事，管弦乐相当于一个精密的科研机构研究出来的产品。可能很多人不能领会，到底听什么？旋律的感觉可能非常淡化，很多都是和声、节奏、音色，但是其实很多没进过音乐厅的，头一次进去听就被震撼了，太有意思了，上面一百多人在演奏，下面就这么点观众。另一方面你会感慨，原来这个世界上还有这么多执着的人在追求艺术。

行李　听说陈老师以前深居简出，不爱社交，到书院后竟然开始教书育人。

陈其钢　以前从来没有教过书，也不想进体制内，今天也一样。但是这两年，我在书院做了几次音乐工作坊，来了全世界各地的年轻人，给我的感触非常深。一个以思维和创作为专业的人，过去几十年里，还是留下了一些相对宝贵的经验，我想分享给年轻人。以前我是自我封闭的状态，自我感觉良好，觉得我前面没有人，看不到。因为音乐工作坊，头一次有机会近距离接触年轻人，世界如此之大，每一个人心里都有一份真理。

在一次和孙孟晋的对话里，陈其钢回答了音乐和数学的关系，音乐和美的关系：

音乐在数学上的体现，不是说几加几等于几，而是，比如说速度，在什么样的律动之下，这个音乐是最能体现你自己的心态的？是多少个音符与多少个音符之间的结合，可以产生最漂亮的振动？一个基础音，比如一个低音，它振动出来之后，会产生多少频率，多少个频率音能够在你真正写作的和弦中间有实际的体现？比如说1、1、5、1、3、5、降C、1、2、3、升4、升5等等这样一个排列，到最后，有上百个音，我们自己耳朵听不见，我们在把它实现的时候，要做一个什么样的筛选？这个如果你做得好的话，在作品演奏的时候，你会觉得，哇……我会经常有这种体验，一场好的音乐会演奏，会让人的身心有一种超凡的愉悦，你会觉得，哇，这人生好幸福啊！不光是对我自己，即便是看到一个好的演奏者在台上表演或是演唱的时候，你会觉得美妙，这美妙是不可言说的……

我们为什么说美术是在人产生了以后产生的，文学、戏剧、电影都是人产生以后产生的，而音乐是在人类产生之前产生的？一滴水滴下去，按现在来说是个音高，而我们自然的耳朵没有受过训练，不知道而已。风声是个噪音，树叶的响是个噪音，但全部是由频率构成的，尤其是我们说的水声，是有频率的，而这个频率的构成与我们说的和弦的构成基础是一模一样的。所以人创造音乐绝不是偶然的。我们说"道法自然"，就在自然中间，一切规律性的东西早就给你规定好了，我们只不过是在实现自然给我们的一些基本规律，而我们所能实现的，远远不如大自然已经给我们的……

这样一个上海出生、北京求学，又在巴黎生活了三十年，声誉满载的音乐家，能安住在一个偏远的、不富裕不发达的山村里么？他在同一段对话里说："我活着活着，觉得突然没有岁数了。在乡村，我会长时间看地上的蚂蚁，这蚂蚁是怎么组织起来的？找到躬耕书院这个地方，离开杭州离开上海离开北京离开巴黎，就在一个穷山沟里头，就是农民在那儿，你看到了一个更大的世界。每天对着外边，比如下雨了，一座大山，虽然你面对的不是知识分子，但'道法自然'，一切都在那，本来就在那。一切规矩都有了，用不着人去建立，人是多么渺小。只有在离开城市的地方，你才会有这种思考和感悟，你才会觉得你的坚持是有力量的，和自然的气是连在一起的。"

# 4.

渡船驶离黄泥岭的码头，驶过仙霞湖的水面，驶过两岸连绵不绝的青山，回到我们来时的渡口，所有人都不说话。就像昨晚，听完陈其钢的故事后，大家踏着夜色回各自房间，连手电筒都不肯打，舍不得打破这安静，舍不得终止这余味，还因为知道今早就要离开，这两日，我们不过也是像那个"忘路之远近，忽逢桃花林"，偶遇了一个桃花源的武陵人而已。

更前一晚，我们问戴建军天天在山里都做些什么。"发呆呀！发呆是为了出神，出神是为了入化。"中国的文化，全在这个"化"上了。他还补充了一句："很多人到这里来后说这是桃花源，我套用'千里马常有，而伯乐不常有'，说'桃花源常有，而陶渊明不常有'，你也会发现自己的桃花源，只是你去不去做这个陶渊明而已。"

躬耕书院全景。
田地和园林融合，
书院和村子融合，
又有水库和外界相隔，
完全的桃花源。

这是我们第三次来书院。并不便利，却频频造访，是因为这里的菜足够干净、好吃，因为这里的下塌地如桃花源？是，但不仅仅如此。

这一次，书院创建人戴建军亲自陪大家游园，从不多的几进建筑物，到农田和园林结合的田野。一月，田里已经全都种上了过冬作物，油菜、生菜、菠菜、白菜等等。秋天收割后的稻草，一部分直接覆盖在田里以替代塑料大棚，一部分收回猪圈，给猪取暖用后再回归田里做肥料。山茶花开得漫山遍野，树身高大，树冠辽阔，树下落英缤纷，恍若春日。大部分树已脱叶，田里菜苗尚小，从山坳里的书院看出去，世界干净、消瘦，就像高低错落的池塘里，那些专门留着听雨声的残荷，只有风吹过依旧繁茂的四季竹时，才听出丰腴肥美之意。

暮色降临，戴建军转身望见书院旁的黄泥岭村，"你们回头看，炊烟袅袅，这就是乡村"。我们尾随着他在田野上起起伏伏，迂回前行，像孔子时代，冠者五六人，童子六七人，风乎舞雩，咏而归。

后来在餐桌上，戴建军不过讲了些如何吃饭，如何种菜，如何与农民交往的闲话，但那天晚上，一个刚满三十、眼界开阔、事业成功的年轻人，在房间里整晚来来回回踱步，无法入睡。他曾花费巨资听各种大师讲课，但内心从未受过撼动，那些牛人，总有某方面的缺陷，但今晚，眼前这个之前从未听说过的人，通透、豁达，竟然没有一点毛病，而且预感自己无法企及！他以前不相信有这样的人存在，那眼前这个切切实实的人，又是谁？

[ 黄菊　2018 年春天采访 ]

1.

　行李　晚饭前看到一位年长的阿姨怯生生问你问题，看上去你就像大家的家
　　　　长一样。

戴建军　她以前喜欢打牌，老被人家骗，被我拍着桌子狠狠骂过，后来还
　　　　冲到她家里去骂，一顿骂之后，她说我下次再去就砍自己手指
　　　　头，哈哈哈。

　行李　书院会这么深入当地村民的日常生活？

戴建军　从某种程度上，是的。像我们书院的总办何志平，他下面有几个
　　　　村里的工友，工资发下来之后，多少钱留着用，多少钱存着，他
　　　　都会帮大家规划好，如果没得用了，那就再贴一点。

　行李　去年在杭州的龙井草堂听你讲过采办员的故事，说一些农村的大娘现
　　　　在还会给他们纳鞋底，做布鞋，按照常规定义，他们之间其实只是一
　　　　种买卖关系而已，觉得可贵，也很惊讶。

戴建军　我们一直在探索如何构建新型的熟人政治，突破买卖关系。我们的采购员最主要的活儿是在干什么？谁家在上梁，谁家讨媳妇，谁家老人过世……他们就在那里送白包红包。采办其实不是去采购，是去寻访，去聊天。甚至于，农村的大娘要回家，我们书院的总厨小朱如果看到，他会把人家一路背到家里去的。

　　我自己在农村这些年跑下来，有没有用化肥农药，心里很清楚的，千万不要说什么检查，你只要跟他聊天聊好了，一切都很好。有时见到农村妇女，还会开玩笑说：老公出去了，晚上门留好。她说：你来，我给你留好。在这样说笑的过程中，大家就变得熟悉了。

　行李　这种玩笑，感觉只有农民内部才会开，那种没有距离，我们是一类人的亲近感。

戴建军　要是到农民家里，正好碰到他们在吃饭，我还会直接用手抓东西吃，或者用他们的筷子，农民会觉得这个人跟我没有距离。你如果觉得这个恶心那个恶心，自己建立起了一道防火墙，有这样的疏离感，你自己把人家推出去的时候，人家不可能走到你心里。中国文化里的"礼"字，就是你看得起我，我看得起你。

　行李　以心换心。

戴建军　农民也很好玩的，比如青菜一块一一斤，我买十一斤，十二块一，你付十二块就不太好，付十二块五是合理的，等到你十二块五付好了，他把菜刀扔给你："自己家里割点回去吃吃。"这时候你割了十二斤他都高兴的，这就是农民。像鸡蛋，现在马上要过年了，你去收鸡蛋，老农基本不肯卖的，因为外孙、孙子要回来了，他会说：我有六个，分三个给你。这叫跟农民分食吃，千万不要把买和卖变成一种交易。就像我们的价格，草堂从一开始就是议价制，每个采购员跟农民谈一个合理的价格，我不同意价廉物美，只能是优质优价。

行李　草堂一直是和小农户合作，本身量也少，加上季节性很强，更显珍贵，贵也贵得有道理。

戴建军　我们十多年前找人做臭豆腐，每个月花三千块工资，这样的故事不胜枚举，我们的食材都很贵，拿到外面去卖是会被人骂的，所以只能自产自销，但这是一个传承，你有钱并不是因为有钱，是你对劳动的一种尊重，它贵在传承，贵在坚持。

　　也因为东西少，珍贵，我们这里没有浪费。在书院，今晚吃不完的菜，明天会继续吃，有什么干净不干净的，都是自己种的，我心就是世界，你没来之前不是我的世界，现在你进了我世界，大家就是一家人，坐在一张桌子上吃饭，没有什么恶心不恶心的。

　　草堂也一样，当厨师还没有那么珍惜食材的时候，我就罚他们去采一次香菇。早上六点上山，山里有狼，必须赶在太阳下山前回来，步行来回，往返九小时，只要被罚一趟他们会就明白，好食材之不易。

行李　有口好吃的真不容易呀。

戴建军　以前为了口好吃的，天天跑农村，那时因为要去鸡窝，鸡窝里虱子很多，被咬得一塌糊涂。我回家前都必须带一个很大的塑料袋，把所有衣服通通放在塑料袋里，交给阿姨拿回去，我自己先到浴室洗个澡再回家。

　　2000 年，我们去湖北神农架，有一个村子印象很深，我们在一个民办老师家里吃饭，白天很费劲地逮了一只鸡，她正好在山里拔了小野笋，就用家里挂着的泛黑的腊肉炒那个笋，一盘不够吃两盘，真是太好了。后来我非得要跟着她去拔笋，她说你受不了的，我说没有受不了的，只要有一口好吃的，那种动力真是义无反顾的。

行李　好在现在书院生产除了盐以外的所有食物，有口好吃的就没那么难了。戴老师一直强调与农民分食吃，与虫子分食吃，但虫到底还是需要处理的吧？如果不用化肥农药，要怎么弄？

戴建军 有很多办法，比如我们在农田边种了四季竹，这是幼虫特别喜欢的，竹子长好后，幼虫就聚集在这里，危害不到竹子，田里虫子又会少很多。就像稻田鸭，秧苗刚插下去时，小鸭子就放进来，跟着稻田一起长大。鸭子在这里游动，起到除草的作用、防虫的作用，因为它的尾巴在稻田之间来回摆动，稻苗上的虫就会掉下来成为食物，鸭子有吃的，稻米也健康。

我们不是采取杀虫的方法，而是共生共灭，所以连草都很少锄，你把草锄得很干净，虫子就没有栖居的地方，没有这些虫，鸟就不会来。现在我们这里有长尾巴喜鹊，有小翠鸟，山顶的水塘还有桃花水母。我们这里重新发现了银环蛇，如果你夏天来就会看到，银环蛇对生态要求非常高，那时蛙声一片。中国人常说斩草除根，千万不要赶尽杀绝。中国人讲生生不息，"漏网之鱼"反倒是有道理的，捕鱼时用大网，手下留情。

行李 最终的产量如何？

戴建军 像粮食，这样的山地，最好的杂交稻我们种出过亩产一千四百六十斤的产量，晚稻种出过亩产八百八十斤，算是高产了。不是说不用化肥农药就会降产，但你需要更多的劳动力去关注它，这就是精耕细作。

行李 草堂和书院的食物都这么好，戴老师出门会去哪一类地方吃饭？

戴建军 其实每个地方我都会去找苍蝇馆子，任何一家苍蝇馆子都有自己的生存之道。我们草堂有一道菜，无名英雄，是钱塘江入海口的一种鱼做的，那个鱼汤的做法是在四川绵阳一家小店学的。

平日出门我很喜欢跟黄包车夫、三轮车工、的士司机聊天，他们会知道一些好吃的。这家店就是一个黄包车夫带我去的。很拽，只做面，就在溪水边上，每次必须等齐四个人才开始做。一边用三两左右的鲫鱼，四条，现杀，一边煤气灶上现烧水，水就是从溪水边打上来的。鱼杀好之后，不洗，用麻布擦干净，然后用荤油煎，煎到两面黄之后下热水，然后慢慢跑，大概跑半小时左右，把四条鱼捞掉，这四条鱼是待会儿蘸酱油吃的。那边水烧开后就下面。就这样，四碗面，四条鱼，非常好吃。我们的鱼汤以前是用冷水做的，不够白，就和这个小店学了热水的做法。

行李　浙江境内有什么印象深的餐厅？

戴建军　我在浙江有两顿饭印象很深。一顿在宁波镇海，那天是朋友们请我吃饭，他们先去，我这人穿着和开车都不讲究，等我停好车准备进去时，老板直接说：不用看，你吃不起的，哈哈哈。就是吃野生黄鱼，那真是好。

　　还有一次，在台州玉环，我们从杭州开车过去，去的时候还没涨潮，等吃好，涨潮了，路没了，那就再吃，同样这一桌菜，我们四个人原封不动又重新吃了一餐。它那个真讲究，捕来的小海鲜先用白酒醉封，回来后清水一冲就开始煮，那是真的好吃。

行李　我看书院这周还在纽约有演出，"躬耕书院音乐会"，书院平日也有很多音乐培训，为什么会做这么多和音乐相关的工作？

戴建军　因为周边有做音乐的朋友，所以我们有了陈其钢的音乐工作坊，陈雷激的音乐筑梦班，以及由指挥家陈琳、小提琴演奏家何为、中提琴演奏家刘韵杰、大提琴演奏家涂强，一起组建的青年音乐家培养计划。

　　文化是任何一件东西的魂，书院若干年以后还有人记得，并不是因为它的建筑还在那，而是因为它的精神和故事能留下来。陈其钢在这里创作了很多作品，若干年之后，如果这个村成为探索陈其钢音乐的最后一段路，我常和他开玩笑说，等到成为陈其钢故居那一天，也就造福了这个村子。

238

行李　因为书院一切免费，包括平民教育，包括音乐培训，关心者都很担心它的生存。

戴建军　很多人问我书院的造血功能，我说草堂就是书院的造血功能，书院为什么要造血？那是我花钱的一种方式，没花的钱不是你的，那是数字，花掉的钱才是你自己的。来这里不用掏任何一分钱，只要入我心者就是我的世界，我没有违反过这个原则，我就希望这里是我的一片净土。在这里，我们既没有任何交易，也没有任何的教条，只提供一种生活方式，供大家参考。你能在这当中悟到了，最好，悟不到，也不关我半毛钱的事。

　　刚来的时候，我就和雷激、书法家宿悦一起，在书斋面前写下了我们的宣言：吾斋之中，不尚虚礼，凡入此斋，均为知几。高山流水，忘形笑语，不言是非，不奢荣利。清茶好酒闲谈古今，运笔抚琴以适幽趣，臭味之交，如斯而已。

行李　有设想过书院的未来吗？

戴建军　很简单，就一句话，就是活着：我活着，让草堂活着，让书院活着，让这样传统的工艺活着。至于我不在了，以后是否有人自愿传承这样的东西，我管不了，这个世界没有一定的，只有不一定。

　　书院除了我自己最老的那个区域的房子有产权，其他的，我使用三十年，三十年之后全送给他们。如此，若干年之后，整个村就可以有一些集体资产，刚来的时候就做了捐赠协议。这世上没有东西是你的，你只是一个过客。

行李　在戴老师的成长环境里，谁影响你比较大？

戴建军　一个是我奶奶。我是长子长孙，从小奶奶带大，奶奶特别宠，又特别会做菜。一世显贵的人家会住，二世显贵的人家会穿，三世显贵的人家会吃，这都是她教的。

　　还有一个是我舅舅。我上小学二年级时，他成为中国第一个国际级园艺大师，在美国布鲁克林做个人盆景展。《纽约时报》

专门为此写过一篇文章:《东方园林艺术源于中国而非源于日本》。他活了四十五岁,得肺癌死了,风华正茂,对我影响很大。

行李  所以你做园林是受他影响?

戴建军  对,他以前在现在杭州西子湖四季酒店那块地做园林,因为某个机缘,让我去他那里工作,我说来可以,有一个条件:我想学园林。他说你只要来,我就教你。

就这样,他说你明天早上在家里等我,我给你电话你就下来,我说好。然后他的司机把我送到杭州机场,飞往北京首都国际机场,有车来接到颐和园,说下午四点半再来接,自己逛。四点半,接上后又去机场,飞往上海虹桥,由另外的车接到苏州竹韵宾馆,然后自己逛,吃饭也自己解决。第二天早上把我放到拙政园,说今天看三个园子:拙政园、留园、沧浪亭,下午四点半在沧浪亭等他。四点半接回杭州后,舅舅说:"皇家园林、私家园林,你都看了,中国园林就十六个字:虚虚实实、真真假假、雅俗共赏、动静相宜。再送你一个字:悟。"就这样,教完了。所以不论草堂还是书院,没有一张图纸。

行李  你舅舅的教法真酷呀!

戴建军  这也是舅舅的师父,青云观的道士教他的,但是青云观在哪里,舅舅没说,我们也没找到过。我们家很多故事的,很多人说你可以把这些东西写下来,我说人家是争三不朽,我是争三不立:不立功不立德不立言,由着我性子来。中国人讲,大事化小,小事化了,化到最后无影无踪,任何东西都在化解当中,不会斩立决。在这个过程中最关键的是什么?功成名遂身退,天之道也!

行李  你现在还有困惑吗?

戴建军  我已经到不惑之年了。

行李　那你觉得天命是什么？

戴建军　天命还没到，但我觉得人生就是尽人事、知天命，尽人事者无怨，知天命者无悔。

# 2.

那几日，音乐家陈其钢刚从北京回来，身体略有不适。他原本要在北京演出新作品《如戏人生》，但排练时觉得不够满意，临时取消了，对一个作曲家来说，这是一件很需要勇气的事。那晚他抱恙和我们坐了会儿，他建议看两个新的纪录片，因为春天的时候我来过，看过他创作 2008 北京奥运会主题曲的纪录片《我和你》，以及儿子雨黎因车祸意外去世后做的纪录片《雨黎的故事》，但我坚持给新朋友们看《雨黎的故事》。在远离尘世的书院，我们更关心的是，一个纯粹的人，一个父亲的身份，是如何影响一个创作者的。

行李　你刚刚把《如戏人生》的首演取消了，为什么？

陈其钢　这也是我人生第一次，积累多了以后要求就会提高。艺术家也必须超越，尤其是古典音乐这个领域，过去两百年，没有一位伟大的作曲家是重复前一位的，他或多或少都代表了一个时代，一种精神。19 世纪以后，古典音乐爆棚式发展，参加音乐这个行列的人又比以往任何时候都多，音乐学院到处都是。所以到 20 世纪后要突破自己，要打破历史上已经形成的风格，就更加难。到 21 世纪，困难会更大。

一种艺术形式发展到极端，那个塔尖就会越来越小，这时音乐家心里会有一种矛盾：我们活着的意义是什么？我们的音乐存在的意义是什么？我们要不要让别人理解？要不要让自己舒服？尤其像我，已经有一些标志性的风格后，就更难，因为你不光要突破历史，还要突破自己。

《如戏人生》这个作品，我花了七个月时间写作，前后酝酿的时间有一年多。在北京第一次排练的时候，我就知道这个不行，和我的想象差距很大，而且不可能通过现场调整修正。

当时离首演还有五天，如果再往前走，你说不演了，那不是劳民伤财吗？要不演就马上停。取消首演的损失非常大，但其他问题都可以解决，艺术是梦，梦是人生，是不可以打破的，这就是如戏人生。

行李　为什么会和预想有很大差距？

陈其钢　后来我的总结是，当你有超越的欲望时，本心和音乐已经脱离关系，作为一个作曲家，你已经不再单纯了。就像写作，我想把这个词汇写得漂亮一点，这个文章从一开始就死了。你的技巧必须是浑然一体才行，现在正在修改，不知道能不能成功，因为 2018 年是演出特别频繁的一年，很多都是首演，我必须参加，这会影响写作。

行李　"写作"这两个字频繁出现在你口里，对一个作曲家来说，写作是什么意思？

陈其钢　西方古典音乐的写作是非常理性的，或者说，理性的成分至少占到百分之七十五，灵感的成分非常之低，浪漫派会稍微多一些，其他时候都是写作。古典音乐是一个横向和纵向声音的综合性组合，旋律、和声、节奏、音色，需同时思考，不是简单的灵感可以成就，理性的架构十分重要。

行李　你放弃首演，那要达到什么样的艺术高度你才满意？真实？

陈其钢　真实当然很重要，如果你撒谎，就不会有"活"的音乐！中国最早的一部音乐论著《乐记》里说，"唯乐不可以为伪"，就是说：什么都可以掺假，唯独音乐不可能！但问题的核心并不是真实，最大的问题出在了结构上，它不平衡了，你这儿一句真话，那儿一句真话，缺少一个清楚的中心和体系。

行李　这次停演，会让你对自己的创造力产生怀疑或者焦虑吗？因为再杰出的人，总有往下走的那一天，你会感觉那一刻已经来了吗？

陈其钢　非常短，一秒钟，因为这是我自己主动把它扼杀掉，还是一种生命力的体现。就是主动流产，我不要这孩子了。

行李　蛮需要勇气的。

戴建军　其实陈其钢平日会很谦虚地把他的作品拿出来给大家听，他做音乐工作坊，特别高兴小朋友们对他作品的一通"胡言乱语"。他已经是可以躺在功劳簿上的人，也形成了自己的风格，"人生总是凄凉调"，他完全可以到这里戛然而止，写写回忆录。可能到最后，他的风格也就停留在那个凄凉调上，但他一直在路上，没有停止过探索，不断在否定自己曾经的东西。

行李　这个比结果更重要。

戴建军　对，因为这个过程，我们更应该给他多吃一点。

行李　我们这一趟旅行，先去了一些古村落，昨天到了书院又看到这么好的环境，戴老师又带我们吃了几顿非常棒的美食，一直沉静在一种生的愉悦中。刚才看到《雨黎的故事》，今晚是我们旅行的最后一个晚上，猝不及防地面临生死问题。这么一个可爱的生命，陪伴了你三十年，突然就没了。以前只知道你是一个音乐家，今晚更觉得你是一个承受了巨大人生苦难的父亲，所以我特别想了解，你是怎么从这种苦难中走出来的？

陈其钢　对一个父亲来说，雨黎的去世是这辈子最大的伤痛，也是一个灾难，一个磨难，但它也是一份礼物。要想走出来，不是自己有愿望，有意志力，就可以成功，唯一有效的是时间。

　　中国有很多失独家庭，根据一般家庭的经验，大概需要十八个月。随着时间推移，我会要求自己，不要再说了，不要再念叨了，因为那是你的事，不是别人的事，只有自己去面对和承受。所以这是一份力量，之后为什么会变成份礼物，是因为他的去世让我重新思考人生的价值、生活的意义、家庭的意义、教育的形式。经过这一番思考，你再写作音乐的时候，再对待人的时候，无时不刻不想到儿子，他在某种程度上变成了你人生的一个新源泉。

行李　一种滋养。

陈其钢　对，甚至有时候会有一种骄傲：我走过来了。这个走过来，有一种对自己的苛求，你必须走出来，必须尽快面对这个现实！雨黎去世当天，早上八点多接到通知，从德国医院打来电话，我们在法国，当时就买了机票，最早的是下午三点的航班。那天中午十二点我在广播电台有一个会议，我决定还是去开会。

　　那之前我也听过类似的故事，法国第五共和国第一任文化部部长安德烈·马尔罗，他的两个儿子同时在车祸中去世，那天晚上他要在一个国会会议上发言，他照常发言，没有人知道他家里发生了什么事。那时雨黎还在，我每次听到这故事就说，这人真是坚强，不得了！

　　出事那天我就想，人家可以，我也可以。但是我体会了那种感觉是多么痛，开会的时候还要谈笑风生，应该说，会议谈得很成功，但结束以后真是受不了，那种痛没法用语言形容！

　　我只是举这么一个例子，这种时候多了，后来就一再反复、反复、反复，像是一种加强意志力的训练。也是因为雨黎去世，我才有机会到书院来，这是改变我人生的一步。

行李　特别想问戴老师，我看你看这部纪录片时也是从头到尾一句话都没说，我想你肯定看过很多遍，但你还能这么看下来，这件事情为什么那么让你……？

戴建军　我每看一遍这个故事，就感觉雨黎在对我说一句话：我爹就交给

244

你照顾了。我跟雨黎不认识，但这是一种责任：他是我的，我得照顾好他，把他养肥了，养壮了，好好写几个曲子。

现在我和陈其钢吃饭的时候，可以很坦然地讨论死了用什么样的棺材板，讨论生死。刚才陈老师讲到他写音乐的那种理性、严谨，他是非常逻辑的，但是雨黎这件事，恰恰不在他逻辑的范围内，生命是没有逻辑的，你只能坦然接受。这是雨黎给他的一份礼物。

每次看这个片子，我都会有一点泪，但不会太多。因为在惋惜雨黎的过程中，就像刚才讲到《如戏人生》，他要突破的过程，可能就是在弘一法师真正变成法师的那一刻，那个"如戏人生"就完成了，那可能是你生命中的一种觉察，一种蜕变，但是要变成那一声绝响的时候，可能要付出你的生命。

行李　代价巨大。

戴建军　但我觉得是值得的，燃尽他生命所有的东西，可能《如戏人生》到今年依然不演，这本身就是你人生最后那一场戏的过程，这也很有意思。好玩的是，前两年，陈其钢不小心摔倒了，在遂昌医院躺着的时候，他跟我说过一句话，我永远记得，那句话跟雨黎和我说的话是重合的。

行李　什么话？

戴建军　他说，我后半辈子交给你了。

行李　每个人都会有绝望和痛苦的时刻，陈老师对自己严苛到了残酷的地步，你特别脆弱的时候，什么东西能够真正的安慰你？

陈其钢　我没有觉得我需要安慰。

行李　你就不允许自己有软弱的东西吗？

陈其钢　软弱就是温情，温情是可以把我打倒的。如果看到一只狗，这只

这样的山野、暮色，
是陈其钢每天透过窗外都能瞥见的，
在一个穷山沟里头，
看到了一个更大的世界。

[摄影 / 宋文]

狗要是特别可怜，我就完蛋了，但这不是软弱，它在我的音乐中转化为忧郁，人情的另外一面。

行李 别人如果不能理解，或者误读了你的作品，你会受影响吗？

陈其钢 写作的人，如果没有反馈，他是活不下去的。无论是谁来反馈，可能是自己的爱人，也可能是那些请作曲家创作的宫廷贵族，到了 20 世纪，就是社会大众……

行李 但有时反馈是有时差的，不见得作品出来马上就会得到理解……

陈其钢 是，理解有时差，但我说的反馈，包括正面的，也包括负面的。每一个创作者都必须经历，有些人被打倒了，有些人被练出来了，有些人被捧出来了。对我来说，那些反对的意见给了我最积极的作用，没有它们，我会没有抗争的力量，一直平庸下去。

行李 上次我们来，你给大家推荐了正在看的《人类简史》，最近你在看什么书？

陈其钢 最近在看毛姆的《月亮和六便士》，不过我真是觉得书不能乱看。

行李 不能乱看的意思是？

陈其钢 当你的知识没有系统的时候，你的知识越多，就越糊涂。尤其是搞创作的人，知识不成系统，写作就会混乱。音乐的文献量非常大，如果没有选择，不经过过滤和加工，会像一个杂乱摆放的图书馆，你进去以后找不着书，还不如少读点书，多思考些问题好。

行李 住在书院来后，创作风格上有变化吗？

陈其钢 古人说要能"忙世人之所闲，闲世人之所忙"，我跑到乡下来，就是这样"闲大家之所忙，忙大家之所闲"，人有了很大变化。雨黎去世后，我做事的时候，说话的时候，和客人见面的时候，都会想着他，就是有一个第三者蹦出来跟我说：你为什么板着脸？因为我原来认为严肃是美德，最近我一直在强调，严肃不是美德。但创作上没有明显的变化，还需要时间去逐渐沉淀。

行李　你和戴老师其实差异特别大，陈老师是那种古典的，内敛的，严谨的，崇尚严肃是美德的。戴老师嬉笑怒骂，很通透，什么都来，在现实中寻找欢悦，但是非常有幸。两个人在某一个特定的生命阶段交汇了，而且刚才戴老师说得我特别感动，他听到你儿子说：把我爹交给你了，真是让人非常羡慕的情谊。记者很讨厌的，我想能否请二位各用三个词来描述对方？

陈其钢　这个我做不到。

戴建军　用三个词不准确的，其实人和人之间，说到底，就是我心里有他。有时候很生气，看他到北京造一圈回来，嘴唇都紫了，给你养得好好的，又出去造了！有时候又挺可人的，做作品时，他那种快乐也会感染我。他吃饭时，"欺负"孩子们那种开心的样子，"欺负"陈雷激时那种不可一世的样子，我又很鄙视。如果一定要用一个词来描述，我跟他最大的差别就是，他是城市的学院派，我们是乡下人，用现在的话讲，就是"城乡统筹"。

3.

　　前一天，总厨朱引峰带我们横切过好几个山头，去看看山里的农作物、植物。山道与水库并行，时隐时现。即便冬天，从顶层植物到灌木丛，各种山间植物仍然繁茂生长。

　　朱引峰换了一身迷彩衣裤，随身带着铲子、小锄头、钳子，就像一个作家，随身永远带着笔，沿途遇见可食用的叶子就摘下来尝尝（我们甚至在第二天的早餐上，吃到了他用那天下午采回来的叶子做的乌米饭），遇见女孩子们喜欢的野花就爬上爬下挖回来带着，身手之矫健！也是他，为我们烹制了每一餐的美食，还带我们在田间地头详实讲解了书院的农业系统，让我们这些以前嘲笑他人是"文盲"的人，自卑自己是个彻头彻尾的"农盲"。

那天下午的终点是一个自然村，村口有一棵千年古樟树守护，书院每年都会来拜年。村子里只有十余户人家，大家都认得朱引峰，拉扯着说家常。我想起戴老师说的，他背大娘回家的故事。他十二年前开始跟随戴建军，从二十多岁到三十多岁，在人生最重要的阶段，学习了从餐桌到田园的全套技能，也学习了为人做事里最要紧的规矩，"幸好跟了这么一位老板"。

我们要原路徒步回来，天快黑了，而且眼看着要下雨，一个挑着扁担的农民说：小朱你开我的船回去吧。他还会开船！

就这样，我们捧着野花，树棍，和朱引峰刚在崖壁上采的幽兰，下到河边，上了朱引峰驾驶的渔船。两岸青山迎来送往，江水碧绿如青黛，这就是现实版的山水长卷！幸运的是，我们成为山水画里那些小人，在其中悠游。幽兰的清香在河风里扑面而来，花落在幽谷里的花最香，无人记忆的朝露最有光，没有照过影子的小溪最清亮，就像来时走过的山道，现在走的水路，它们都是秘道，在主人的指引下，抵达书院所在的幸福花园，那才是空谷里真正的幽兰。

弃船上岸，已是暮色四合，晚间的雾霭从层峦叠嶂的群山外，向书院逐层围合过来，使这里更像与世隔绝的桃花源。地不自灵，因人而灵，是因为有戴建军这样的陶渊明用心打理，才有所谓的桃花源。但戴建军说，这桃花源还与另一个低调平和、从来不愿抛头露面的人息息相关：草堂的合作伙伴、书院的投资人林平。戴建军常挂在嘴边的一句话是，"人和人的关系就是'无中生有'，就是'彼此彼此'"，这两个词的由来就与林平有关。他常说的还有，中国人的经济不是为了经济而经济，而是为了"经世济道"。他有一位上学时就把《资本论》通读三遍的朋友，就是这么理解并践行中国人的经济观的，那个朋友，也是林平。而林平的夫人徐蓓川，也在杭州用心打理一个书院：福泉书院，那也许是另一个桃花源，我们下一次前往之地。

诗人寒玉 2004 年离开上海，来到黄山市黟县开始乡居生活。她从没受过建筑学的专业训练，但在过去十余年里，和诗人小光一起修缮和改造了三处旧宅：第一处是世界文化遗产西递村一幢明代旧宅，即猪栏酒吧乡村客栈一吧（他们把房子原来的猪栏改成酒吧，所以叫"猪栏酒吧"，这个叫法一直沿用下来）；第二处和第三处在碧山村，即二吧和三吧，二吧在一栋民国老宅的基础上改建，三吧的前身则是一栋"文革"时期的老油厂。有人说，"猪栏系列"开创了一股返乡潮流，这潮流滋润了被抛弃在社会边缘的乡土，也让城市的游子找回了自己的根，被吸引的人来自世界各地，包括法国电影演员朱丽叶·比诺什。

当下的民宿，大多声名在外，经得起推敲的少之又少，去之前，对猪栏也不敢期望过高。

二吧是中规中矩的老房子格局，却不受格局约束，不压抑、不拘谨，每一处都很通透：室内有明朗的回廊、天井，一转身，视野所及便是屋外更开阔的田野。我有些激动，行李箱还没放稳，就踩着自行车骑向田野去了。

沿途弥眼的稻田，偶有村民在田里劳作，最多的是来来往往的稻田鸭和稻田鹅。这是新安江最上游，漳河的源头，溪水清且浅兮，鸭群和鹅群在稻田和溪流之间来来回回跋涉。尾随它们的背影骑行，然后，我看见一幅、两幅、更多幅乡村拖拉机的画作，插在稻田里、古桥边和溪水岸边。上网一查，是一个叫丁牧儿的年轻艺术家（刚满二十三岁）的展览——"向日葵下的拖拉机"，碧山的田间便是展览现场。

然后，三吧到了。三吧简直使人狂喜，随处可以坐下来的朴素场所，沿着漳河散布：木棍简单搭建的茅草屋、可以静坐的看瓜棚……没有任何多余的修饰和诠释，就像真正的乡村建筑。像诗人李亚伟描述的那样："一吧、二吧、三吧，等于说，这首猪栏的实物诗是首组诗，这几座建在溪边野花中的古宅院，是以空气、阳光、绿草、野花为前堂后院的客栈，又是以村菜、乡酒、无论魏晋、乌托邦等为语法的一首组诗。"不不，比起猪栏自身，李亚伟的描述都显得富丽堂皇。

到底是怎样一个人，在当下连名字都反复修饰的民宿界，做了这样一组朴素至极的作品？

那是台风季节，客人不多，正好寒玉的朋友、诗人王寅夫妇也在，晚上便邀我一起晚餐，但餐桌上无人寒暄介绍，也没有觥筹交错，寒玉不喝酒也不吃饭，只是陪坐聊会儿天。晚餐如此美味，王寅夫人不客气地呼吁某些菜再来一道，每道菜都由寒玉亲手调制，后来看到她说，"早年我写诗，现在写菜单。"

不多久，寒玉起身告辞，是丁牧儿，她的儿子，挽留她再坐会儿，于是有了这些谈话。并没有聊客栈，而是聊她这几年的主要功课——修行。碧山之前，我在江西境内做了一趟禅宗之旅，但那一晚上的聆听佛法，才使我如病得医，如盲得见。

夜深了，我们起身道别，外面夜色暗沉，寒玉说，在乡下，就要尊重黑暗。她回房读经，我走夜路回二吧，溪夜凉白，漳河里水声潺潺，稻田里蛙声一片，萤火虫像寒玉那些振聋发聩的话一样，在我心里起起伏伏。

［黄菊　2017年夏天采访］

**寒玉** 这个世上没有彼岸，彼岸就是当下

1.

**行李** 早上在三吧的茅草亭坐了很久，下午牧儿带我转时，路过一个打坐的
亭子，说是你仿照乡民看瓜时的瓜棚设计的，就像看瓜人一样坐一整
天。这里很多地方见了都想坐下来，坐上很久，周围有河水声，风
声，还有菜地，牧儿说这是漳河源头，周围就像河流源头应该有的样子，
没有任何多余的添加。

**寒玉** 谢谢你有这样的眼光发现我们。我不是搞建筑设计的，但这十多
年也是自我生长的过程，特别是近两年，我的成长越来越完善。
三吧已经营业了好几年，但是我们不停在做，因为我们地方大，
但我不是继续做客房，而是做和心灵有关的东西。比如我做了瞭
望塔，就是你说的茅草亭；做了很大的禅房；还有闭关房，小小
的，你可以和自己在一起。做这些都是吃力不讨好的，但是符合
我自己内心，你可以像鸟一样看山、看水、关照自己。
　　一些人没来之前会问，你们那有什么好玩的？这里其实没什

么好玩的，碧山也没有惊天动地的风景，在这里最大的收获就是
静下心来感受世界，寻找自心，看到一个真正的中国式的农村，
回归精神的故乡。

行李　你是写诗的，但猪栏三家店都是你们自己亲手设计，甚至获了很多建
　　　筑界的重要奖项，听说你还设计了附近几位朋友的私宅，真是不可思议。

寒玉　其实每个民宿主人都是自己的设计师，我们可能不专业，但能找
　　　到更多生活的角度。每一栋老房子都有属于自身的气质，就像人
　　　一样，我们在这气质上不做多的更改，尊重房子自身的灵魂。就
　　　像我们二吧，它是一个大盐商的老宅子，我们在设计的时候中规
　　　中矩、落落大方，不作过多的诠释，只保留最简单的符号和语
　　　言，也不做过多豪华的改造，比较本份。因为我们所处的是徽
　　　派的房子，很符合中国人的气质：内敛，含蓄，它喜欢天井，喜
　　　欢四水归堂，喜欢小窗户，从里面能看到外面，而外面看不见里
　　　面。但在户外，你可以对自然一览无余，我每一个房间都有很多
　　　和户外接轨的空间，也有很多自然的院落，几乎没整理过。

行李　三吧的院落和河边的野草地完全连在一起，最高级的园艺不就应该是
　　　这样吗？

寒玉　是，这样才是对环境的不侵略。你甚至找不到我们家，因为门口
　　　没有牌子，但其实我们是这里唯一有执照的民宿，也是交税大
　　　户。不立牌子，是因为我们懒，也是因为在田野里，晚上要能看
　　　到月光，看到星星、萤火虫，而不是霓红灯。在乡下，就要尊重
　　　黑暗，尊重田野，还要尊重非人类。
　　　　　这种尊重是由内而外的敬畏，你看我们的外墙，它跟田野不
　　　抢夺，你感觉不到它是一个酒店就对了。其实三吧也有一部分是
　　　新建的，但建筑每做高一点，我们都会退回到田野上，看它有没
　　　有影响到整个自然。在乡下，最高的那个应该是大树，而不是建筑。
　　　　　我们来乡村的意义，是把自己置放在一个分享者的角色，我

暂且用"分享者"，我们利用这里的资源，和当地的原住民一起，与外来者分享这里的田园、阳光、水和食物。猪栏这三家客栈，如果要发展，现在肯定已经有多个复制品了。但是我们没有走这条路，一部分原因是我现在有了自己的信仰，会固定地去禅修，现在我大部分时间用在这方面，而不是世间的其他沟通上。

接下来我们可能有更大的转型，不仅仅是生意上的，就像最近牧儿做了个人展览，也等于是在乡村这四五年生活的一个毕业典礼。还有他自己酿的精酿啤酒，这两场活动我都没有登台讲话，他当主角的时代来了，我就是默默在后面。

行李　我是今天上午才知道你们的关系。

寒玉　他从来不告诉别人，我不介意，都方便。其实我们每个人都是独立的，我们可以几个月不见面，从来不互相问一声你在干吗，知道彼此都好。我们都有自己单独的空间，互相不牵扯，去哪儿都是自己去，既是家人，又是同事，又是道友，没有什么互相占有。

行李　来碧山前，我刚在湖北、江西一带走了很多禅宗寺院，心中有很多困惑，也有很多疑虑，感觉现在的寺院太过恢弘绚烂，这恢弘绚烂，一直把我挡在佛门外，不敢进去，不想进去。

寒玉　寺院恢弘也是对的，那也是庄严，不过每件事情都要中道，过了也不好。但是慢慢来，这些寺院也在红尘之中，我们要原谅这些存在，但是有总比没有好，有佛法的精神在，就有这个种子在。我们也没必要怀疑他们，他们能够抛妻别子、献身佛法，也是不容易的事，各有各的难。佛家有一个宗旨，我们不去指责别人，只做好自己，守好自己的戒就行了。

行李　好羞愧……

寒玉　我也是慢慢改变的，我有一点点禅修的经验，不能说多，如果你想的话，下次我带你去。禅修离不开生活，真正的修不是到深山老林里去修出什么来，是在你行走坐卧的生活中修。当然我每天早上四点半到五点期间会起来打坐，你有没有看到我们禅房？我们禅房里没有佛像，其实我是一个非常忠实的佛弟子，我基本不在前面吃饭，都是在后面自己食素，守五戒，但是我们家没有一尊佛像，不是说有佛像不好，只是说我不在意这些。

我不放佛像，但放了很多字，一个是"死"字，是我跟河南嵩山十方精舍主持一了禅师请的。我们学佛的人，就是为了了脱生死，你每天对着这个"死"字才知道，今天晚上过完，明天离死更近一步。当你看到"死"字，就知道冷水浇背，知道我今天怎么样活在当下，怎么样珍惜身边的人，珍惜你的每一分每一秒，其实世界上没有彼岸，彼岸就是当下。

行李　估计客人第一次见到都如冷水浇背。

寒玉　我还请了一幅字："诸恶莫作，众善奉行。"寺院里的大菩萨，不在乎你去烧个香、磕个头、献个供品，那只是让你去敬畏，我们对佛、对大自然是一样的，有敬畏之心。但是佛教教我们做什么？"诸恶莫作，众善奉行。"无论天堂怎么美好，地狱怎么可怕，这所有的一切都是引导众生"诸恶莫作，众善奉行"。这是最简单的一个道理，但是现在很多人不注意这个道理。

还要敬畏因果，你种什么因就得什么果。我们为什么要禅修？不是为死了去极乐世界，禅修是让你越来越清，心越来越明，让你的心这坛浑水渐渐静下来，变成清水。当变成清水的时候，你就看到了自己的真心，那当你恢复真性情的时候，才认识到真实的自我，认识到真的自我的时候，你才会生智慧。

行李　这就是你说的接下来更大的转型吗？

寒玉　是，今年9月，猪栏酒吧会做4.0版本的改良，这是一个飞跃，我们会作为发起人，请来弘一法师、井上有一的真迹，也请来国内我们最欣赏的六位画家的笔墨，在乡村做一个最顶级的八人展览。这八个人里，有大师级的，一张作品几百万，也有无名的小辈，作品拿出去卖几百块钱。在我们这里都是平等的，没有什么狗眼看人低，井上有一在日本也不被人看好，没有人认为他是大师。

我们会在九月九重阳节这天，把二吧、三吧连起来做一个展览，沿途请我最喜欢的艺术家来扎稻草人。其实"民宿"也是现代的概念，我们也不叫什么民宿，而是要把植根于乡村的这种美好，和文化进一步接轨。我希望在猪栏酒吧掀起一股精神和文化的回归之风，而不只是仅仅满足于过往行人在酒店的驻停。

大家给予猪栏的荣誉也很多，如果只讲名声，我们家名声够大了。做这个展览我们是完全亏钱的，但我们也拿出一些来供养天地，供养四方，供养真正的精神，所以一切的修行都离不开生活。

行李　这些都是乡村生活对你的影响吗？

寒玉　我在这里过了十三年，早已经和电视绝缘。以前我宁愿住乡下，不愿意住城里。现在无所谓在哪儿，城市还是乡村，这种区别对我来说意义不大，但我还是更喜欢清净的地方，所以猪栏选址也是，不去扎堆。选择在碧山，在过去是需要勇气的，几千万下去，你不怕没客人来吗？现在生意好了，人人说我有商业眼光，但是过去人人都说是傻子。当时考虑不多，只是想这里才是我喜欢的、贴近心灵的地方。如果想那么多，什么也做不成。外面传我是这个什么家、那个什么家，我说我什么家都不是，就是家庭主妇，原来写过几首诗，现在改写菜单。

行李　这些话初听简单，细思都蕴藏智慧。

寒玉　我所有的智慧也是跟我师父学来的。很多人不理解，说你现在家里一切都非常好，事业蒸蒸日上，为什么突然急流勇退？到了我这个年纪，遇见佛法就像遇见光明一样，佛教并不是一种信仰，它是一种智慧，人最可怕的是没有真知真见，当你心里觉得有光明的时候，才会觉得此生值得一来。六度最后就是般若，般若就是智慧，佛就是觉者，让我们去觉悟。

行李　刚才你说这是中国式的乡村，对，就是这样，生生不息，不矫饰，不张扬。

寒玉　真正中国式的乡村就是这样平实，能够看到种田、收割、不同的季节、不同的人。我们家为什么在这么偏僻的地方，却受到很多人的青睐，这也是一个答案吧。不是所有的人都喜欢，但是有一点点的人会喜欢，我们给他们一个可以真正回来的空间，这个空间永远给他们留着。你看王寅他们夫妇两个，这几天就是在田埂上追鹅追鸭，追着去拍照，其实他们世界各地去了多少好地方，但是他说碧山好像就是他的故乡一样。

# 比尔·波特
Bill Porter

在桂林的榕湖边等比尔·波特从火车站赶过来吃午饭,火车从柳州方向过来,上车前一小时,他还安排了绵密的行程。去柳州之前,他去了海南、惠州、九江、永州,寻找苏东坡和柳宗元的足迹,为他下一本书做采访。虽然在最近出版的《寻人不遇》里,他说决定再也不写书了。

他还挎着从河北柏林禅寺买的"化缘包",十五块钱,结实耐用,他说这是第三代。2010年第一次见他时,他也挎着这样一个包,那是第一代。那时他刚和妻子庆祝完三十周年结婚纪念日和他自己六十七岁的生日,而他关于禅宗初祖达摩到六祖慧能的故事《禅的行囊》,马上要出中文版。大概因为这个原因,他前一天给自己买了一款价值二百九十八元的新手机。八年过去,他朝圣中国古代诗人的故事《寻人不遇》也已翻译成中文出版。

从惠州开始,这一路全由他在中国的资助人殷云陪同。至阳朔,永州"柳宗元之旅"的策划人李林,以及特意从鄂尔多斯赶来的几位朋友,早已在金宝河畔等候。当晚夜雨不停,加上老朋友相见,大家都兴致极好。晚饭后借酒聊天,那酒是他从美国特意带来献给他喜欢的中国古代诗人的,他以这种方式向他们致谢,也以这种方式与他们隔空相遇。那天晚上,他以这酒释放自己:酒过三巡,他开始起身,跳起舞来……小屋外,夜色往更深处沉下去,渐渐下大的夜雨使河面上涨。伴着两岸造型各异的孤峰,轰隆隆的河水从金宝河顺势拐进遇龙河。从那里开始,刘三姐的故事顺着河水流淌,渗进遇龙河大大小小的支流里,那是比尔·波特1992年来这里的原因,也是在春天。而小屋所在处,是iPhone 6s发布会上唯一出现的中国风景,殷云的避世地。

　　第二天，雨过天晴，温润的水汽从河面上、山脚下、农田里，一点点蔓延至远处，至高处，至连绵不绝的孤峰里。我们约好上午登顶小屋对岸的月亮山俯瞰这孤峰群，这景致桂林独有，而阳朔最佳；下午坐竹筏徜徉遇龙河；晚上甚至安排了去看张艺谋的《印象·刘三姐》……在比尔·波特二十多年的旅行里，这样轻松的行程几乎没有，大家都想让他歇一歇。

　　然而，直到夜里萤火虫从田间升起，他还没起床，这是宿醉的结果。再过几个月，他将迎来七十四岁生日，距离他第一次来到终南山寻访隐士，已经过去二十八年。那时候的他，爬多少山都不会累，喝多少酒都不会醉。

　　翌日回成都，有一部峨眉电影制片厂的纪录片《隐士》发布，纪录片是受他关于终南山隐士的故事《空谷幽兰》启发和影响的。就像无数受启发和影响的读者一样，摄制组也带着书，带着对比尔·波特笔下的隐士和对比尔·波特本人的双重好奇心，前往山里拍下了这部纪录片。发布会上，有一段总导演何世平和比尔·波特的对谈。何世平说，我们现在的骄奢淫逸的生活，就像我们的鲍鱼、鱼翅、海参、燕窝，但它们的营养等同于相同重量的豆腐。比尔·波特在一旁补充道，我就是修豆腐禅。

　　在阳朔的最后一晚，终于看完加里·斯奈德的新作《山河无尽》。正是这位美国 20 世纪最著名的诗人、翻译家、禅宗信徒，第一次将唐代僧人寒山的诗翻译成英文，比尔·波特的生命，就在他与寒山相遇的那一刻开始转向，一去不复返。

《寻人不遇》的最后，他以加里·斯奈德的诗结束这趟对中国古代诗人的朝圣之旅，诗的名字叫《放弃》：

从弘法会上步行回返
夏日里干枯的鹊木
叶子萧萧落下

[ 黄菊　2017 年夏天采访 ]

1.

行李　1972 年你来中国的时候，正好三十岁上下，应该成家立业的，为什么想从美国跑到中国台湾来，还住进了寺院里？

比尔·波特　因为我从小已经看破红尘。我出生在一个很有钱的家里，给了我很好的机会了解有钱的坏处。我父亲那时是美国的民主党，他很希望从政，经常邀请有名的政治界人物来我们家。我发现在这样的地方我很不好意思，他们都有很强的目的，都是为了钱，那时候我最好的朋友都是我们家的佣人，只有他们是老实的人。所以我从小就确定不要走有钱这条路，长大后，每到一个需要选择的路口，我一定不会选有钱的路，而是走有意思的路。

行李　如果你父亲当时没那么多钱，可能你就不会看破红尘，过一种很普通的生活。

比尔·波特　很可能，谁知道，我父亲很有钱的时候，还准备让我去瑞士学习酒店管理。结果服兵役以后，我就上了加州大学的人类学专业，因为想借此学会很多不一样的方法来过这一辈子，比如少数民族的方法、文明古国的方法。后来发现少数民族也有社会矛盾，也有很多坏处，还是不知道怎么样过这一辈子。

等到加州大学毕业的时候，我决定去哥伦比亚大学读人类学的博士，那时候美国最有名的人类学教授都在哥伦比亚大学。可是我没有钱，填写申请表时，如果选择一门语言，就有获得奖学金的机会。当时我刚刚看过艾伦·瓦茨的《禅宗之道》，觉得禅宗很有道理，可以用来度过一辈子，就很随意地写了几个汉字。过了两个月，哥伦比亚大学通知我去读博士，学中文，并给我奖学金。

在那之前，我对中国文化一点兴趣都没有。后来一个偶然的机会，我在纽约唐人街认识了一位来自五台山的老和尚寿冶。有一天，当他从佛坛背后的一个小柜子里拿出他用自己的血写的《华严经》给我看时，我完全被惊呆了。他是我平生遇见的第一个和尚，让我深深折服，从此就跟着他打坐修行，直到来到台湾地区。

行李 20 世纪 70 年代，美国人已经对中国的禅宗和打坐很感兴趣了么？

比尔·波特 很少，如果他们有兴趣，他们会学日本禅，会去日本。可是我选了中文，我应该来中国。1972 年中国还在"文革"期间，我只能去台湾地区。正好有一个哥伦比亚大学的同学去过台湾，去过佛光山，说我可以写信联系，就这样来了。那时并不知道将来会怎么样，也没钱，因为我放弃了奖学金，而爸爸已经破产了。一个姑姑给我买了来台湾的单程飞机票，爸爸给了两百块美金。

在《禅的行囊》里，比尔·波特的最后一节写到了"不归路"，追忆了当年离开美国前往台湾地区的细节：

那是 1972 年 9 月 1 日。父亲开车送我去洛杉矶伯班克机场，我从那儿先飞旧金山，然后转机飞台北。他给我买了张单程机票，估计钱是我波琳姑姑或者宝琳姑姑出的。那时候，父亲已经破产很多年了。他早年挣下的万贯家财，全都在与我母亲旷日持久的离婚官司里捐给了离婚律师。从那之后，他主要靠我这两位姑姑的救济度日。

伯班克是北好莱坞郊外的一座小型机场，当年，送机的人们可以一直送到登机口，亲眼看着自己的亲人朋友检完票，转身，挥手告别，然后走向停在外面的飞机。登机时间到了，人们纷纷起立排成一队。这时，站在旁边的父亲突然掏出两张百元大钞塞进了我的口袋，加上兜里自己的十三块钱，这就是我去台湾时的全部财产。不过，那时候也并不觉得揣着十三块钱和一张单程机票飞赴大洋彼岸这事有多不靠谱。我是打定主意去台湾的寺庙出家的，要钱干吗？而且，我当时也没打算回来。至少没打算很快回来。

行李　你的人生就这么改变了。

比尔·波特　当时我有一种感觉，好像要离开以前的世界，去到另一个世界，但并不确定。到佛光山后，他们很欢迎我，住在庙里也很舒服，虽然之前从来没有经历过那么潮湿的天气。可是过了一年，觉得佛光山太热闹了，特别是一个外国人，大家都会关注我，就转到了台北附近的海明寺，那是个小小的庙，更适合我。当家的是悟明法师，他是台湾佛教协会的会长，教我打坐。那时在阳明山有一所文化学院，我在那里读了一学期哲学，认识了一个坐在我后面的女孩。两年半以后，悟明法师说，你在这里住了这么久，应该出家才对。我觉得真的不好意思了，我就是在那边白吃白喝，他们还对我那么好。可是我不想出家，就离开了海明寺，到了阳明山的竹子湖。

行李　不想出家是因为恋爱了？

比尔·波特　可以这样说，我想时不时去看那个女孩。还因为我受不了规矩，我喜欢修行、打坐，可是我不喜欢规矩，不喜欢诵经，不喜欢

264

穿特别的衣服，我知道我不是一个好的出家人。在海明寺的两年半里，我就是吃饭、打坐、散步、看书，也开始翻译。悟明和尚出版了一本寒山的诗，有三百首，有一个外国人翻译了一百多首诗，所以我一边看英文，一边看中文，发现翻译佛经是很好的修行方法，可以提高中文，也可以提高佛法。从那时候起，我就开始做翻译。

行李　女朋友呢？

比尔·波特　我每周六会坐火车去台北的明星咖啡馆看书，咖啡馆有四层，第四层不需要消费，有桌子、凳子，可以和朋友聊天，也可以看书，女朋友在那里教我《庄子》。就这样，在竹子湖住了四年，然后在一个广播电台工作了七年，我女朋友的妈妈终于同意让我跟她女儿结婚了，那是 1980 年。

## 2.

行李　虽然是为了有稳定的收入，让岳母放心才去广播电台工作的，但这期间的工作对你后来影响也挺大的。

比尔·波特　是的，先是在台湾，后来去了香港，老板又请我去香港做了一系列每天只有两分钟的节目，所以我开始做了"黄河之旅""丝绸之路""彩云之南""江南之旅"这些旅行。那期间赚了一点钱，决定把两个孩子送回美国，因为他们不会说英文，但是我的钱不够让他们在香港上国际学校。

行李　家里不可以进行双语教育？

比尔·波特　不行。在台湾的时候，我不习惯台北的都市生活，我太太不喜欢山里的生活，所以就是我住在山上的竹子湖，太太住在她父母家里。孩子和我每个周末见一次，所以没办法进行双语教育。

行李　但你在台湾的时候就来大陆寻访终南山隐士了。

比尔·波特　是的，1989 年，我已经在美国出版了寒山的诗集。那时候美国
有一个基金会，我想申请一笔钱来大陆看看还有没有寒山这样的
人，或者像寒山一样生活的人。那时候在电台，每个礼拜必须采
访一个有名的台湾人，正好采访了王文洋（现宏仁集团董事长）。
采访时，我问他有没有看过电影《毕业生》，里面有个老头子，
他说他只有一句话跟小孩说："Plastics, son, plastics, that's the future." 因
为王文洋当时是全球最大的塑胶厂的 CEO，于是我问他，如果
你现在跟毕业生说一句话，会说什么？他说："跟着道走，学道
就好。"我觉得这很有意思，说我想去大陆寻找隐士，正在等一
个美国基金会的答复。他说如果他们不给你钱，我给。后来我就
是靠着王文洋的钱来终南山寻找隐士的。

　　可是我不知道隐士在哪里，正好在北京广济寺认识了净慧法
师，他说终南山有一些，我可以去看看。那时完全没有意识要写
书，只是想看看有没有这样的人，后来看到了，就觉得必须写一
本书告诉大家，所以就有了《空谷幽兰》。

行李　这书在国内影响很广，很多人因此去山里隐居了。

比尔·波特　我发现隐士是中国社会很重要的一部分。在美国，隐士不是社会
的一部分，他们是社会外面的人，要离群索居，往往有点神经
质。但中国的隐士是社会的一部分，他们的目的是帮助别人。从
新石器时代开始，每个部落里都有一些特别敏感的人，他们会离
开部落，到山里去住一段时间，然后再下来帮助部落里的人。后
来这些特别敏感的人成了佛教徒，成了道士、贤人，但最终目的
都是为了帮助他人，不是逃避。

行李　你这么想很特别，中国人觉得他们是假隐士，随时准备出山，甚至有"终
南捷径"的说法，隐居似乎是以退为进，不是真的隐，而你反倒觉得
这才是真的隐士。

比尔·波特　如果你看历史，会发现有名的法师和道士，全都有当隐士的经历，这是一个很重要的经验，也是一种很重要的传统。在中国，隐士就像是宗教修行的博士班——精神觉醒的博士，是最后一步。如果你要来念这个博士学位，必须先当好一个毕业生（就是在寺庙里修行），不可以随便到山里去。如果你只是觉得山里风景漂亮，而不好好准备，你过不了第一个冬天的。

行李　山上那些隐士，生活都很辛苦，但在你的书里，他们非常快乐。

比尔·波特　我一辈子没有见过那么快乐的人，一碰到他们就高兴，可能是因为很久没有碰到一个人，"有朋自远方来，不亦乐乎"。也许他们开始的时候不习惯，没那么快乐，可是越到后来越快乐。这是修行的快乐，那种快乐完全发自内心，就像寒山诗《乐道歌》所表现的一样。

行李　你没有想要留下来和他们一起快乐地修行？

比尔·波特　我受不了，我有太多坏习惯，还有太太孩子，还养了一只猫……我有很多借口。我属于"中隐"，我不喜欢戒律，但喜欢方便，如果我一味守戒，会给别人带来妨碍。

行李　寒山是诗僧，但你在终南山找到的隐士大多没有受过很高的文化教育，他们差别还是蛮大的。

比尔·波特　1989年在山里修行的人，他们很会修行，可是没有什么学问。2014年我又回去过，发现山里多了很多知识分子，还有北大的学生和教授，他们中有一些寒山这样的人。

行李　新的隐士有那么快乐吗？

比尔·波特　没有，他们有一点点太严肃、太用功，其实是执着于修行，以前的隐士已经放弃修行，他们就是过生活。

# 3.

**行李**  怎么想到写《寻人不遇》这本书？

**比尔·波特**  我写了一本关于隐士的书《空谷幽兰》，因为我喜欢隐士。也写了一本关于禅宗的书《禅的行囊》，我喜欢禅。可是我还有很多钦佩的中国古代诗人，所以必须要写一本关于他们的书，就是这本《寻人不遇》。我选了三十六个诗人，从孔子、屈原，到李白、杜甫、王维、柳宗元、白居易等，用三十天时间拜访他们出生的地方、去世的地方，和一生中对他们影响最大的地方，从孔子所在的曲阜开始，以寒山、拾得、丰干三位禅师所在的天台山结束。

**行李**  这些诗人都已逝去，为什么一定要去看他们的墓地？

**比尔·波特**  《诗大序》里说："在心为志，发言为诗。"其实都是把心里面的东西发出来，如果你可以了解这个诗人，就可以了解一个人的心，了解了这个人的心，就感觉这个人还活着。所以我去见这三十六位诗人，感觉就是去见三十六位活着的诗人朋友，他们都在我的心里。

**行李**  除了寒山，中国古代诗人里你最喜欢谁？

**比尔·波特**  陶渊明。很多人认为陶渊明就是隐士，但他是"结庐在人境"，盖了一个小茅棚，住在农夫住的地方，而不是隐士住的山里。他一脚在山里，一脚在乡村，心情开朗的时候就写写诗。我觉得我有点像他，不过我不写诗，我翻译诗。

**行李**  你还在每位诗人的墓碑前给他们敬酒？

**比尔·波特**  中国诗人最喜欢的就是酒，喝酒时，就像写一首诗。我是美国人，要给他们喝以前没有喝过的新酒。我带来了两种：一种是72

度、玉米酿制的波旁威士忌，一种是 68 度的大米威士忌。两种都很难买到，都很贵，一瓶五百美金。我带了三瓶，在每个墓前放三杯，大地喝一杯，自己喝一杯，诗人喝一杯——他不喝就我代喝了。

行李　书里写，你会在每个人的墓前吟一首他们写的诗，是吟诗，不是念诗。这在大陆几乎已经失传，你是从哪里学的？

比尔·波特　台北"故宫博物院"的庄严是我的书法老师，是他教我的。那时我每个星期六去他家学习书法，有一天我问他，听说中国人不叫念诗，叫吟诗，这是什么意思？我也看不出这些诗有音乐旋律。然后他就去另外一个房间带了一瓶酒来，说，喝了酒，就可以吟了。

## 4.

行李　佛教讲"戒定慧"，"由戒入定，由定生慧"，你不喜欢戒律清规，怎么入定生慧呢？

比尔·波特　你每天都会碰到一些情况，面临一些选择，你可以往这边，也可以往那边，每次我都选择了往安静的、不挣钱的这边走。这就是我的戒律。

行李　太太现在跟你住一起吗？

比尔·波特　每年 4 月中旬到 12 月初，我们住在一块儿，12 月初到 4 月中她回台北自己家里。她喜欢在花园里种花种菜，冬天西雅图太冷，种不了。没什么事，她觉得无聊，就回台北家中看看同学朋友，和她们一起旅游。等到天气变好，可以种菜种花了，就回家来看看先生。

行李　在家时看电视吗？

比尔·波特　看的，我喜欢看卡通片和棒球比赛。也看电影，但没什么喜好，就是电视里播放的那种，可能一年去一次电影院，如果有朋友请我。

行李　孩子和太太看你的书吗？

比尔·波特　孩子们从来都看不完一个章节，他们不感兴趣。太太会在它们翻译成中文后看，她喜欢关于旅行的部分。

行李　你在美国还看英文书吗？

比尔·波特　我只看中文书，但我不看它们，我使用它们，当资料一样。

行李　出门时有什么特别习惯？好像你只带两套衣服，一套随身穿，一套干净的，放在箱子里，不会随便用。

比尔·波特　我一到酒店就会在房间里洗澡洗衣服，然后睡觉。第二天衣服如果还有一点湿，也穿在身上，半小时就干了，因为身体很热。

行李　冬天也这么穿？

比尔·波特　我不在冬天旅游，也不在特别热的时候旅游，最好的时间就是3月底4月初和10月底11月初，这两个时候气候也干爽，这样穿没事。

行李　翻译是一种怎样的感觉？

比尔·波特　翻译就是我的道。如果我想学佛教，我不会读一本关于佛教的书，我翻译佛经。如果我想学诗歌，我不会看一本关于诗歌的书，我翻译诗，通过翻译的方式看。翻译是一门艺术，就像和古人跳舞。翻译韦应物的诗，就像和他跳华尔兹；翻译李白的诗，就像和他在对练拳脚；翻译佛经，则是和祖师坐在一起……

行李　你被翻译成中文的书，你会看吗？

比尔·波特　从来不看，但书名都是我取的：《禅的行囊》《寻人不遇》，只有《空谷幽兰》是译者明洁取的，我觉得这名字很好，就用了。

行李　你在台湾时，和星云法师、南怀瑾、马英九，以及胡德夫、周梦蝶等很多人都有过往来，他们对你影响大吗？

比尔　1972 年到 1973 年，我刚到台湾时住在佛光山，那时每天下午会和星云法师打篮球，和南怀瑾吃过一些晚餐，做过一次马英九的访谈，和周梦蝶有过简短的交往。唯一交往很深的是胡德夫，1973 年夏天，我们在中山南路的哥伦比亚咖啡馆外遇见，他的事业那时刚刚开始，举办了台湾史上第一场个人演唱会。接下来的几年，他因为参与台湾原住民运动而遭遇了很多磨难，但是他不但不放弃，还成了他们的代言人。然而他的兴趣点不在政治，他有一颗伟大的心灵，如果生活在唐代，他一定是一个诗人。

行李　这些年，你做很多工作的原因大多是因为缺钱，你小时候体会到了有钱的坏处，后来没有体会到没有钱的坏处么？

比尔　我结婚需要钱，生孩子落户需要钱，孩子上学需要钱……很多地方都需要钱，大家都需要钱，但老子说，知足常乐，"知足"这两个字很麻烦，是一门艺术，我一直在用这门艺术管理钱。如果一直为了钱工作，你就会没有空，最后你需要用钱把你的空买回来，可是不可以买太多回来，要不然你没钱买东西吃。我就是这样，赚一点钱，可是不要太多。

王子龙

王子龙，1991 年出生于内蒙，在上海、深圳长大，高二后前往德国和美国学习。三年前，听从内心召唤，决定以朝圣的方式，开始了一次"东行心路"：从美国骑车回中国，每日白天骑行，晚上"托钵行乞"，敲门借宿。三年后，完成朝圣之旅的国际部分，回到中国。

　　在这篇访谈里，王子龙如实交代了他的家庭、学业、思索，如何使他一步步走向修行之路。《华严经》里有"善财童子五十三参"的故事，说善财童子为了遍求法要，行脚于一百多个城市，经历百城的烟水，遇见五十三位善知识，觉知人生真义，最后获得一颗空无的心，了无挂碍。

　　王子龙就是那位善财童子。

［黄菊　2018 年春天采访］

王子龙　百城烟水

1.

行李　从美国骑车回中国，还是一个重大的决定，怎么生起这个念头的？

王子龙　决定要上路，觉得不走不行了，是 2015 年 3 月中旬，整整三年前。那之前有一段心路历程，我 2013 年在美国大学毕业，之后去加州工作，那一两年有很多转变，之前都在想这辈子我要干什么，那时开始想：如果我完全奉献自己，放下小我，如何更好地服务于天道、服务于这个时代？

行李　为什么有这个转变？

王子龙　一方面和做内观禅修有关，一方面是接触到很多朋友，他们都在做各种各样的志愿者、义工，最后和他们一起搬到了一个共识社区，对我有很多触动。

　　如果再往前推，还有更多因缘。我十七岁到德国，十八岁到美国，一直追寻的问题都是：世界是怎么运转的？眼光一直往外看。大学时有幸和三个喇嘛住了三年，他们是寺院的住持，到美国进修，学习西方的人文、历史、哲学。大一的时候，我非常不喜欢跟美国那些十八岁的大孩子住在一起，觉得他们整天吃喝玩乐，听说有三个喇嘛要来，虽然那时对宗教、佛法，一点兴趣和知识储备都没有，但想着好歹能清静些，就自告奋勇和他们住一个套间，每个人有自己的房间，共享公共空间。三年里，潜移默化中，受了很多影响。

与此同时，在学校的理论学习中，看见了逻辑和知识的极限，一方面是理论内在的极限，一方面是在这些理论在实践中产生的诸多恶果。大三之前，我一直追求逻辑和理性，训练自己成为一个理性的机器，因为这是西方之所以能够站在世界物质文明之巅的根源，但发现那是一条死路，或者说，是一条在沙漠里笔直前行的高速公路，没有尽头，也没有太多意义。所以就开始转向，往内反求诸己。

与这三位喇嘛住在一起，让我看见了理性逻辑之外，还有更广阔的智慧，他们并没有向我布道、传教，仅仅是从他们那么快乐、那么简单的言传身教之中，就吸收了很多。

行李　你在哪所学校？

王子龙　我的学校叫 Hampshire College（罕布什尔学院），是美国文理学院非常特别的一所学校，没有专业，没有考试，没有 GPA（平均成绩总数），但需要自己设计自己的专业，然后邀请三位导师成立一个课题组，一起待四年。最初择校时，其实很多选择，但和这所学校一见钟情，觉得这样的教育理念才是真正的学习、求知。

行李　你给自己设计的专业是什么？

王子龙　我设计的题目是"资本的逻辑和自然的逻辑——马克思和达尔文"，以马克思的《资本论》为切入点，了解资本的逻辑；以达尔文的《物种起源》为切入点，了解自然的逻辑，看看 21 世纪这两个全世界最强的逻辑，有没有可能弥合。

行李　真是很有意思的题目呀，循着你往外探索世界运转力量的路径。

王子龙　后来在哲学系上了很多逻辑课，越学越发现"逻辑"非常不合逻辑，一方面很荒唐，一方面也很伟大，因为它证明了自己的无知和极限。当我学到那一步的时候，有点崩溃，陷入了理性精神危机，整个理性逻辑的大厦轰然倒塌，难道沿着"逻辑"探索真理，会走到极限吗？难道在理性之外，没有更广阔的智慧吗？

　　另一方面，我看到了"逻辑"在人间形成的种种恶果，从一些非常简单的假设，比如假设人是自私的，推演出非常恐怖的结果，使所有人都最大化自己的物质利益。

　　简而言之，在资本的框架内，根本没法让自然有一席之地，这二者从根本上无法调和。

行李　那自然的逻辑呢？

王子龙　顺着自然的逻辑，读达尔文的《物种起源》和他所有其他著作，发现和我们现在提倡的"朴门""永续"这些生态理念非常契合，顺着达尔文这棵长藤，会发展出"天人合一"的逻辑，和资本的逻辑完全相反。

　　自然逻辑，就是最根本的天道。如果资本的逻辑不合于自然的逻辑，到头来肯定行不通，资本主义最核心的本质，无法持续、长久。但在资本主义框架内讨论可持续发展，一方面是饮鸩止渴，一方面纯粹是趁火打劫。

行李　你一直提到资本，如果不在美国，也许对资本的感觉就不会这么明显。美国对你的影响大吗？

王子龙　美国这八年，我一直心存感激，遇到非常多"善知识"，有四年时间静心做学问，叩问心灵。之后工作、生活在旧金山，遇到那么多改变我人生的朋友，也给了我重新审视中国的距离和环境。

这几年国内的节奏非常快,这个场的轰鸣声和嘈杂的波频也很强,很难腾出心力做一些静心的事,所以美国这八年可以说是给了我空间和时间去完成一个转变。

行李 虽然大学期间就发生了理性精神危机,但你刚才说,内心的转变发生在工作期间?

王子龙 是,我大学毕业后去一家咨询公司做了两三年,这家公司专门为世界五百强做可持续发展规划以及环保方面的工作。这家公司这方面做得最好,也是做得最早的,沃尔玛、微软、迪士尼⋯⋯都是我们的客户。之所以去这家公司,也是想看看,到底有没有可能从体系内部去找一线希望,但是很快发现,这是自欺欺人,没有可能的!

　　当然也需要仁人志士在体制内做些努力,至少让他们踩一脚刹车,治点标,为治本争取时间,但在那样的环境里做这些事,对身心的损耗都很大,要不然,需要很高的修为才能在那样负能量很强的环境里去做一些维护天道、道法自然的事。所以也很感谢那两三年的经历,一方面积累了在资本逻辑内的经历,一方面让我死了那条心。

行李 西方的环保主义究竟是怎样的?我总觉得那些在中国做环保工作的西方组织,和在他们影响下,目前在中国盛行的环保理念,始终是我并不完全认同的。中国人在过去漫长的历史里,总结并践行着自己对待自然的态度:你中有我,我中有你。中国人的自然观也是文化观,甚至是为人处世之道,西方机构一进来,就把自然与人截然分开来,甚至把自然放在高于人类的角度。

王子龙 西方主流环保的声音,有两个精神源头,一个是在男权主义的背景下,对《圣经》的解读,一个是资本。以人类为中心、以男性为中心、以资本为中心,如何在不同归于尽的情况下,维持资本家的利益和男性至上的统治,这是他们的环保逻辑。

但是西方也有很多非主流的环保理念，和中国的传统精神非常契合。有一位挪威的生态学家，也是一位哲学家，安恩·纳斯（Arne Naess），他提出了"深生态"的现代环境伦理学新理论，他和美国的 Joanna Macy（乔安娜·梅西，快九十岁的老奶奶），是生态哲学领域里影响最大的两位。我到旧金山以后，机缘巧合，和梅西成为很好的朋友，上过她很多课，也经常去她家，从她这里了解了西方主流环保之外，另外一种日益高涨的、回归自然的生态理念。

行李　"深生态"具体是指什么？

王子龙　"深生态"认为，人并不脱离于环境，人就是环境的一部分，我们的"呼吸"就是一种野性，因为我们不控制"呼吸"，"呼吸"就在自然地进行。也没有"人与自然"这种关系，因为人就是自然的一部分。以东方的眼光看来，"深生态"理所应当，对于西方人，却是革命性的挑战。

2.

行李　很难想象，和我说这些的对象，是一个只有二十六岁的年轻人。有哪些节点性的事情，形成了你现在的人生观？

王子龙　细究起来，一方面是发现主流价值里的尝试是一条死路，但更重要的影响还是来自内在。2014 年，参加葛印卡老师的十日内观禅修课程，结束后，在家泪奔半小时，那可能是一个很重要的转折点。此前，头上的探照灯一直往外照，在外部寻找问题的根源，那十天，每天十小时禅修，第一次把探照灯转过来向内看。之前也试过各种各样的打坐、禅修，但不得要领。这一次，反求诸己，一方面非常痛苦，一方面法喜充满，第一次看见所有问题的根源都在心，解决之道也在心。人生方向从此一百八十度大转弯，以前是给人生做加法，从此以后做减法。那次内观如梦初醒，又惭愧，又感恩，惭愧过去二十三年都在造业，好像白活了，还欠了不少债，但是感恩接下来的人生能够还这个债。

行李　为什么会发生这么大的转变？

王子龙　以前总是自我感觉良好，这十天反观内心，观察自己的起心动念，非常惭愧，一方面觉知力那么差，"观"呼吸，几秒都"观"不住；一方面，发现自己所有的起心动念，全是妄念，很少有真正纯粹的善念。生起"惭愧心"的同时，也会生起"感恩心"，感恩让我在二十三岁的时候有机缘接触到正法，要不然这一辈子真是白过了，也感恩还有时间去修行。

　　以前并不觉得自己苦，但是那十天，不光是觉得我苦，发现所有人都在受苦，尤其是想到父母也在这样的混沌状态中，没有接触到"离苦得乐"的方法，悲从中来。大部分人都以苦为乐，在苦里越陷越深，真是很心疼。

　　那次以后，又做了十几次内观禅修，每年大概两三次的频率，从此，粗重的情欲基本消失了，吃肉的欲望没有了，世间成功的欲望也没了，但同时产生了新的愿力，那就是明白此生余下的日子，以后的生生世世，都只做一件事：自觉觉他，自度度人，明心见性，普度众生。

行李　坦白说，常听到人，尤其佛教徒说，要帮助他人，可是就我自己而言，总怀疑自己是否有能力帮助他人，觉得做好自己，不使他人添乱、添堵，就够了。而佛教徒里，不乏党同伐异者，有时还以行善的名义，所以宁可敬而远之。

王子龙　帮助自己和帮助别人，是一个硬币的正反两面。首先肯定是从帮助自己开始，做减法，减少自己的社会负能量，做到一定程度，会对周围的人有所启发、有所共勉，但也不是以高高在上的心去帮人，而是自然而然的、不存在帮助心地去帮助。

小时候对很多以佛教徒自居的人很倒胃口，到了美国也是敬而远之。我也不是佛教徒，禅修的方法，其实和宗教一点关系都没有，虽然我是借助佛法的语言来表达，但所有宗教，或者所有"善知识"，都能达到同样的目的。

行李　但你从美国骑车回中国的旅程，是一次"朝圣之旅"。
王子龙　"朝圣"一词容易引起误解，这并不是宗教的仪式，而是以虔诚、求真理的心，去脚踏实地行路、参访、修行。"骑行"只不过是一个方便法门，主要是想找一种修行的方式，不是退居到山谷，不是退居到寺院，而是在世间修行。每个人的使命不一样，我知道我这辈子的使命不是出离，而是以出离的心去做世间的事，这一路，相当于把寺院搬到了自行车上，用在禅修中心的态度去环球骑行，回到中国。

行李　为什么一定要选择骑行？你可以像很多人那样，走入荒野。
王子龙　这不是我选的，只是有一天，内心里突然出现一个声音，知道要以朝圣的方式回到中国。选择骑行，是因为我想以最慢的方式行走，开车、坐车都太快了，但是也没有做好徒步走回中国的准备。人的心理准备越充分，修为的境界越高，走得越慢。虚云老和尚，中国近代禅宗的泰斗，用三步一拜的方式，以五年时间，从普陀山拜到五台山。而我自己，别说拜，连徒步行走的准备都没有做好，所以选一个折中方案，把速度降到骑自行车的速度，用两三年的时间回国。

行李　现在越来越多的人开始环球骑行，你的朝圣之旅，和他们有何不同？
王子龙　出发之前，我问自己：旅游跟朝圣有什么不同？很大的不同是，朝圣之路一定要持戒，并不是外在附加给我的限制，而是我修心的一个助缘，所以这一路上我有六戒：不杀、不盗、不淫、不酒、不吃肉、不谋利。最后一条，不谋利，这一路不向任何人要钱，不化缘、不募捐、不打广告、不拉赞助。

行李　那这一路费用的主要来源是?

王子龙　一个是工作时的积蓄，一个是有时候别人会主动捐助，如果他捐助的精神是想支持这一路的理念和价值，我会接受，除此以外没有任何其他经济来源，公众号里"打赏"的功能我也取消了。很神奇的是，这一路从来没有考虑过钱，但陌生人所给的捐助，基本上和我的花费持平，也让我对宇宙之间的法则更有信心。我把这一路所有的捐赠款项及财务收支完全公开，也是想告诉大家，钱根本不是问题，很多时候是自己内心设置的障碍。

　　我把这次朝圣之行的经济原则，称为"奉献经济"的实践。人生本来就是自然的馈赠，除了完全的回馈，无以为报。在当代的商业化大潮下，尤其有必要"证明"非商业化的价值与可行性。我相信天地的富饶、人心的慷慨，相信如果我真心奉献，那我的基本需求自然会得到照顾。有位导师说，相比物质金钱，我更需要的，是在期待落空、物质缺乏时的平常心。

3.

行李　这次骑行，总的线路和时间是怎样的?

王子龙　我是从 2016 年 2 月 29，就是闰年的闰月里多出来的那一天出发的，从旧金山我住的共识社区开始，沿着美国和欧亚大陆回到中国，这条路既不是直线，也不是天天骑，只是这么一个大方向，适度，灵活，一切随缘。每天大概骑六十到一百公里，到了下午就去小村庄、小城镇里敲陌生人家的门，问可不可以在他们家借宿。

　　总的路线是：从旧金山南下，沿着美国的加州海岸进入墨西哥，再绕回美国，再沿着美国西南部向亚利桑那、犹他、内华达，绕一个小圈回到旧金山。去年因为要去印度参加一个会议，途经中国，从拉萨去尼泊尔、印度。这是 2016 年的路线。

印度会议结束之后回到美国，在加州过冬，待了五个月，一方面是把读书和行路结合起来，走半年的路，读半年的书，一方面也是为接下来做准备。那几个月里，很长一部分时间住在万佛圣城，那是将佛教传入西方世界的先驱者之一，宣化上人于 1976 年创立的，现在的万佛圣城也是法界佛教总会枢纽所在。我在那里参加了二十一天的禅七，在法界佛教大学上课、读经，那期间读到《楞严经》，对我影响很大。

2017 年 4、5 月时，从伦敦出发，沿着一带一路和古丝绸之路回到中国，途经英国、德国、法国、西班牙、意大利、土耳其、伊朗、阿联酋、印度、泰国……在每个欧洲国家待一个月，每个中东国家待一个半月，印度两个月，泰国半个月，今年过年前回到国内。

行李　在每个国家待那么久，都做些什么？

王子龙　这并不是之前设想好的，只是回头来看，差不多正好每个国家一两个月。这些国家的大小，也就是一两个月就能骑完。

骑行时，白天一边骑，一边听有声书，比如各个宗教的经典。晚上就像托钵乞食的僧人一样，到陌生人家敲门借宿，这一路大概敲了一千多家门，在两百多个陌生人家里过夜。

行李　地区（国别）差异大吗？

王子龙　在美国，平均每敲五家，有一家让我进去住。在欧洲，像德国、法国、意大利、西班牙这些欧洲大陆国家，每敲三家，有一家让我住。在英国，每敲八到十家，有一家让我住，是最难的一个国度。到了中东、印度，基本上家家都欢迎住。

这一路感觉到，不光每个人的个业，这些国家的共业，都非常独特。从经济上来讲，越穷的地方越好客。我猜想，英国之所以是最不好客的，一方面是他们国民的气质，一方面也是一种业力，英国作为曾经的殖民国家，用武力敲开了那么多国家的大门，作了那些国家的不速之客，烧杀抢掠，因为他敲开别人的门都不是干好事，所以本能地对别人来敲他的门有很大恐惧。

行李　每个地方的人家那么多，你会选择哪一类敲门？

王子龙　刚开始是挨家挨户敲，后来也敲出一点经验：越小的地方越好借宿，大城市根本别想，美国郊区那些一栋一栋的大宅子比较难。如果这家人在自家院子里种东西，或者养鸡，这家人一定会让我在他们家借宿。如果这家人的院子里有小男孩的玩具，他们说"yes"的可能性比较高，因为想让儿子开阔眼界，看到世界上不同的人生。如果院子里有小女孩的玩具，出于保护的心态，很少让一个陌生男人在他们家借宿。如果院子里乱七八糟的，他们连自己家院子都收拾不好，也不会照顾到你。可是如果院子里一尘不染，全部弄成几何型的，也比较困难，因为他们非常循规蹈矩，不喜欢惊喜……这些都是无意识中的归纳法，并没有挑肥拣瘦的意思。

　　对我来说，更重要的是我敲门时的起心动念。刚开始敲门的时候，心怀忐忑，因为我以有所求的心敲人家的门，天马上就黑了，骑了一天，身上大汗淋淋，又累又饿，想找一个地方睡觉，那时如果人家拒绝，我会觉得很受伤。但是后来慢慢转换心态，敲门时不求他说 yes 或者 no，不管他用什么方式来对待我，我都用慈悲观回向，愿这家人离苦得乐，愿他们平安喜乐。用这样的心态去敲门，人家说 yes 就 yes，说 no 就 no，如果说 no，就给了我更多一次祝福别人的机会。就是在拿这些一次次敲门的机会去修心。

行李　夜里具体都在哪里睡觉？

王子龙　这一路，我能想到的和想象不到的地方，都睡过。睡过大棚、羊圈、树屋（有一个爷爷给孙子在树上搭了一个屋子，孙子从没睡过，让我进去睡了一晚上）、花园、蹦蹦床、睡过伊朗的野地、加油站、救护站、消防车的救火站，也在价值几千万美元的豪宅里睡过，在加州的马里布，可以说是美国最富的地方，街上是清一色的奔驰、宝马、特斯拉，敲门也很费劲，在那个地方敲了十几家，终于有一家让我借宿，还是因为他喝多了。那里的人都非常富有，但是戒备心很强，让我借宿的那一家，是一个犹太地产商，跟邻居喝酒喝高了，我敲门时就让我进了。他整晚上都在说，他自己都不敢相信，竟然让陌生人进到家里，他很高兴有这么一个行善的机会。

行李　原来每个人都渴望行善。

王子龙　是的，这一路敲这么多人家的门，才知道人心对行善的渴求是很强烈的。现代社会里，很少有人有机会打开自己的家门帮助一个陌生人，请他到自己的餐桌上共进晚餐，而在《圣经》里，这是最古老、最神圣的仪式，让路人在同一个桌上分享面包。

　　大部分的家庭，当我刚开始敲门的时候，他们还有点奇怪、有点戒备，但是随着交流的深入，大家变得没有心灵隔阂，很多时候，第二天早晨都是含泪挥别，并且会说：感谢你，感谢上帝，让我有机会做一点好事。

行李　这一幕想起来真是百感交集呀。

王子龙　但更多的是苦。佛教四谛讲"苦、集、灭、道"，一开始就说"苦"，以前不知道什么叫"苦"，一路走才发现，人间真苦，没有一家不苦的。

　　在犹太地产商家那天晚上，他一个朋友也来一起吃饭，那个朋友刚从豪华游艇上下来，但是苦不堪言，他儿子跟他绝交，他很担心儿子，但是没办法沟通。这一路看下来，真是家家苦，非常少看见一个完整快乐的家庭，而且越有钱越苦，没钱有没钱的苦，但是有钱的一定苦。很多以前在佛经里学的理论知识，都在这一路上活生生演绎了出来。

4.

行李　你是一开始就决定了敲门借宿的方式吗?

王子龙　是的,我希望将"托钵乞食"作为每天修行的功课之一。大学毕业的那个暑假,我也用骑车的方式,用两个半月的时间,从学校所在的麻省,骑车到我工作地所在的加州,也是用敲门的方式借宿,所以知道这个方法可行。那次骑行美国,本来也不想敲门,但是第一天晚上在外面野营,情况非常凄惨,于是之后不管怎么样,硬起头皮敲门吧。

行李　晚上在人家家里,会聊天吗?

王子龙　白天都是独自一人骑八小时,和外界基本没有交流,在地图上找最小的路往东走,晚上进入一户一户人家的生活。我能带给主人最好的礼物,就是倾听。这一路听了几百户人家的故事,很多时候,比如夫妻俩和我聊天,太太讲一些事时,先生会很惊讶,"怎么我以前都不知道?"因为大部分人都没有被真正地倾听过,而当一个人真正被静静倾听的时候,她是非常快乐的。倾听,是很神圣的事。

行李　家家都苦,是你出发前想过的吗?

王子龙　从理论上知道有苦,但没想到有这么多不同的苦,而且大部分的苦都是自找的。有两点让我惊讶:一是所有人家里,百分之九十的东西都是多余的;一是麻烦、痛苦,都是自找的,本来生活很简单,物质也很简单,都是自己给自己制造这么多苦处。

　　这一路,我的自行车加上行李,总共不到三十公斤,只带两套衣服,一套穿,一套洗,多余的东西全都没带。能减的全部减,而且一路走一路减，但是感觉非常富足，我拥有一切我需要的，这是物质上的简化。

更重要的是心理的极简，这太难了。我一路也在关照自己的起心动念，从早到晚，妄念没有一刻停息，一个接着一个，而且基本都是以我为中心的妄念，很少替别人出发。真正的极简，应该是在起心动念上，我现在找到比较契合的法门，通过内观来实现。

行李　家家苦，听起来多悲凉！

王子龙　如果说小家有小家的苦，大家也有大家的苦。这一路也考察不同国家的国情，经过每个国家时，我都想待的时间长一点，而不是走马观花地刷签证。当然一个月根本谈不上什么深入，但是可以相对深入的了解一个国家的精神气质，他们的历史文化和国民性。每到一个地方，我都尽量学一点当地语言，至少会一些基础词汇，能跟人做简单的交流。不行的话，就用谷歌翻译器帮助。

行李　小家苦，大家苦，有何不苦？！

王子龙　拿反面去说，一方面要遍知苦才能离苦，另一方面，这一路也非常快乐，给我很大的信心。两年，十几个国家，一万多公里，我没有一晚露宿街头，没有遭受过任何恶意。有意思的是，我借宿的每个家庭都不敢相信我没受过伤害，他们都觉得这个世界非常危险，因为他们整天看新闻，觉得到处都是恐怖主义者。我觉得新闻媒体制造出了另外一个"现实"，但并非真正的现实。这一路让我非常坚定，人心里，善的力量还是最为根本的。

虽然小家苦，大家苦，但人性里，善还是占主要位置，看似非常矛盾，但借用佛家的语言，众生皆有佛性，皆可成佛，只是由于无明，才给自己制造了这么多问题。

行李　在路上，会验证你关于资本的逻辑和自然的逻辑吗？

王子龙　一路看下来，知道资本的逻辑必将摧枯拉朽，人类到底有没有回

途经伦敦和伊斯坦布尔时，
借宿在不同人家里。
[照片提供 / 王子龙]

天之力，真是很难说。十九世纪，John Stuart Mill（约翰·斯图尔特·密尔）就已经观察到，在英国的殖民地，之前的原住民一旦有了"金钱"的概念，社会马上就会改变。因为以前没法长久储存东西，贪婪是有止境的，但是一旦变成抽象的金钱，人的贪欲就有了无限放大的机会。

沿路的国家，尤其那些发展中国家，像中东、印度，都在资本的大道上狂奔，而且从势头上来看，只有加速，没有减速。但与此同时，另一股力量的升腾也非常蓬勃，虽然是非主流、边缘化，就像国内，现在有这么多人回归土地、回归自然，用不同方式探索，环保、素食、动物保护、旅游、徒步、户外……几乎遍地开花，是一场静悄悄的革命，而且势不可挡。

人类这次能否在进化的道路上有自知之明，进化到一个新式的文明，从概率上来看，成功率极小，因为世界上以前所有存在的文明都灭亡了，我们现在的主流文明能否实现灵性上的飞跃，真的很难说，尤其是资本逻辑扩张这么迅猛，对科技如此痴迷，在这两股力量的夹击下，胜算很小。

但这并不重要，可以说完全不重要，因为我们来人世的目的，并不是为了文明的延续，如果能够减少一点"贪嗔痴"，这辈子就没白活。所有的努力，并不是为了图一个结果，而是努力本身，就是一个修行的过程。知其不可而为之，虽千万人吾往矣，明明知道是一个小概率事件，但就是要去做，结果不重要，重要的是我们每一时刻的起心动念，能不能在这个过程中做好减法，少制造一些问题，能这样的话，就已经谢天谢地了。现在的中国，能看到一股复兴，事在人为。

行李　你俨然一个严守清规的教徒，然而你并不自认为是佛教徒？

王子龙　佛法不仅仅属于佛，可以说是世间的天道，不管人怎么样，天道是长存的，所有的宗教，也都是想追求天道。天道落在人间的机构，可以说是佛教，可以说是其他。

5.

行李　只要有人，就难免诸多苦恼，说说这一路遇到的风景吧，还是风景最
　　　能慰藉人心。

王子龙　跟人在一起的确挺累，人脑子里杂念、妄念太多，发出的波频污
　　　染非常严重。这一路让我最心怡，印象最深，也最快乐的，就
　　　是和天地、和万物在一起的时候，在那些大野地里，骑一天车都
　　　看不见一个人，人心能在和自然的交流中找到归宿和慰藉，所以
　　　如果跟动植物有缘，也是很幸福，但如果以动植物或者世外桃源
　　　作为转移和逃避，那也是躲得了初一躲不过十五。如果对风景产
　　　生了贪恋，也是在退步，从根本上，贪恋这个跟贪恋那个没有
　　　区别。

行李　但我目前还是一个风景的贪恋者，为了解我的渴，讲讲这一路的风景吧。

王子龙　基本上没人的地方风景都好，有人的地方都被祸害。在欧洲还好
　　　一些，在亚洲，有人的地方，塑料垃圾和污染就会多一些。

　　　　　但是说到美，真是天地的馈赠，美不胜收，超过任何人类的
　　　想象。有一些人间的地方，感觉是神给自己留着的，这一路上碰
　　　见很多这样的地方，都不太好去，但真的是心灵的充电站，能感
　　　觉到永恒。

　　　　　这一路看到了很多"能量旋涡"，人杰地灵，感觉是与上天、
　　　与地下的神明沟通的入口，比如亚利桑那的塞多纳，美国西南部
　　　的大峡谷，是印第安人心中非常神圣的地方，在那里打坐禅修，
　　　真是感觉很不一般。比如土耳其的卡帕多奇亚，那里的地形像月
　　　球一样，有一帮天主教的修士跑到这里来，在这里凿洞生活，所
　　　以那里的灵秀也是有原因的。还有伊朗的霍尔木兹岛，在波斯湾
　　　的一个岛屿上，一上岛就能感觉到能量很强。

行李　"能量旋涡"是什么概念?

王子龙　这是西方占星师和风水师的说法，与整个地球的磁场、地势、水势有关，有正面的能量旋涡，也有负面的。古代文明将地球尊为神圣的母体，他们往往在地球上最高的能量旋涡或者地球的脉轮上建造伟大的文明遗址。这些能量漩涡，有一些是神造的，那些天造地设的能量旋涡，对修行者的修行有很大的加持力。还有一些是人造的——圣人能够转化一个地方的场，就像佛陀在菩提迦耶成佛的那棵菩提树，或者耶稣出生受难的地方。

行李　中国人说天下名山僧占多，西方也是，很多教堂、修道院所在，同时也是风景绝美之地，想来也是有圣人在的原因。

王子龙　有人的地方，人的存在没有让那个地方变差、变脏，而变得更好，这样的例子真是非常少。我所能想到的例子，基本都和宗教团体相关，要不然就是有很强的宗教精神，像一些共识社区。

　　在意大利北部，有一个叫达曼胡尔的地方，是欧洲最大的共识社区。他们在工业带上营造出了一片很神奇的天地，在地底下挖了巨大的地宫，建有璀璨辉煌的建筑。人与自然和谐共处，使这个地方的特质得以焕发出来，这样的例子真是很少，如果没有很强的精神支撑，是很难的。

　　用马克思的资本论来解释，真正产生价值的只有两个源泉，一个是自然，在不断创造价值、产生价值、产生生命和能量；一个是人，通过他的劳动、智慧，可以产生价值。大部分的人都是在窃取自然创造出的价值，所以有那些人在的地方，自然的价值就在降低。我们年轻一代需要做的事，就是让人类产生的价值。和自然产生的价值在同一个方向上，而不是透支自然的价值。现在的石化能源、煤气油碳，都是把自然在亿万年里产生的价值，在极短的时间内变现，造成各种问题，如果人能够在这个方向上反一反，增加自然的价值，那么还有一线希望。

# 6.

行李　你现在在哪里？

王子龙　在黄山附近的太平湖，在这里住上一两个月。接下来的两个月，会和帮助不丹建立国民幸福指数的团队去不丹、泰国、日本行走两个月，一队中国的朋友想把"国民幸福指数"的理念带到国内，尤其是在教育和企业里落实。今年也想在中国和周边国家继续我的"东行心路"，一方面是了解国情，一方面也是继续练心力、定力，觉得自己目前的心力和定力还没达到回国做事情或者被天地所使用的阶段。

行李　你的父母怎么看待你这些事？按照主流价值观，一个这么优秀的儿子，出国深造，却走了不一样的路。

王子龙　我现在就和父母一起，很感恩他们，我们之间没有隔阂，当然也有一个过程。刚开始做内观、做志愿者时，我爸很不理解，好不容易学有所成，那么好的工作不做，去做这些？！但是他们逐渐看到我的改变，2015 年回国时，我爸跟我一起做了二十分钟的内观，结束后，他突然说人生苦短，正法难遇，想尽快去做一次十日的内观课程。听得我目瞪口呆，一个学环境工程的理性主义者，竟然也会想去？从那以后，他的人生也一百八十度大转变，戒烟戒酒吃素，把工作也辞了，开始每天打坐一两个小时。最近开始加入建设生态村，和安金磊老师一起，做农耕禅。我妈也是这样一个过程。所以非常感谢，能和父母做同参道友，我现在开玩笑，都叫爸师兄、妈师兄，我们每天晚上一起打坐，共修。

行李　你怎样的转变让他们改变了想法？

王子龙　他看到儿子回家开始洗碗了，作为一个独生子，娇生惯养，从小基本没做过家务，但是自从开始做内观、做义工，回家就把洗碗、做家务这些事都看作修行，非常开心地去做，也是很惭愧，那么多时间里都是衣来伸手、饭来张口。

行李　修行往往不近人情，而在中国的家庭里，人情几乎是最核心的为人处世之道。

王子龙　说到家人，父母这一关过了，但是祖辈，包括家里的亲朋好友，人都非常好，但是我的这些行为，和中国的人情是背道而驰的。这就要看我有没有足够的智慧和善巧，没有的话，关系就处得僵一点，或者距离保持得远一点；但是如果能够把这些烦恼变成菩提，能够有善巧去把修行和人生结合在一起，就从"自度"到了"度人"。

行李　你谈恋爱了吗？

王子龙　大学以来，一直没在爱情上花心思。初中、高中时对女生很感兴趣，但是做内观以后，这方面的兴趣越来越淡薄，不是反对爱情，而是知道，这不是我这个阶段最需要关注的。这也是《楞严经》对我的影响，那之前一直在爱情方面放不下，觉得这又不伤害别人，也让我开心，有何不可？但是读《楞严经》，让我明白了一些事。如果这辈子仅仅想享受人生，创造一些价值，那谈情说爱也没什么不好。但真的想离苦得乐，打破生死的锁链，打破苦的根源，那就必须化解"饮食男女"的人之大欲。这并不是压抑情欲，因为如果憋着，会产生别的问题。而是随着禅修的深入，情欲自然减弱，这股力量得到转化。但如果情欲和感情的需求还很强烈，那退而求其次，最好还是在夫妻伦理的范畴之内解决问题。

　　这不是一个很吃香的理论，因为真正想解脱的人，其实很少。但我知道，对我来讲，真实不虚，我这辈子的目标不是为了享受人间的乐，这些以外，还有更有价值、更喜乐的事情，我不愿意为了这些小乐而损失了真正的大乐，但是跟没有体会过大乐的人说，你一辈子追求的这些都是小乐，也没用，所以我只能做好现阶段该做的事。

行李 好吧。佛教典籍外，哪些书对你影响较大？

王子龙 世界宗教的核心经典，《圣经》《古兰经》《摩门经》，还有苏菲派的经典，那些能够传承几千年的著作，都是很震撼的。

　　在路上骑车的时候，我听《圣经·新约》的有声书，找了三个不同的英文版本，连续听，有时在路上听得热泪盈眶，得停下来哭一会儿才能接着骑，真的是大智慧大慈悲。中国的经典，影响最大的应该是《道德经》，大学时把《道德经》全文背了一遍。从十七岁离开中国开始，每天保持抄经的习惯，《论语》《老子》《金刚经》《心经》《孙子兵法》，基本都抄过一遍，有的抄过几遍，一方面保持中国文化的根不断，一方面是学习繁体字，最重要的，是从这些圣贤经典里汲取智慧和力量。

　　还有几本人物传记，对我影响也很大。有一个美国的老奶奶，人称"和平使者"，她真是一位圣人，但很少人知道。她三四十岁的时候有了一些心灵方面的觉醒，经过十几年的深入修炼，开始身无分文（也不带任何东西）的行走。从四十五岁到七十三岁，二十八年间，她至少七次横跨美国，走遍了全美五十个州，加拿大的十个省和墨西哥部分地区。

行李 为了什么？

王子龙 为了传播和平理念，那是人类徘徊在东西方战争和核战边缘的时代，刚经历过"二战"的人类将战争视为生活中理所应当的部分。那也是机械唯物主义世界观牢牢占据社会主流的年代，心灵的修行在美国被看作遥远东方的神秘传统。在这样的时代，"和平天使"发誓一直走下去。她身上穿了一件衣服，前面写着：Peace Pilgrim（和平朝圣者），背后写着：25,000 Miles On Foot for Peace（为和平步行 25000 英里），边走边祈福世界和平，也到学校和家里传播和平的理念和方法。她发了一个誓："我将不断漂泊，直到人类真正懂得和平。我将粒米不进，直到有人主动提供食物。我将不停行走，直到有人主动提供歇息之处。"

由于无家可归，她曾几次被当作非法流浪人员入狱（后来经常被看过或听过她采访节目的警察认出而释放），曾在暴风雪中几乎被冻死，曾被困在沙尘暴中。她相信每个人身上都有善良的种子，无论埋得多么深，种子都在，都有机会发芽。她向我们指明了改变个人生活与外在世界的道路：越多的人找到内心平静，世界就会越和平。她有一本书，现身说法这几十年，那本书好像台湾翻译了，叫《步向内心安宁：和平使者生平自述》。

行李 美国这个国家真是很神奇，一方面高速往前发展，一方面又总有另一些人在拼命往回拉。

王子龙 是的，还有一本书，《修行者的消息》，是两位在宣化上人门下出家的白人和尚，恒实法师和恒朝法师所写。1977 年 5 月，两位法师效法虚云法师，从美国南加州洛杉矶金轮圣寺开始，每走三步即五体投地一拜，途经一千二百多公里的海岸公路，于 1979 年 10 月抵达北加州的万佛圣城，历时二十九个月，一路祈福世界和平，净除自心的贪嗔痴。

我到加州不久，有朋友借给我一本两位法师在朝圣途中的日记。之后好几个月，我每天早上开始一天的工作之前，先读几页朝圣日记，为接下来的一整天诚意正心。他们的发心、行愿以及三步一拜的心路历程，潜移默化，让我的"三观"都起了变化。

行李 听你聊完这些，想起《华严经》里"善财童子五十三参"的故事，说善财童子为了遍求法要，行脚于一百多个城市，经历百城的烟水，遇见五十三位善知识，觉知人生真义，最后获得一颗空无的心，了无挂碍。其中一次，善财在沃田城遇见一位长者，长者年过半百，生活在简陋的草堂里，是位庄稼汉，经过一些考验和回旋后，善财知道他有取之不尽的良田美食，于是问长者：长者是否是田园的化身？长者说，你有这份执着，就不能享受田园之福。"我只知道耕耘，不问收获，更不问收获归谁所有，众生的土地，众生耕耘，众生享受。"你现在已然是那位经历百城烟水，寻遍善知识的善财童子，希望你日后成为那位只知耕耘，不问收获的庄稼汉。

王子龙　惭愧惭愧。

贾樟柯

2010 年，导演贾樟柯以上海为背景的电影《海上传奇》上映，这篇访谈是首映式之后，他赶往下一场言说之前，我们站在北京百老汇电影院的二层，用二十七分钟聊完的。

　　可能很少有人会将贾樟柯和"旅行"联系起来，但从他的第一部电影《小武》开始，我就在他的电影里看到了浓郁的地域气息，不管是在他的家乡山西，还是他后来拍摄纪录片和电影的三峡、东南亚、澳洲，哪怕是在拍摄电影《世界》的北京世界公园，我几乎是从他的电影里，才找到了这些地方准确的风土感，包括我的家乡重庆。他像一只行走的旅行箱，每过一处，就收割当地的风土。

　　这篇访谈虽然距今已经过去多年，这期间，贾樟柯自己也出了很多本书，但他和旅行的关系，他电影里的地域性，仍然没有被详细谈到，这篇尚且有一丁点意义。

[ 黄菊　2010 年春天采访 ]

1.

行李　很多人一听"旅游"就觉得肤浅，来之前对你也有这样的担忧。

贾樟柯　怎么会，所谓读万卷书，行万里路，这就是旅行。能见识不同人
　　　　事，到陌生的地方，打开未知的领域。到现在我都还很享受旅行
　　　　带来的陌生感，我觉得陌生感很重要，因为陌生感代表着你生命
　　　　里还有很多不解的、未知的东西，还有认识世界的快乐。

行李　看你的电影也有旅行的感觉，比如讲上海的《海上传奇》，你是如何
　　　　找到进入它上海的通道的？

贾樟柯　认识上海首先是从人们比较片面的理解开始的。作为影像工作
　　　　者，我能接触到大量关于上海的影像。在我真正了解上海之前，
　　　　这些影像给我的印象是：浮华，灯红酒绿。但是等你真正去到以
　　　　后才发现，以往过多的影像强调的上海是虚构的，或者是人们想
　　　　象出来的。在这个过程中就经历了一个感受真实的上海城市气质

的过程。我觉得除了灯红酒绿之外，它有诗意的地方太多了，比如在黄浦江上漂流，在苏州河上漂流，或者去弄堂里，去到无名的小街，它都有很多诗意的刹那。城市的美丽不是一面的。所以认识上海是一个寻找它的真相，寻找它真实的美丽的过程。

行李　如果用一些关键词来形容上海，是什么？

贾樟柯　比如他们命运里的生离死别，比如城市性格里的有情有义，这个城市现在对我来讲，已经不单是空间街道，它是一些具体的人了，了解这些人，也就是一个城市变成有故事的城市后，这个定义就是围绕着人来定义的。

行李　拍电影对认识当地也很有帮助吧？迅速地从一个快速浏览的过客，变成深入其中的阐释者。到最后，你拍它的电影，又成为当地文化的一部分。

贾樟柯　我的电影呈现出来的是认识城市的过程，谈不上是阐释。拍电影和旅行一样，我都愿意以私人的角度去进入到这个城市。比如旅行我从来不跟旅行团，甚至很少结伴旅行，都是一个人，因为我特别享受以私人的角度，以一个偶然的方法，去进入到一个城市里。电影也一样，也是这样的过程。一个私人，真实的个人，对这个城市有多少了解？有很多了解，也有很多误解，拍电影的过程是一种缘分，随着你的缘分而展开。因为这个城市人太多了，你不可能认识所有的人，这个城市的角落也太多了，你不可能走遍。所以一个私人，他进入这个城市的缘分，最后就会变成电影所有的特点和缺点。因为导演不是试图以一个全知的视点来阐释这个城市，所以它远远不能变成阐释，而是变成理解，个人怎么遭遇一个城市，从一个私人的视角，在他的缘分和能力范围内，这个城市呈现给他怎样的一个特点，很难说是一个全面的阐释。跟旅行非常像，电影的旅途和真实的旅行是一模一样的，比如说我是坐飞机进入到一个城市，那我的缘分首先是跟机场的工作人员有接触，可能跟出租车有关系，跟酒店的人有关系，然后才是我接下来的旅程。如果我是一个背包客，我乘坐长途大巴，就会首先跟其他乘客有缘分，我们要坐十几二十几个小时才能抵达同一个目的地，下车后可能和公交车里的人有缘分。

行李　《三峡好人》上映期间，你在北大演讲，讲到游客在船上穿江而过，看到的仍然是青山绿水，而你深入岸上，发现了另一个世界。在你拍摄途中，其中一个老人曾给过你一个狡黠的笑，你说这笑里夹杂了对外来游客的嘲笑。"过客"和当地人的差异，随处可见，这些年来，你的镜头从山西转向成都、三峡、上海、曼谷、广东、苏州等地，所以这种感觉会更明显。每次进入一个地方时，要做怎样的功课，才能真正进入当地？

贾樟柯　靠时间和行走。我们的旅途总是被别人设计出来的，这个设计包括旅游路线，包括已有的名胜古迹，我去任何陌生的地方，都不会主动去追寻那些所谓的名胜，当然我也喜欢去那些地方，但我更喜欢自己乱撞，我希望由我自己的路途到达那个地方，而不是一个安排好的路途。

　　我记得第一次去罗马的时候，是坐一辆大巴从巴黎过去，进城的时候我就特别希望车能停下来，因为天黑了，很多老人已经坐在街边的咖啡馆喝咖啡，整个城市很旧，那些很旧的建筑强烈地吸引到我，然后我就下车来一个人行走。如果一直跟着这个大巴走，我可能对这个城市就没有这么多细节。但是停下来，和城市一起体会它的节奏，我也会要一杯咖啡，慢慢地信步悠哉，你会发现，原来罗马是一个步行的城市，它根本不需要交通工具，你走上一个星期，就能非常好地感受这个城市，用交通工具可能是最笨的旅行方法，徒步是最好的方法。上海也一样。

　　但西部，陕北不一样。《站台》在陕北拍，我必须依赖汽车，因为密度很低，从一个地方到下一个地方，彼此隔得太远了，很难步行。每个地方适合进入的方法是完全不一样的。

行李　很多人因为《三峡好人》而重新认识三峡，也因为《海上传奇》而重新认识上海，电影和目的地之间的关系是怎样的？

贾樟柯　我觉得非常重要。一个客观的地理存在，因为电影而变成一个美学的呈现，在感情上就非常不一样了。比如 20 世纪 90 年代张艺谋拍《大红灯笼高高挂》，里边整个的院落是在山西祁县的乔家大院拍的，如果没有这个电影，人们可能也从情感上理解不了这个地方和这个景观。一个地方有幸被人作为一个美学的场所，无论是通过摄影、电影，甚至是一首歌，都很好。山西一直有一首歌《人说山西好风光》，骗了很多人（笑），很多人因此去了山西。比如《请到天涯海角来》，它就给我很大的海南的想象，我记得歌词里有"这里四季春常在"，所以一个地方如果能有一个好的艺术，不管影像还是文字，它把这个地域作为表现的对象，都很幸运。

行李　有时电影是最好的旅行指南。

贾樟柯　人们经常在戈达尔的电影里辨认巴黎的某条街道，那的确是因电影而有感情。所谓的电影地图嘛。

行李　你自己有没有因为一部电影而慕名去到某地？或者因为某个导演而去到与他有关的地方？

贾樟柯　没有。说实话，我不是太忠诚的影迷，没有太狂热的电影爱好。但是有一些神秘之所是我特别喜欢去到的。迄今为止，我一直想去、但还没有实现的有两个地方：一个是蒙古的乌兰巴托，一个是俄罗斯的海参崴。

## 2.

行李　《站台》里有一段二勇和张军的对话："乌兰巴托在哪儿？""蒙古首

都。""蒙古在哪儿？""一直往北走，过了内蒙就是。""再往北是哪儿？""苏修。""苏修再往北呢？""应该是海了吧。""海再往北呢？""你麻球不麻烦啊，成天这样问这问那。""再往北就是这儿：汾阳，武家巷 18 号，张军的家。"然后二勇说："闹了半天，我们都住在海的北面了呀。"后来他们开着车到处演出时，有一次看到火车经过，所有人疯一样地跑过去……人们对外面的世界充满了期盼，小时候你是怎样想象外面的世界的？

贾樟柯　小时候对外面世界的想象主要依赖天气预报。懂事的时候我大概六七岁，上小学一年级前后，差不多每天到天快黑的时候就回到家了，那时文革刚结束，还有很多政治任务，父母每天都在开会，所以小时候最寂寞的时候就是天刚黑时。但是有一个陪伴我的东西，就是收音机，那个时候收音机里正好在播天气预报，天气预报里出现的都是遥远的地名：乌兰巴托、二连浩特、西伯利亚……而且山西的寒流基本上形成于西伯利亚，穿过乌兰巴托，穿过二连浩特，进入到山西。这一块变成我地理想象里最结实的一块儿，到现在我都还没去过，包括俄罗斯，但是这一块是最主要的带给我远方想象的地名。

行李　所以成为神秘之所。

贾樟柯　对，因为你会想嘛，那是个什么城市，地名那么长，那么奇怪，"浩特"是什么？为什么这么叫？究竟是什么意思？根本不懂。不像山西，就是汾阳、孝义、太原。

行李　所以《世界》里的主题曲用了左小祖咒《乌兰巴托的夜》？

贾樟柯　那是一首蒙古歌，是左小祖咒重新编了曲。这首歌在蒙古非常流行，很多人知道我喜欢乌兰巴托，有一年一个朋友送给我一盒录像带，是乌兰巴托电视台转播的新年晚会，里边有群星联唱《乌兰巴托的夜》，我就用了。

行李　听说你常去土耳其？

贾樟柯　我也很喜欢，不过去太多回了。土耳其的生活方法和我小时候的老家很像，整天喝红茶，大家围聚一起聊天，那是我已经消失了的生活，但是土耳其还有。

行李　土耳其什么地方？

贾樟柯　安塔利亚，包括伊斯坦布尔，都还能看见。土耳其的大城市、小城市、旅游城市、无名小镇，都还能看见。我最近常去的是萨拉热窝，第一次去是因为工作，后来就是私人。我非常喜欢萨拉热窝的老城，也是一样，有红茶，有咖啡，有大量的休闲时光，街上坐满了人。

行李　山西的红茶是？

贾樟柯　云南的砖茶。那时候山西和蒙古一样流行喝砖茶。山西这些地方经商的很多，在莫斯科、在外蒙经商的特别多，茶叶也被带进来了。

行李　说说你的山西印象吧。

贾樟柯　我小时候，汾阳是个老城，一户人家就是一撮院子。那时还残留了一部分城墙，我爷爷买了很多院子，是大户人家。我记得我大伯家的院子很安静，是一个三进的大院子，门口就有家训"敦厚温良"，我觉得特别像整个山西的山水给我的印象。它不奇，但是它很有力度，它不是以奇风异俗的怪招来取胜，不以奇险来吸引人，它像人一样，在西风里一坐，沐浴着阳光，不高，不奇，但是靠得住，我对这种山水特别有感情。每次回老家，一看到山，稳稳地在那儿，就觉得它是很好的。

行李　但是晋中和雁北差别很大吧？像你后面在大同拍的片子，里边的风物人情就很不一样。

贾樟柯　不一样的，雁北对我来说就是塞外，即便到今天我也这样认为。

现在去大同是最舒服的时候，天高云淡，从地理的向心力上，它是往外走的，往草原上指引。它和晋中、吕梁，完全不一样。我说山西时，其实往往是在指晋中和吕梁，不能概括山西的全貌。

行李　三峡呢？

贾樟柯　三峡是一个极端。整个山水的老，和人心的新，是很大的对比。我去的第一站是巫山，城市里的人性格很外向，我能感受到他不拒绝摄影机，人和人容易交往。一开始不太理解，后来知道，这一块儿历史上是湖广的移民填充进来的，有移民的性格，加上是码头，流动性大，人很热情、很外在，就大概明白了。这和北方，和山西太不一样了，山西的家规太多了。

行李　因为山西文化积淀太深呀。

贾樟柯　对，它是文化的一种，但不一定是正面的。从我懂事起，到我父亲去世，父亲一直在教我怎么吃饭，你会烦死的。但没办法，那就是我们的习俗。比如不和人争吵，不论长短，彬彬有礼，这些东西是我过去文化里非常重要的家教。

行李　所以巫山对你触动很深？

贾樟柯　巫山的人会直接过来和你说话。北方的文化，山西的文化，是有距离的文化，大家开口说话是要有契机和理由的，或者开口之前你要琢磨很久，但是在三峡不用，人和人很亲密，没有距离，在同一个码头等船就可以聊天："你要不要吃我手里的东西？"可以熟到这个程度。

行李　可能和流动性大有关吧。

贾樟柯　对，大家都在码头上，知道匆匆见面，匆匆分手，可能永远也不会再见面，人和人至少在表面上是没有太多防备的。或者说，一个人没有一扇门。我觉得山西人，像我是有一扇门的，因为从小的教育，你就觉得和陌生人一起的时候没有什么理由要跟他说话，我后来发现所有北方人都有这个特点。

行李　包括北京？

贾樟柯　我说的是整个大北方，全世界的北方。比如我去意大利的北方，像都灵，和意大利南部的性格就完全不一样，它是那种比较"端"的。

行李　可能和天气有关系，天气严寒，向内的东西比较多一点。

贾樟柯　可能吧。像三峡也和天气有关，潮湿、闷热，人口密度又那么大，可能也是因为峡谷封闭，人特别期待和外界交流。

行李　我特别喜欢《河上的爱情》，怎么把苏州拍得那样柔软？感觉故事和人物都和苏州无关，放之四处而皆准，但是整个味道、颜色、节奏，完完全全是苏州的。三天拍完，是怎么把握住核心的？

贾樟柯　我选择它，是因为有一些城市在现代非常知名，众所周知，但是另一方面，它又是不被了解，不被谈论的，这样的城市很多：苏州、合肥（电影里也出现了合肥）……这些城市不像广州、上海、北京，它们是人移动的目的地；苏州非常知名，但它不是人移动的目的地，不是移民潮的目的地，所以相对有一种安静，这种安静甚至带有一种落寞，但它又有一种超级城市里所没有的、过去的人际方法。

行李　所以你选择河段的时候，并没有选择山塘起点最完善整齐的一段，而是进入虎丘之前那一段相对老旧残破的？

贾樟柯　是，选择了很平常的一段。我也觉得这样的地方，它有一种整个当代中国更真实的气氛，比如大城市里的躁动，在那些城市里是没有的，后来我看很多人在讲小城市的幸福生活、幸福指数，我觉得大家其实有一个相同的认识，就是人际关系维系比较紧密的城市，即使城市空间变化很大，但是人还没有被孤立，人和人之间还是有一个很好的联系。

# 3.

**行李** 旅行时，总是穿梭在全新的异质文化里，你会用哪些东西来捕捉一个地方的气质？

**贾樟柯** 我自己的经验是，先去聚众的地方，比如市场、集市、咖啡厅。聚众的地方能看到群像，其实无所事事的时刻，是人呈现自然状态的时刻。就像一个人在忙着搬东西时，你就只能看见他在搬东西，但是如果他在那儿聊天，他就会很放松，比如是不是很健谈，是不是很快乐，在无所事事的轻松状态下都能看出来。聚众有很多种，比如都灵，我特别想在都灵拍一部电影，都灵也有很多聚众的地方，但是人和人间是严肃的、严谨的，德国也有很多聚众的地方。

**行李** 跟在北方有关系？

**贾樟柯** 对呀，去了萨拉热窝里，你能感觉到是家族在聚，老邻居在聚，跟纽约那样的写字楼的人的聚众性质完全不同，纽约聚众，一看就知道是带着工作在聊天。在那里，咖啡馆里总是坐满了人，但是大家都在用电脑，身边都放着手机、纸和笔。但是萨拉热窝聚众，是二姨、姑妈、侄女等一大家族在聚，在说家里的事，这种感觉完全不一样。

**行李** 你应该很喜欢拍照吧？拍照时有什么特别喜好？

**贾樟柯** 我喜欢天快黑的时候，无论哪个城市，在昼夜交替的时候都显得很神秘，夜幕慢慢拉上的时候。

行李　有一年我从上海坐火车去敦煌，第一次感受到时差，感受到太阳追着
　　　我们跑，就觉得"夜幕"一词特别贴切，夜的幕是一点点拉上的，从
　　　上海拉到敦煌，可能要拉两小时。你会经常去各地参加电影节，说说
　　　这些电影节所在的城市吧，侯孝贤的《咖啡时光》就谈到电影节所在
　　　的城市——北海道的夕张。

贾樟柯　电影节所在的城市基本上都是各地所在的大城市：柏林、戛纳
　　　……我去过很多影展，但我最喜欢两个地方，一个是意大利的佩
　　　鲁贾，它也不算小，但是非常古老，很多建筑都还保留了中世纪
　　　的状态，街道也是。特别是夜景，整个城市有一种特别的照明，
　　　在漆黑的古老的街上，灯非常温暖，夜晚的街道被各种各样的灯
　　　光布满，一方面有幽古的情怀，一方面又很世俗。比如你会看到
　　　巷子里突然走出几个传教士，手里拿着外卖的披萨，感觉很恍
　　　惚。这个城市有一个影展，是所有开影展的城市里我印象最深刻
　　　的一个。但是跟影展没有关系，是这个城市吸引了我。还有法国
　　　一个城市，叫普罗旺斯艾克斯，它是法国的腹地，有点像中国的
　　　苏州，大家都知道，但从来也没什么机会去。不像法国很多其他
　　　城市，比如戛纳、杜维尔，都是海边的度假胜地，艾克斯是个大
　　　学城，你能看到一个很正常的安静的法国城市。


行李　戛纳多大规模？

贾樟柯　它有全球最大的影展，但本身是地中海的一个小城，有点像我们
　　　县城的意思。但它是奢侈品的聚集地，每年有游艇展、汽车展，
　　　旁边的蒙特卡洛又老有拉力赛，整个是一个会展之都，整个法国
　　　的奢侈品地。我不喜欢戛纳，太旅游化了。一轿车一轿车的游客
　　　和赌徒。


行李　因为电影节？

贾樟柯　它本来就是旅行度假胜地。不是因为电影才变成这样的。

行李　还记得第一次旅行吗？

贾樟柯　我真正意义上的第一次旅行是从北京到榆林。之前也有去过，学
　　　　画的时候也去过黄河边，但这次不一样，这次是全程纵贯，是刻
　　　　意的旅行，从北京坐长途车，一站一站地走。我记得先去丽泽桥
　　　　长途汽车站坐车，在保定停留几天，石家庄停留几天，然后太原
　　　　几天，也去了汾阳，走了十分钟后就回了我家。然后是离石，离
　　　　石其实就到了吕梁山的中心了，从离石去了陕西吴堡，就已经过
　　　　黄河了。后来记不大清了，反正就是米脂、绥德这一块儿，最后
　　　　到了榆林，又从榆林去了延安，然后又折回到米脂、绥德……
　　　　因为这些片段我都很喜欢，所以想要纵贯，那应该是 1995 或者
　　　　1996 年的时候，还在读书。最大的感受是，你从首都这样一个
　　　　超级大的城市，中国的中心，怎么进入到小地方的那个过程，一
　　　　路的风貌，还有人的状态、经济的状态，我记得到了吴堡后还
　　　　有穿长袍的人，有点像民国时候的打扮，那时北京都穿 Nike 了。
　　　　另外有意思的是地貌，我记得从绥德到榆林、清涧，去内蒙伊金
　　　　霍洛旗，一天里经历了黄土地、戈壁、沙漠、草原四种地貌，伊
　　　　金霍洛旗有成吉思汗陵。


行李　后来回去过么？

贾樟柯　没有。


行李　有作品出来吗？

贾樟柯　没有具体的，但是影响一直在，比如《站台》后来选择那里，跟
　　　　这个是有关系的。


行李　所有目的地中，最难忘的是哪个？

贾樟柯　马六甲。当时在吉隆坡只有一天时间，忽然很想去马六甲，后来
　　　　从马六甲回来的车已经没有了。但是当晚我必须赶回吉隆坡，因
　　　　为第二天回香港。一路上如有神助，我一个人，在车站发现没车

时，一个中年妇女说你跟我来，莫名其妙地，我就跟她坐了一辆车到一个乡间小站，她说你在这儿等一会儿，会有另外的车来，她就走了。后来转换了三四次车，很多地方语言不通，有华人、马来人、印度人，反正我最后回到了吉隆坡。冬天。

行李　也没有恐惧？

贾樟柯　当时没有，回到吉隆坡才觉得恐惧，因为这里边任何一个环节出问题，就回不了国。

行李　什么样的旅行地最不能忍受？

贾樟柯　没有。

行李　最完美的旅行是什么样的？

贾樟柯　一个人很重要。没有目的，随缘，无所事事，希望缘分好一点。乱走乱看。比如我去墨西哥，就乱走，忽然遇见两个朋友，带我去一个很贫穷的山庄探访一个龙舌兰酒的艺人。我们去到他家里，就是一个小院子，印象最深的是，院子里还坐了一个残疾人，除了他没有任何别的人，我们自己喝，喝完主人回来，我们放点钱就走人。

行李　最合适的旅行时间是多长？

贾樟柯　两周，两周后就开始想工作了。

行李　为什么一直没去乌兰巴托？

贾樟柯　办了三次签证，都因为走之前突然有工作没去成。

行李　如果可以在世界上任意选择一个人作为旅伴，会选择谁？

贾樟柯　我不要，我只要不结伴的旅行。

行李　目前为止，你去过最远的地方是哪里？

贾樟柯　布宜诺斯艾利斯。太远了，飞得我都快吐了。是以前很幻想的一个城市，和我想象里一样。但是贫富差异比我想象的大，那个城市最繁忙的是早上，地铁里都是上班的人，但是整个城市真正的苏醒要到下午三四点，有钱人前一晚彻夜狂欢，这时候才睡醒出门，白天街上人很少，夜里富人们糜烂。

我一直都想拍一部由北向南穿越中国的片子。一个原因就在于，这是展现这个国家地域差异的方式之一，从北方相对封闭的、经济落后的区域到开放的南方沿海地区。另一个原因在于我想要展现那些旅途中的人物。二十多年前，自从农村实行城镇化政策以来，许多中国人都变成了经济移民，他们离开自己的家乡去寻求更大的发展机会，频繁的迁移成为许多人的生活常态。同时，我向来喜欢这样一种方式，就像中国古代的画家们，努力在单幅的卷轴画中呈现整个乡村的景象。我没有真正想过，为什么会在这部影片里漏掉上海和北京。或许是因为这些城市往往是中国的银幕主导，而我想把自己的摄影机对准内陆地区，那里更亟需发展。这些被山河环绕的土地，都是一些给我以自在感觉的地方。

　　我对三个地方有偏爱。一个地方是山西，它是一个能调动我个人经验的地方，另外一个地方就是长江周边，四川，重庆，三峡附近，因为它的水路仍然是繁忙的，不像黄河，黄河是寂寞的，有的季节会干枯，有的季节流的是冰，我们只能站在岸边、站在某一点来看黄河，想象它的来和去，它属于我但我觉得比较远，但长江不一样，我们可以沿着水路漫长地行走，我真的可以在水面飘摇，你很容易会有江湖感，这是一种最传统的行走，我们今天已经不可能骑马去长途旅行，但我们可以坐船，那个漂流感和古人是一样的，可能三峡两岸的悬崖绝壁没有怎么被改造过，我恍惚中觉得我和李白看到的三峡没什么两样，再加上一条河流滋养了两岸这么密集的人口，我特别激动，这就是码头的感觉，它有美学上的吸引力。另一个是广东，对我来说是个遥远之地，它是南国，它并不是中国的中心，但是那种杂乱的生机，就和那里的植物一样，一种傲慢的生长，那种感觉很吸引我。

　　对我比较重要的是重庆和广东的互文关系，就像阴阳的一端一样，重庆的故事预示着广东部分孩子的出场，通过他们短暂的回乡，来解释他们的来路、他们为什么要离开故乡，那是因为农村的孤独衰败，没有机会，没有希望，没有资源，三根烟都要算得很清楚的状态带来了他们流动的理由，希望在流动里面找到机会，去到更有可能提供机会的地方。但是去了希望的地方，是个什么样子呢？隔了赵涛的段落，他们就去了广东。

——贾樟柯《天注定》

陈丹燕

陈丹燕是中国当代最重要的女性作家、旅行作家，也是作家里第一个走出国门的背包客，当然，那时的背包客和今天不一样。

[小司、黄菊　2015 年春天采访]

1.

行李 你是什么时候开始旅行的?

陈丹燕 很早，1992 年开始就作为一个背包客出国了。

行李 当时还没有欧盟吧?

陈丹燕 对的，当时还没有欧盟呢，德国钱和奥地利钱是两种，不像现在
那么方便。

行李 你自称背包客?

陈丹燕 对。

行李 现在遍地背包客，但感觉和你那时相差甚远。

陈丹燕 我刚出国的时候，不知道什么叫背包客。在我年轻的时候，中国
很穷，外汇管制，只有书在国外出版，才能得到外汇的版税。那

时候国外的出版商都会问，你要美元还是日元呢？你要汇到中国哪个账户呢？那时候就对我的出版商说，留在出版社吧，等我想要出国的时候，你给我一张支票，让我支付自己的旅行。在这样的情况下，我就不可能像其他中国游客一样，报一个旅游团出国。而且那时候中国根本没有因私旅行签证，所以我每一次都是以作家的身份去国际书展，或者新书朗读会，也只有获得出版商邀请我才出国。我目睹了这个国门是怎么打开的，以及中国自由行的人是怎么从无到有——所谓自由行就是你不跟旅行社，这是最能够辨别的标志，也就是说，你是一个散客，但是散客又并不就是背包客。

**行李**　区别在哪儿？

**陈丹燕**　比如说，我去探亲，我也是散客，对不对？但不是背包客。背包客在我的感受里就是一个人去一个地方，那个地方你是没有任何接应人的。你不是为了去会朋友、探亲或是工作，你只是想要去看一个地方，要一个人面对陌生的世界。你是自助的，背着你所有的东西，不会有人帮你提行李，不会有人给你买飞机票，自己照顾自己的身体与心灵。这是真正的自由行，自由巨大，压力也巨大。

**行李**　还有什么其他特点么？

**陈丹燕**　我自己的感受就是背包客身上永远是有伤痕的，因为你一直要背着东西。那时候我都不知道世界上有双肩背包这种东西，我背的是很古老的单肩背包，所以走一天下来，肩膀上都是紫血块和勒痕，晚上洗澡才发现牛仔裤把腿也磨破了，脚起泡更是很正常的事情，所以一直需要邦迪。我经常去看博物馆，博物馆里的餐厅很贵，咖啡比外面贵很多，我就想自己带着水进去，但是有的博物馆是不允许带水进去的，所以经常是又渴又饿。我当时想，只要两天不在这个博物馆里吃饭，就能省下钱去看下一个博物馆，所以一直饿着。我觉得这个才叫背包客，旅行是想学什么，而不是想享受什么，当然背包客的确是有一个先决条件，就是没什么钱。

行李　虽然没什么钱，但还是花了很多在博物馆上。

陈丹燕　我在最初做背包客的十年里，花了很多时间和钱在博物馆上，总是在超市买东西回来做三明治，然后在我的包里面加一个小包，放水和三明治。博物馆里通常都有一个院子，你可以在那里吃你的食物，茶是最便宜的，冷的时候你可以去买热茶喝，很舒服。现在我也很怀念那样的日子，年轻、自由、穷而勤俭。

行李　那时候在欧洲旅行会遇到别的中国人吗？

陈丹燕　有，那时候我所见到的中国人都喜欢而且非常努力地看博物馆，有礼貌，看东西非常仔细，他们大都也没有钱去博物馆餐馆吃饭。

行李　突然感觉我们这一代背包客很惭愧。

陈丹燕　你们现在比我们有钱多了，而且比起我们，也太有条件了，有各种资讯支持，有网络和攻略。没去德国前，我都不知道世界上有Lonely Planet（《孤独星球》）。你们的幼年时代，中国已经开放了，所以你们没有那种像被关在监狱里刚放出去的犯人的感觉，那时候我看什么都是新鲜的，什么都要多看一点，但这是时代不同造成的差距，你不需要惭愧。你们的好命，我也很羡慕。

行李　那个时候出去一趟真不容易啊！

陈丹燕　我当时出去的每一个签证都是商务签证，因为没有旅游签证，那时候要保持拥有商务签证，就要保证你的书能继续在国外出版，不然你就无法获得签证，所以你就必须非常努力地写作。

行李　那时你的旅行开销大吗？

陈丹燕　那时候，一次旅行就把我所有的版税用光了。

行李　但是值得！

陈丹燕　这个钱用在旅行上，对我来说，最适合不过了。

行李　这和你的写作相辅相成。

陈丹燕　我当时并不觉得旅行是为了写作，我就是为了出去看世界，所以我在旅行十年以后才开始写旅行。

行李　没有这些旅行经历，也不会有你后来那些书。

陈丹燕　没有这些旅行经历，我是不会成为一个旅行作家的。但那个时候没有"旅行作家"的概念，没有人知道我会变成一个旅行作家。

行李　你旅行时必带的行李是什么？

陈丹燕　细想一下，竟然没有的。也许我带一个自己在家就用的枕头套。我择床，所以凡一架新床，总是第一、第二晚不能睡熟。还是在德国做巡回朗读会的时候，那时隔两夜一定会换一个城市，睡一张新床，折腾得太厉害了。也是在那时，好像是在柏林短休，接下去要一路去瑞士的索伦柏的时候。我发现自己要是有属于自己气味的东西贴在脸上睡，会安稳许多。所以开始带被套，到了酒店，先把被子套在自用的被套里再睡。后来独自旅行了，被套还是太重，所以用枕套代替。

　　现在我的旅行并不赶，也不像年轻时那样需要睡眠了。现在即使夜里不能入睡也不要紧，可以下午补觉，或者留到晚上再睡，所以我也可以不带枕套了。

　　晚上睡不熟，就起床来夜游，也是特殊的经历。这个发现是在贝尔格莱德。我住在老城中心的莫斯科大酒店，下半夜就起来，沿着坑坑洼洼的米哈伊洛大公街，一直走到1999年大轰炸时贝城居民开反战音乐会的共和广场。七十三天的夜夜轰炸早已结束，可弹坑和轰炸纪念碑以及被炸毁的房屋还可寻见，在沉睡的寂静中感受轰炸遗留的各种震颤，这也是旅行中难得的所见。

我还记得那些路灯下关门的咖啡馆里面，天花板上挂下许多长长短短的桌灯，灯罩是各种第一次世界大战时男人用的旧礼帽。面包店里陈列着我在土耳其时见到过的细长面包卷，充满东方风格的面食令人想起突厥人，古奇店里陈列着新款太阳镜和包包，给游客换钱的小店铺上手写着隔夜的美元、欧元与第纳尔的牌价。夜游给了我白天所不能见的。

在老城中心的画廊处，塞尔维亚最重要的出版社的斜对面，有个美术学院学生的画廊。在路灯下，我看见橱窗里正陈列着学生们的照片作品，那是一些做鬼脸的小孩，大轰炸后出生的小孩。后来我早晨又去了一次，拍下那个橱窗，作为《我的旅行方式》的封面。

其实，旅行中没有什么是必带的，感受力才是必带的内在武器。

行李　相机呢？

陈丹燕　就带一个小单反，不能超过两公斤，最好是一公斤左右。我不会带很重的相机，太重的相机、太夸张的镜头都会影响我的思维，我需要用的是与我肉眼的视觉最接近的镜头，对我的手全无负担的机身。

行李　现在是用背包还是行李箱？

陈丹燕　我从前是背背包的，后来背伤了，我的按摩医生就告诉我最好不要背东西了，因为它会引起我的头痛。现在如果有重的行李，会使用行李箱。

2.

行李　你以背包客身份旅行二十多年了，最长的一次旅行是在外漂了多久？

陈丹燕　五个月左右，在欧洲。那次我从波兰到德国，再到法国，再到西班牙，再到葡萄牙，再回到德国，然后去波兰、俄罗斯，从俄罗斯回中国。

行李　经过几个月的旅行，回来会适应吗？

陈丹燕　我第一次和第二次旅行回来后，确实有很大的不适应，但是不敢跟别人讲。现在这个年代，你说你不适应没有关系，但是在 20 世纪 90 时代初，我不敢讲，因为大家都会说，你是中国人，凭什么不适应中国？

行李　因为他们没有出去看过。

陈丹燕　对，大家不会理解，会说你是崇洋媚外，但真实的情况是，旅行回来后，一个人既不适应外国，也不适应中国。这是旅行者经常会碰见的情况，因为你已经被改变了。在能适应所有的环境之前，必须经过很长的不适应所有环境的阶段。

行李　一个经常旅行、写作也以旅途为主的作家，回到自己所在的城市里，到底会有怎样的眼光和心境？出门多了，好像即便在自己所在的城市，也总是一种观察者的视角。

陈丹燕　第一次从德国回到上海时，我觉得家里的门突然变得很薄、很矮。第一次从西藏回到上海时，我觉得从虹桥机场回家这一路上的人行道在阳光下闪闪发光，干净得异常。第一次从贝尔格莱德回到上海时，我觉得街上的人们显得那么匆忙而且精明。这种霎那的惊异，渐渐沉没在日常生活中的过程，就是我旅行归来的过程。

　　但是，正是由于这样的旅行落差，刺激了我对许多事的新认识。旅行对一个感觉丰富的人来说就是不断地找到新角度，能够用新角度来观看。说来有趣的是，我开始旅行后，才开始写上海的非虚构六书。对上海做的田野调查和写作前的诸多准备，配置都是旅行式的，即使在我家的所在地，我也住酒店，即使去我从小长大的街区，我也用照相机。即使就是我一个人工作，我也去咖啡馆一整天。而我写旅行书，一共十二本，历时二十年，但从未在旅行中写作。这十二本书，全都是在上海家中完成的，记叙从北纬78°的斯瓦尔巴德群岛到南纬45°的新西兰基督城的那些旅行，全都在我的书桌上完成。

我想，一个人做过重要的旅行后，这个人就不再是原来那个地方性的个人了，旅行会锻炼一个人，打开一个人，使他成为一个胸怀四海的人。而且因为胸怀四海，所以他才能安顿自己在平凡的日常生活中，知根知底，知己知彼，心中没有苟且的焦虑。

行李　现在和十几年前出门旅行，有哪些不同了？

陈丹燕　现在我会受到很多优待，这是以前没有的。有重要的旅行，有时那个国家的旅游局会帮忙张罗。

行李　你希望他们给你安排吗？

陈丹燕　我希望旅游局来安排一些背包客梦寐以求，但靠一己之力做不到的事情。比如我去年去塞尔维亚中部，要去看 11～16 世纪的东正教修道院里保留的湿壁画，但我并不了解那期间巴尔干地区的历史、英雄史诗、塞尔维亚东正教圣人的故事。我想去的那些修道院都在大山里，或者森林深处，连长途汽车都不通，独自去很困难。于是塞尔维亚旅游局送了一个学中古历史的老先生来给我作向导和历史老师，他也是一个虔诚的东正教徒，开车带我去了那些修道院。

他每天早上给我上一个钟头中古历史课，梳理这一天要去的地方的历史事件、历史人物，晚饭时我们还有一个多小时答疑。

所以那一次旅行，我的照相机基本上起这个作用：我有什么不明白的，就拍下来，晚上答疑的时候可以有根有据地给他看。去重要的修道院时他会陪我一块儿看，有些修道院的教堂里有真实的历史人物画像，就像我们的庙里有关公的像（关公也是有真实人物形象的），他们的修道院里也会有一些大公啊，大公的王妃之类的像，这个时候，他就会给我说说历史上他们所在王朝发生的事情。这是我的塞尔维亚历史课、地理课和东正教圣像课。

行李　旅游局还有哪些特别的礼遇？

陈丹燕　有的时候，我想在一个地方待很久，但是不被允许，这时候我就需要有人给我打好招呼，让我能安静地多待一会儿，这对我的写作很重要。还有的时候，让我可以住进修道院里，让我参加凌晨的修士的早祈祷，还有晚祈祷，这些都是修士们自己的活动，其他人是看不到的。

行李　这是大多背包客无法体验到的经历。

陈丹燕　对，我很幸运。我幸运的是比较早做了背包客，慢慢也开始写旅行文学。更幸运的是，中国这几年成为世界游客输出的第一国，超过了美国。这样，其他国家的旅游局就愿意向中国游客带来的新兴市场介绍自己国家，是这样的中国形势让我容易获得帮助，了解到自己很想了解的东西。如今我仍旧在做背包客，但如果我很想了解这个地方的历史，很想获得独特的体验，旅游局有时就会慷慨地答应说，好吧，我们给你送一个研究这个的教授过来，在遗址上给你讲五十分钟。

行李　你觉得旅游局安排带来的最大收获是什么？

陈丹燕　切实的、没有市场诉求的帮助，这也许是所有背包客梦想的吧，你能够自由地、深入地发现世界，当有疑问时，能得到这个地方最好的、在这方面最有研究的人来讲解和回答。

行李　但我看你现在出门还在 Airbnb 上用心选择下榻地，还是有一些流程是
　　　保留给自己亲自动手的吧？

陈丹燕　我其实还是很习惯和喜欢背包客自由自在的旅行方式，独立自主
　　　的认识方式。几年前，我在土耳其的贝尔加蒙老城见到一个来自
　　　西班牙的年轻人，骑自行车旅行，一家一当都在身上带着。自行
　　　车龙头上吊着一双才洗过的袜子，就那样晒干。他那天的旅行路
　　　线与我的差不多，所以我又在卫城碰到他。在卫城山坡上的大剧
　　　场里，太阳晒得厉害，他直接就去古剧场中央坐下，在毒烈的太
　　　阳下一动不动。我从台阶上一路下去，沿着小路去找宙斯神庙遗
　　　址，而他还是一动不动。他那固执而怡然自得的样子让我想起自
　　　己年轻的时候。独自旅行时，别人的行程是不会影响自己的，别
　　　人的喜怒哀乐也不会影响到自己。我现在得到了许多支持和帮
　　　助，可我还是会怀念一切听天由命的旅行。

　　　　　我现在仍旧自己动手定旅行访问的细节，特别是住的地方。
　　　住在哪里，决定了你有多少在地感和自由感。我还希望把握旅行
　　　计划的制定和修改，旅行计划一定会在过程中修改，所以每天早
　　　上我总要和向导一起吃饭，我们通常要吃个很长的早饭，我们回
　　　顾昨天的所见，答疑，然后修订当天的路线。所以我需要好向导，
　　　好脾气的向导，认同我的旅行目标的向导，通常我们都合作得好，
　　　他们会越来越理解我为什么要这样做，也提供更好的资料，将旅
　　　行计划修订到更好。这些与那种自由自在的旅行不同，但这样的
　　　旅行也符合我对自己旅行的另一种需求：我喜欢在旅行中真正学
　　　到历史和地理，像上课一样去旅行，所以我也想像选课一样选我
　　　的旅行。

行李　Airbnb 没出现多久呀。

陈丹燕　还没有 Airbnb 的时候，我在许多城市中心或者火车站的游客中心
　　　里，现场订民居住，那时叫 Home Stay。回想起来，1993 年夏天
　　　波兰的那些民宿里充满黄绿色书影的走廊还历历在目，在维也纳

我有过一间白色的厨房，我在深秋那些令人感到寂寞的晚上总在那里吃饭、看书和炖汤，倒从不去长沙发上坐一下。这些民居是我难忘的地方，与它们所在的国家紧密地联系在一起。有趣的是，这样的民居，它们提供的照片，总与现实有距离。但我相信总能找到自己与那些天南地北的房子之间的联系，创造出来一个只属于我的角落，那是连房主人都不会知晓的角落。所以我从不在意主人提供的照片与现实之间的距离，我在意如何安顿好我自己。

## 3.

行李　阅读在决定你选择目的地的各种因素中，占了多大比例？

陈丹燕　我有个旅行书单，列出了那些对我的旅行有过重要影响的书，也是我的旅行基础储备，这些书单包括：

《昨日的世界：一个欧洲人的回忆》《房龙地理》《世界史纲》《人类群星闪耀时》《光荣与梦想：1932—1972 年美国社会实录》《岛屿书》《驼背小人：1900 年前后柏林的童年》《带一本书去巴黎》《黑暗之心》《印度之行》《瓦尔登湖》《摩托日记：拉丁美洲游记》《威尼斯日记》《弗洛伊德游记》《鲁滨逊漂流记》《地心游记》《尼尔斯骑鹅旅行记》《丁丁奇遇记》《在中国屏风上》《旅行的艺术》《萨哈林旅行记》《白净草原》《叶甫盖尼·奥涅金》《浮士德》《九三年》《肉桂色铺子》《安娜·卡列尼娜》《复活》《初恋》《雅致的精神病院》《巴黎，19 世纪的首都》《施尼兹勒的世纪：中产阶级文化的形成，1815—1914》《横越美国》《阿拉伯南方之门》《人间喜剧》《尤利西斯》《哈扎尔辞典》《这就是纽约》《小老鼠斯图亚特》《威尼斯之死》《菊与刀》《苏联的心灵：共产主义时代的俄国文化》《大唐西域记》《伊斯坦布尔》《我的名字叫红》《城堡》《恰尔德·哈罗尔德游记》《西庸的囚徒》《伦敦的叫卖声》《寻找如画美》《老古玩店》《金阁寺》《丛林之书》……

塞尔维亚作家帕维奇写下《哈扎尔辞典》，
陈丹燕带着这本书回到写作现场，
开始了自己的地理阅读和地理写作，
"道路黏在帕维奇鞋底，
我走在帕维奇的鞋印上。"
这是一个作家的旅行方式。
[照片提供 / 陈丹燕]

行李 以前采访梁文道时，和他聊过旅行文学，如果将对旅行有帮助和启发的书都称为旅行文学，那几乎所有书都是，这和现在书架上陈列为"旅行文学"的书相差很远。

陈丹燕 旅行文学书并不教你怎么吃饭，怎么睡觉，怎么玩便宜，那个叫工具书。也不是说游记就是旅行文学，旅行文学是写路上的故事，是写故事里的人性。它是文学作品，有文学的高度。文学有它自己的一套标准，有结构，有文学性的描写，有人物形象，有对心灵世界的关怀和探索。所以我认为旅行文学关心的，不是在路上如何照顾自己的衣食住行，而是这个人在路上的命运和他内心因此发生的变化。旅行文学的很多概念与英国文学有关，他们有这样的文学传统，旅行文学不是一个散文的种类，它可以是散文，也可以是小说，也可以是诗歌。

行李 所以我也将你的"上海三部曲"看作旅行文学，虽然这是你自己所在的城市。

陈丹燕 是的，我以为的旅行文学作品提供的是一种观察世界的方法，具有哲学性与感受力，有描绘世界在内心反映的角度，体现出文学的伟大力量与传统文学世界里可发展的巨大空间。它同时表现了在地感和游离感，呈现了对人与周围环境关系的重视，以及观察世界与观察者的内省立场。这样的文学既是对外部世界的描绘，也是对人的内在世界的表达。这样的旅行文学，会极大地帮助我提升看世界的方法和对自己的表达。

行李 这么多年，你都怎么选择旅伴？

陈丹燕 我通常都不选择旅伴，自己走。回想起来，那些独立完成的旅行是我印象最为深刻的，好像自己是个完整的宇宙，没有别人的气息，所以一点一滴都记忆清晰。但也常常有不能回避的旅伴，现在回想起来，与旅伴在一起的旅行，我印象深刻的，也是安静的片刻、独处的片刻，或者在一些没与人交流过的时刻。我想，也许我需要用安静来储存各种记忆吧。

我和李乐诗一起做过一个很短的旅行，去探访宜兰乡下的台湾歌仔戏故乡。那天太阳很毒，车子穿行在被分隔成一小块一小块的稻米田里，还有摇摇欲坠的芭蕉树和披披挂挂的大榕树。我们行进在一条从海滩过来的古道上，当年日本的神风敢死队的飞机就是从这条古道上被人力拖往飞机场，零式飞机从这里的机场起飞去执行恐怖主义的自杀袭击。而曾诞生了台湾歌仔戏的大榕树下，是那时存放三架零式飞机的地方。黄春明先生还记得当年这条道上，被人力拖往临近太平洋军用机场的日本战斗机的样子。

我和李乐诗坐在一排椅子上，但她和我旁边都没坐别人，前排和后排的同伴高声谈笑，但我们这里好像是两个分开的宇宙，寂静和机警，我是那时突然意识到，我和她都进入了旅行模式，所以我们都是排他的和安静的，我们身上开始散发出一种遁形般的气息，不欢迎被人打扰，也不会发出声音，因为我们开始需要独立的空间了。即使我们俩坐在一排椅子上，也不交流。我还把自己的书包放在旁边座位上，我自己都觉得好像一个盾牌一样挡着热闹。

这种遁形带来的空间非常令人舒服。也许会被人误解为高冷，但其实是独行者的习惯。如果没有个人足够的空间，我会变得非常焦躁。那次我看到李乐诗也是这样，所以那时我真的大松一口气，完全从自己脾气臭的负疚感里解脱出来。

在公众中的收敛、安静、遁形，像水一样柔软和无形，毫无blingbling之态，这是一个独行者在旅行风浪中锤炼出来的基本态度。其实这里面有一层小心翼翼的意思，就是让自己不与各种不安全沾边。这是没经历过旅行中各种麻烦的人不能体会的。我想自己也是这样的人。

行李　有许许多多的女性向往这样的旅行生活，但受限于家庭的压力，走不出去。你有一位非常理解你的先生，他是怎样一个人？

陈丹燕 他和我是大学同学，在我们没有建立家庭以前，就已经非常了解对方。他明白我想要什么，我也明白他想要什么，所以我们在婚姻中也保留了这种同学关系，我不会去阻止你要做的事情，你也明白不能阻止我要做的事情。我们彼此总是愿意牺牲自己在日常生活中的诉求，来成全对方的事业，也就是同学时代的功课。如果没有同学的这种事业为重的认同做底子，像我们这种工作性质，估计很难一起走下去。

行李 你先生最支持你的地方在哪里？

陈丹燕 他非常辛苦，一天工作十几个小时，好多年都这样，从来没有怎么休假，他的同事都有太太照顾的，他也可以要求我在家照顾他，而他没有，很不容易。你知道，背包客是非常漂泊的，而之所以能够漂泊，是因为你知道你有一个安全的家，如果哪天漂累了，回家休息就是。而如果你没有家，那你肯定要先照顾好这个事情，如果我是单身，一定不会是现在的样子。所以我觉得他给我最大的支持，并不是他说你去吧，不拦着你，而是他一直都把这个家保留在那里，我可以随时回家。

## 4.

行李 如果将过去旅行过的地方都标注在世界地图上，有什么规律么？

陈丹燕 我从 1990 年开始出国旅行，那时候持有中国大陆护照，无私人旅行签证可办，我最初去的日本，是因为我的长篇小说《女中学生三部曲》日本版在东京的福武书店出版，出版社邀请我去做新书演讲。在日本，我得到了前往慕尼黑国际青少年图书馆看书的机会，那是三个月的国际学者计划，那个访问邀请使我得以前往欧洲。四年后，我的长篇小说《一个女孩》的德文版在奥地利出版，并得到奥地利国家图书奖，那个领奖邀请使我得以再次前往欧洲。一年后，《一个女孩》在意大利的博洛尼亚书展上获得联合国教科文组织授予的文学金奖，另一个领奖邀请使我得以又再前往欧洲。这样看来，我旅行的最初十年，得以多次前往欧洲各地，是因为我的版税和奖金以及演讲所获，支持了我每年的旅费，来自欧洲的旅行邀请都是因为写作，这本是我的职业，并非完全出自我面对一张世界地图时自由的计划，是我的工作和版税使我得以在中国大陆外汇管制的时候，不必十分为旅费发愁。

但是，如今回顾，我仍旧觉得欧洲的确是我基本的选择。在我的文化背景中，欧洲并非异乡，而是精神故乡。我精神成长的过程中，的确受到 18、19 世纪欧洲主流文化的重大影响。所以在德国、法国、西班牙、意大利、挪威、英国、奥地利，包括瑞士旅行时，我可以感受到许多精神成长过程中的连接，也享受了许多时光倒流、追根溯源的乐趣。这对一个作家认识自我和个人文化背景有莫大的帮助。所以我要说欧洲各国的旅行帮助了我精神上的再次成长。我写旅行文学，其实与我写上海非虚构故事的出发点是一样的，都是希望通过写作清理自己观察世界的所获。

我至今感到幸运的是，在我的旅行中，其实冥冥中有颗文学传说中的大十字星的照耀，在我懵懂地由着越洋飞机带我倒退七小时，回到欧洲大陆时，我还去到了另一些欧洲国家：爱尔兰、捷克和斯洛伐克、匈牙利、波兰、俄罗斯、塞尔维亚，甚至身份混杂的土耳其。要是没有这些处于欧洲主流文化边缘，却又如此重要的欧洲国家，我的欧洲并不能称为真正的欧洲，欧洲文化中那些复杂迷人的历史与文化的谜团，大多能在这些极西或者极东的旧大陆边缘上，以及辽阔的东部大地上，找到它们的线索。这种伴随着阅读、研究、访问，邀请历史学家、美术史专家和建筑学家来为我专门答疑的定制课程，都是欧洲特有的文化魅力。

现在看来，这两类国家加在一起，才是我二十五年来长途旅行所认识的欧洲。我希望自己对地球上某一地的认识，就是这样靠漫漫二十余年的时间，点滴地完成，好像修学分那样，阅读、写作、谈话、上短修班，然后写一个结业论文。现在看来，这个对欧洲的结业论文应该就是我的"看透风景"丛书，十二本，二十年里逐渐写完的。这些书并不只是写欧洲，但却都关联着欧洲，也许是个精神性的旧大陆版图。

然而，对于旅行者来说，其实对世界与自己的认识一直会随着旅行的深入而变化，就好像显微镜聚焦的过程，有时我会感觉到我在亚洲做的旅行、在美洲做的旅行、在大洋洲做的旅行，像纳尼亚故事里那个衣橱的门一样，虽然它们如今还是关闭着的，但或者哪天我会打开它，走进另一个世界中。

我的确放弃了环游世界之梦，其实那种八十六天从海上环游世界也不错，可惜我晕船。但实际情况是：如果我不晕船，我会坐雪龙号穿越西风带去南极过冬，这个旅行差不多要四个月，我也不会选择邮轮环游世界的。但这还不是最准确的理由，准确的理由是：我发现自己更喜欢慢慢认识，真的认识一个地方，一个小地方，喜欢与本来萍水相逢的人成为遥远而恒久的朋友。现在我发现，世界真的好大，我们只能选择自己最合适的地方，访问它们，爱上它们，将它们永远放在心上，感恩上天创造了这样好的地方，感恩自己获得了这样的好运气，得以访问到它们。

行李　最近有新的旅行计划吗？

陈丹燕　有的，今年最重要的旅行是波兰和塞尔维亚，如果来得及，还有土耳其，为"旅行文学书系"的下一本《地理阅读笔记》做准备，也要去探访我最喜欢的诗人之一，克拉科夫的辛波丝卡生活过的地方。上一次去那里，她还未获得诺贝尔文学奖，她还活着，那还是 1993 年的夏天，克拉科夫也还未成为世界文学之城。这个城市是我幼年时就从我父亲那里听说过的古老而优美的城市，我一个最喜欢的娃娃就是从中央广场上的纺织会馆里来的。上次去那里，作为背包客住在当地旅游中心提供的民宿里，就在犹太区近旁。现在那里仍有民宿，只不过在 Airbnb 的网站上就能

在小说《哈扎尔辞典》里，
地理阅读看上去不可能完成，
而陈丹燕在小说故事的缝隙里，
闻到了大地山河的气味，
由摩拉瓦河谷打开秘道，
沿岸修道院遂一对应，
一个亚洲作家听清了塞尔维亚的心跳。

[照片提供 / 陈丹燕]

看到自己要去住的房间，不会像 1993 年那样，要游客中心的人写好一个陌生的地址，拿了他们提供的公交车票，一路摸去。现在当个背包客真的幸福和方便多了。

行李　会有不再远行的时候么？

陈丹燕　我相信这一天总会来的。在我的旅行中，有时我看到一些坐在轮椅上的、带着氧气包的人在旅途中，他们面向自然的样子，好像一个顽强的逗号那样。每次看到这样的人，我都在想，也许有一天我能在轮椅上旅行，带着氧气包旅行，和穿得花花绿绿的年轻游客在同一块岩石上面对大海，或者在早班飞机的候机口一起等开闸，那就是我的幸运。我不知道自己是否能这样强大，但我知道，到了这样的时候仍要去见识美丽的世界，这才是人生中最美丽的事。

　　旅行其实是与自己生命更美好的状态相遇，当生命不那么美丽了，旅行才会变得更重要，而不是更次要。旅行是生命的必需，而不是点缀。没有真正理解旅行的人通常将旅行当成人生的附丽、人生的一份奖金，但在我看来，它是生命想要逃离日常生活、获得精神意义的仪式。

　　我看到最强悍的旅行者是在夏威夷，我去茂易岛的哈纳公路，那是一条著名的美丽沿海公路，与加州的一号公路相比，更为精华和浓缩，大海和黑色悬崖在我们的左手，原始森林和长满激情果的大树在我们的右手。这条路也是有名的险峻，传说有九百多道急转弯。我们车里有个独自旅行的女人，身体肿胀，用轮椅，据说她刚刚从一场剧烈的车祸中逃生。她走了一小段就被劝回去了，怕她吃不消。她在深谷里的一处休息站等待下一班车接她回酒店。我们的车出发向前去了，她在美不胜收的蓝天碧海之间，好像一个惨白的逗号。我一直记得她，因为她的失败与顽强，以及毫不掩饰的向往，这个人肿胀得巨大的、缺少阳光而显得惨白的身体被困在轮椅里，轮椅被扣上了刹车，滞留在海滩边上。我希望自己在那时可以做到她那样的勇往直前。

2017 年 10 月，我们邀请陈丹燕做了一次线上分享，回顾过去二十五年的旅行，总结了她自己的旅行方式和旅行哲学，大多观点都是上篇访谈里尚未提及到的，放在这里作为补充。

1.

我从 1990 年开始作长旅行，1992 年开始在欧洲作长旅行，我的第一本旅行书写的是德国，那个时候觉得非常惊奇，因为看到了世界。

在我的年轻时代，中国人没有办法储存外汇，那时候出去留学，离开中国的时候只能在中国银行兑换 28 美元，然后带着行李永远离开自己的家乡，而我们用 28 美元是不可能做任何旅行的。我从来没想过，有一天可以成为在欧洲和世界各地旅行的一个旅行文学作家，我只是想，人生在世，总有一天要去看世界。

过了很多很多年，有一次在厦门大学给学生作演讲，一个学生站起来问：陈老师，如果你有一句人生的 Slogan 的话，你的 Slogan 是什么呢？我以前从来没想过这个问题，被他提问，我脱口而出，说我的 Slogan 大概是：人生在世，我一定要去看世界。说完以后，我想这个真的是我人生的目标，如果我有过对人生的设想的话。

　　但是怎样看到一个世界？那时候是我不知道的。我最开始的旅行都是因为我的书被翻译成外国语，外国的出版社开始付我版税，突然有了一些外国钱，而且不需要打工，是靠自己的脑子挣来的外国钱。这些钱我想用在我的梦想上，那个梦想就是去看世界，所以那时我有了看世界的可能性，我一定要用这个可能性去看我的世界。

　　去看世界，听起来是一句很简单的话，但其实并没有那么简单。在没有看这个世界以前，世界已经有它自己的模样了，对我来讲，它的模样就是我在《我的旅行哲学》里写到的：是小说里边的故事，精神世界里的人物，艺术里的音乐和美术……它们一起给了我那个世界的灵魂的样子。这些都是过了漫长的旅行生活以后，才可以慢慢总结出来。

　　我旅行了十年以后，才出版第一本旅行书。接下来的十年是一边写一边走，到旅行二十年以后，我才想，也许我可以总结。

　　当时我准备要出一套旅行文学丛书，在准备的时候，发现我在十年里积累了十本旅行书，在修订那些书的时候，发现这里边有一条隐隐约约的线索，我可以在这些旅行书和世界的面貌基础上，想一想我的旅行哲学和旅行方式，所以那个时候开始写这两本书。

　　在写《我的旅行哲学》的时候，我才慢慢体会到，旅行其实是一个圆，并不是一条直线，这个圆圈给旅行者带来的是心理上的成长、精神世界的丰富、世界观的形成、和这个世界相处的方法论的成熟，所以它慢慢会变成一个人的生活态度和对生活的理解。当旅行形成一个圆以后，好像有很多事情突然开窍了。我说是个"圆"，好像慢慢你又会走到起点，开始的时候是从自己出发，最后又回到你自己身上。你去看世界，其实最后看到的是自己。

　　有人觉得很可笑，你跑遍全世界，就是为了找自己，有点太矫情了。找自己，在自己家里找就好了。我也不否认有些人可以在家里找到自己，但是对我来讲，找自己、认识自己，常常需要外部世界的帮助，也许我这个人的"本我"藏得比较深。

于是，我开始慢慢想一些更加抽象的旅行中的感受，不再那么执迷于旅行的故事。作为一个写小说的作家，是很容易被故事所吸引的，那时候我才觉得有能力挣脱具体的故事，在形而上的层面上来看自己的旅行，来看自己旅行中发生的大故事和小故事。但《我的旅行哲学》写到快一年的时候，才觉得我可以写。

# 2.

一听"哲学"，大家会觉得非常深奥，也非常抽象，但是旅行哲学也许不是这样。从一个人在一个地方见到了谁、知道了什么、闻到了什么、看到了什么、想到了什么、回忆了什么、展望了什么……这些具体的一时一地、一花一草，慢慢能够抽象出来，看十年甚至二十年的旅行中，自己感受到的共性。每一个长旅行的人，都是可以通过旅行认识自己的，那些共通的东西，或者说一定会发生的东西，我想这就是这个人性格里的共性，这些共性，从形而上的角度来看，就能上升到哲学意味的旅行。

所以在《我的旅行哲学》里，我开始总结这些东西，这是非常有意思的事情，因为并不是计划好的，而是因为在修订从前写的旅行书的过程中发现的，因为重新修订，我又重新回过去做一次旅行，是想看到时间的流逝。

一个人旧地重游，如果这个地方不是家乡的话，是会有很强的形而上的感受的，比如你看到时间的流逝，看到自己内心的变化，你在二十年以前的镜子里边看到自己头上的白发，这些都可以激起你人生的感受。

而我的那个灵感触发，是在德国一个朋友家里。我 1992 年认识这个朋友，是我第一次在欧洲的长旅行，三个月。我借住在她家，我睡觉的屋子里，她放了一棵很小的小树苗，那个时候只有一尺半高，种在一个小花盆里。我在写《今晚去哪里》这本书的时候，写了在她家住的故事，用了那个小树苗的照片。在我修订的时候，又重新去她家。我们一直在厨房喝茶、聊天，后来我去她房间，看到一棵大树，树叶子一直压到天花板上。德国的老房子天花板很高，有三四米的样子，我看到这棵树就呆了，原来从1992年到2010年的时间，就是这棵树的高度！

这些时刻慢慢多了，就会触发一个长旅行者内心很多关于生活、关于生命、关于世界、关于时光流逝的很多感想。这些感想，是我写《我的旅行哲学》这本书的动力。我非常想探讨，有时候是想计算，到底有多少这样的时刻在支撑我的旅行？

也是在写这本书的时候，我发现每个人对世界的想象都来自他内心的需求，也来自他整个人生慢慢形成的过程中，一些人生最重要的教养。后来我发现，我的世界观的形成，其实和欧洲文明，和19世纪以来的欧洲小说，有很深远的联系。欧洲19世纪小说的人文主义思潮，包括再往前面走一点，文艺复兴带来的对世界真实性和辽阔性的认识，再往后面走一点，欧洲地理大发现时代留下来的精神财富，都非常深地影响了我。它们是那么文化、那么强有力地解释了世界，所以我是跟着欧洲小说去看欧洲世界的。

我是一个东方人，但是因为我对欧洲文艺复兴前后和文艺复兴以来的文学和艺术有很大的爱好，有很长期的接触，所以对我来讲，欧洲的世界，特别是它的精神世界，并不那么陌生。

在欧洲旅行的时候，我经常会被某一些东西感动，这些东西其实就是煮大米的气味。从北极到伦敦的街头，到印度，到最南边的新西兰，大米在煮开的时候散发出来的那种稻米的清香，是可以非常本能地打动我的。我在江南长大，米对我来讲意义非凡，所以欧洲的精神世界和稻米的清香在我的旅行当中是两个极，类似北极和南极。

在这当中，是我对世界的认识和我对这个世界的接触。我爱这个世界，爱跟这个世界不同的人交往。这些都是《我的旅行哲学》里探讨的事情：精神世界和物质世界之间的联系，世界观的形成，每个人的世界观都有它形成的具体原因和具体样子。

在这本书快写完的时候，我遇见了一个和尚，他送了我一串小佛珠，我们谈到了世界观。他说了一句话：先要观世界，才会有世界观。这句话点到了我整个旅行道路最根本的哲学点，就是先要观世界，才有世界观。后来这句话被很多人引用，可见很多人都认同。如果没有看过世界，我认为不会形成完整的世界观。这是写《我的旅行哲学》的感想和经过。

# 3.

而《我的旅行方式》，最初是把它规划成小小的文章，然后重新定位这些文章哪些可以用，哪些不可以，也花了将近两年的时间写，然后用半年的时间修订，在此途中总结我的旅行方式。

我发现在旅行中，如果有一个细节打动我，我就可以很长时间地记住整个旅行。但如果没有找到一个打动我的细节，那个旅行就会慢慢地沉在回忆里，跟别的东西混淆，变得面目不清。所以作一个好旅行的方式，就是寻找到最能够打动我的细节。

在这一点上，我写小说的训练帮了我很多忙，我一直有一对很好的眼睛，那些动人的细节，是最后让我记住旅行的一个重要的点，而且不光是让我记住旅行，还让我对别人的生活、别人的世界有一种因为细节的进入而感同身受的联系，它其实深化了我跟旅行中的世界的联系。细节的感动或者细节的获得，使我获得了一个遥远的世界，那种联系变成一种紧密的、深厚的联系，不会被忘记的。通过细节，你跟这个世界发生了意义深远的关系，从此，这个世界不再是陌生的。

当旅行开始进入目的地，最困难的时刻是刚下飞机，进入城市，进入到你要住的陌生房间的第一个晚上、第一个白天、第一个黄昏，那种强烈的陌生感和孤独形成了一种排斥。但是如果有了细节，掌握了细节，这个细节打动了你，情况马上就会改变。我一直对旅馆的房间有这样的体会，当你的陌生房间里有一个东西，你觉得它是熟的，或者慢慢变熟了，这个房间就会变成"我的房间"，如果你在那里住得长，你就会说：天黑了，我要回家了。但其实你的家在千万里之外。

我一直很依赖对这些细节的发现和掌握，所以写《我的旅行方式》的过程非常愉快，充满了对自己的发现和对自己旅行方式在方法论上的总结。我在这本书里慢慢探讨自己是用什么方式获得这些细节的，举个例子，你要有一双好眼睛。但是光有好眼睛，没有安静的气氛和安静的心情也是不行的。有了安静的气氛和安静的心情，没有足够的时间沉静下来也是不行的。时间和闲暇对一个旅行者寻找陌生地方的细节非常重要。除了眼睛看见，如果你的心没有跟着眼睛一起走也不行。这个方法听上去非常苛刻，但其实当一个人安静下来，如果整个感官是打开的，自己心里是知道的。这个过程很奇妙，这是世界对一个旅行者的馈赠。

写完这两本书以后，我有一个很深的体会：一个人旅行，是保证自己建立世界观和寻找方法论最基本的条件。这个听上去有一点不是那么好，但是对我来讲，独自上路才是真正的旅行开始，我才有足够的时间、足够的沉静、足够的自由来寻找我自己，来建立我的世界观，来使用我的方法论。

当我不得已跟别人一起旅行的时候，我常常会对别人黑脸，因为我觉得被打扰了，那个被打扰、被烦到的心情，我一直是记在心里的，而且我不能够控制自己不表现出来。但是当我一个人旅行，我常常是非常好脾气的，不管什么样的困难和挫折，好像对我来讲都要比我有同伴一起旅行好过一点。

当然，一个人旅行，没人为你背东西，我常常身上有乌青块，因为我得一个人拿着所有行李。我也经常会拉伤肌肉，因为我要搬着行李飞奔火车，而火车接驳只有几分钟，还要换月台。我觉得所谓背包客，就是学习的状态，不是度假的状态。如果度假，拖着行李箱跑去一个五星级酒店住下来就好了，是去享受，去放空的。背包客也是放空，但是放空里有很多对自我的追求，对认识自我的追求，对学习世界的追求，它是一个学习的过程，不是一个享受的过程。

我也常常穿旧衣服，因为我随时要把旧衣服穿脏了扔掉，我不想洗衣服。当然也常常要走错路，因为对那个城市不熟悉，也没有人可以商量。也常常晚上睡不好，因为有时睡在一个不是那么舒服和安全的地方，就会睡得很浅。可能接着一两个月都是一个人吃饭，有时候很孤独，特别是黄昏的时候。但是对一个作家来讲，孤独是非常好的东西。你的灵感会因为孤独而自由自在地展现出来，也是因为孤独，所以对人很善意，如果有人要跟我讲话，我也很愿意，我自己想要讲话的时候，也会跟别人搭讪，但是如果有旅伴，这些奇遇也就都不可能发生了。

我一个人做长旅行二十多年，真的有很多奇遇，那些奇遇变成了我旅行中非常可爱、也非常温情的部分，它慢慢给了我世界观中最明亮的一部分：我能够肯定世界上好人比坏人多，即使是一个女人旅行，也用不着害怕任何事情，我知道一个人要怎么保护自己，又把自己开放给世界。

4.

最近三年，我连续在意大利旅行，也是要写一本书，今年还有机会住在小镇上。这本书有一个主题：去看文艺复兴真实的样貌。意大利的文艺复兴，在我看来中心并不在罗马，也并不在佛罗伦萨，而是在那些小镇上，所以我一直在找这些小镇住。

今年我去了利玛窦的家乡马切拉塔，住在一个英文老师家，这样可以和她有很好的交流。马切拉塔是一个历史悠久的富有文艺复兴精神的小镇，它养育了利玛窦，而利玛窦和徐光启将《几何原本》译成了中文。《几何原本》从古希腊时代开始流传下来，到文艺复兴时期译成了拉丁语，然后由他们两人译成中文，这和我们每个中国孩子关系深远，所以我去了这里。

英文老师单身，没有结过婚，有天早晨，我们一块儿去学校听几何课。我们路过咖啡馆时，英文老师问我听完几何课以后有什么安排，她要到一点钟才能回家给我做意大利饭吃。我说我会去市政广场找个咖啡馆写笔记，她说我非常羡慕你，你是一个这么自由的女人，可以随便坐在我们的咖啡馆里，但是我不能，因为我已经五十多岁了，但我没有结婚，也没有男朋友。在意大利，一个这个年龄的女人，没有跟一个男人坐在咖啡馆里，这件事情非常奇怪。

我从没想过这一点，因为我从来都是一个人坐在意大利的咖啡馆里做我想做的事情，吃我的饭，写我的笔记，看我的书，写我的明信片，整理我的照片。在那一天，我觉得非常幸运，也非常自由，可以选择我要做什么，我内心也没有那么强烈的欲望和需求一定要做什么，我最强烈的愿望，就是我需要自由的生活，我需要自由做我想做的事。

那天我就在想，那句 Slogan 对我还是适用的，我想做的，就是去看世界，理解这个世界，要通过理解这个世界，最后爱这个世界。一个人可以爱他所生活的世界，这是非常奇妙和幸福的。

这些是我想要跟大家分享的，当下没有中国人出国旅行只有 28 美元，也不会有中国人不能够拥有自己的私人护照去想去的地方。

今年去意大利，我选择了阿提哈德航空公司，所以要在阿布扎比转机，但是那天上海是雷暴雨，我的飞机推迟了六个小时才飞，等我到阿布扎比的时候，去意大利的飞机早就飞走了，我必须等第二天的飞机。我去柜台处理航班时，航空公司说"我们非常抱歉，但是我们为你准备了酒店，可以马上送你去酒店，你把护照给我们一下。"还有一个坐在我旁边的马其顿人，跟我同一班飞机，她去罗马，我们俩一直在一起，我把我的护照给了柜台，她也把护照给了柜台，然后柜台跟我讲：我们给你机场外面的酒店。但马其顿人要住在机场里。因为中国护照是免签的，可以住到外面去，马其顿护照需要签证，没有签证，必须待在国际转机区域。马其顿曾经是前南斯拉夫的加盟共和国，所以这个马其顿人非常惊奇和难过，因为南斯拉夫护照从前是畅通无阻的。我也觉得惊奇，因为以前我没有享受过免签。所以在那一天，我突然发现，现在持着中国护照，跟我刚开始旅行的时候是那么不同！比我那时候方便太多。中国游客现在也非常有钱，我也祝福我下面一代的旅行者能够有更自由的心态、更大的空间在世界各地旅行，去看这个世界的不同和多元，发现这个世界的美好。

我这一代人是从非常禁锢的时代走过来的，所以开始旅行的时候就像很饿的人吃东西，他是不要讲究口味的，只要吃饱就行了。饿，就吃得多，吃得多就不消化，反而会有很大的痛苦，下一代人相对平静，相对自由，相对不那么饿，所以年轻一代人对于旅行意义的追求也会非常有意思。

[本文系陈丹燕 2017 年秋天在"行李讲堂"线上分享会内容整理而成]

# 后　记

黄菊

　　八九岁时，在乡下老家。大姐刚上大学，留在家里一批书，成了我最初的启蒙读物，以世界文学名著为主。

　　暑假里，蝉噪不停的午后，邻居家的收音机里每日更新着海湾战争的进展，我坐在院子里，遐想着《简·爱》和《傲慢与偏见》里的英国乡镇。重庆乡下，每个村子前都能看到一条河流，视野尽头总是一脉青山，河流拐弯处，山也开始改变方向。海湾战争的战况复杂，听不大懂，心里关心的是："海湾"在哪里？我什么时候才可以顺着河流和山的方向，走到英国乡镇去？

　　那是我第一次生出旅行的愿景。之后，如意地顺着家门口那条支流，进入长江，顺流而下，到了上海，到了更广阔的天地里去。后来读《湘行散记》，原来沈从文也是沿着湘资沅澧几条江河，进入洞庭湖，进入更广阔的天地里去的呀。后来我自己的第一次长途旅行，就是顺着《湘行散记》里的足迹，从洞庭湖逆向而行到他家门口的沱江的。

　　对世界当然是好奇的，但是人那么小，面对一个五光十色的城市，面对一片广袤的地域，要怎么进入呢？羞涩和胆怯使我迈不开腿。直到每个地方都找到一个人、一本书作为指引，才有了上路的决心和勇气。

　　是高鹤年的《名山游访记》指引我前往终南山和五台山；王士性

343

的《广游志》指引我到了云南；奈保尔召唤我去到印度；川端康成的作品是我在日本的旅行指南……当我上路，便永远怀揣着这些小书，它们是我进入一个地方的秘籍和私家地图，那些作者就是我在每个地方的私家向导。

受益于这些秘籍和向导，四年前开始做"行李"时，决定做和旅行相关的人物访谈。我们避开了那些所谓的环球旅行家，专注挖掘躬耕于一地的现代隐士：奥古斯丁的中亚和印尼；宁肯的北京和西藏；徐则臣的运河；张小砚的庐山；沱沱的山城；叶放的苏州；寒玉的碧山；比尔·波特的终南山；贾樟柯的山西；戴建军的黄泥岭；郭净的梅里雪山；陈丹燕的上海……地不自灵，因人而灵。真正的发现之旅不是为了寻找新的风景，而是为了拥有新的眼光。他们每个人都以创造性的眼光，发现了独属于他们的桃花源，做起了自己的陶渊明。

因为他们，我们重新上路，重新发现那些我们以为曾经走过，却从未进入的地方。如果每个地方都需要一名向导，一本旅行指南，那些视力足够好的作家、导演、艺术家……才是一地真正的向导，他们的作品就是旅行指南，就像沈从文和他的作品之于湘西，像简·奥斯汀和她的作品之于英国乡镇，对遥远的重庆山里的我的召引。

谢谢每一个接纳我们的向导。

谢谢四年里，家人的爱与体贴，没有你们，就不会有这样品相的"行李"，虽然还远远不够好。

谢谢我们的老板，瓦舍酒店创始人赖国平（我们习惯昵称他为"老赖"）。作为完美老板，他只提供经济来源，精神嘉奖，其余一概不管。2009年秋天的某个夜里，在北京方家胡同散步时，灯火阑珊，晚风拂面，老赖忽然动情地说，我们做一家咖啡馆吧，就叫"行李"，再拍部纪录片，问所有人旅行的意义，片名就叫《收集流浪史》。

那时瓦舍刚创立两年，我还在杂志社工作，刚刚向他约了一篇稿子：以未来二十年的身份，给现在的自己写封信。

他很快发来了这封信：


　　在桂林、北京等热门旅游地开设了好几家国际青年旅舍后，我很快感到厌倦，虽然它们生意都很好。于是，我又继续之前的世界旅行，并在途中考察了无数青年旅舍、环保旅舍、精品设计酒店，从纽约的派拉蒙酒店到挪威的 The Other Side，从不丹的安缦度假村到云南热带雨林里的生态酒店，它们都很棒，但走完全程，我开始厌倦这种"被动"的身份和假环保的本质，后来，我创造了一种真正环保、不考虑客人喜好、只考虑我个人想法的酒店。

　　如今，从三峡大山后的某个小村子，到南海群岛上的无名小岛，从大兴安岭里的林区，到阿拉善沙漠深处的山民家，我已经在二十个小地方开设了新酒店，并在每家酒店旁都开设了一家名为"行李"的咖啡馆。


　　二十家酒店都包含了以下原则：

　　酒店选址远离热门旅游地，都是难以抵达的偏远角落，必须步行三天才能抵达。

　　酒店的物材，全部选用当地废弃材料，采暖制冷因地制宜，减少板材使用。

　　酒店设计上，摈弃小资美学、文艺美学，以实用为原则，自然为美，不强调风格，修修补补随物赋形，随处可见的补丁成为我们的标识。

　　酒店自然和人文环境都很好，比如员工都喜欢音乐，乐于和人交流，乐于助人。而每家酒店都支持和参与当地文化的保护和创造，举办小众电影节和音乐节。支持创意手工产品在旅馆的自由交换和买卖。每家酒店都有院子，种上适合当地环境的植物和蔬菜，还养殖鸡鸭和牛羊，自给自足，自己动手烧火做饭。

　　每家酒店都是文物，因为在你所在的时代，太多宝贵文物因为经济原因而被拆迁，我那时没什么用，不能阻止他们，只能找个空地，把所有墙砖买下来，全部编号，然后用它们建成酒店。后来人们后悔了，经常来我的酒店外面，对着酒店外墙的旧砖瓦发思古之幽情。我们的每家酒店都成为当地文化和环境的保护单位。

每家酒店都很环保，但我们不强制客人环保，那是他的自由，但是不提供一次性用品。尽量引导客人不做讨厌的游客，减少他们对目的地的干扰，帮助他们像当地人一样生活，而不是简单地消费目的地。客人可以长留，可以不必付费，但需要参与劳动，可以种菜，打鱼，当然不一定能打猎。

每家酒店里的员工和客人，都要学会当地语言，甚至杜绝英语和普通话，在我们的每家"行李"咖啡馆，每天都请来当地德高望重的老人，讲述遥远的当地文化，传授古老的当地语言，甚至教导当地生产方式，员工和客人都可以来学习。

而每到夜里，我们就在院子中央升起篝火，大家围炉而座，交换各自路上的奇观和奇遇，甚至交换梦想和爱情——后来，我用他们的旅途故事，集合而成一本书：《收集流浪史》，书中故事和人物，如同小径分岔的花园，成为解读它们各自所在时代的密码，它和《忧郁的热带》《秘鲁征服史》《命运交叉的城堡》一样伟大。

你放心，关于 2012 世界末日的预言，并未完全实现——不然我怎么可以给你写信——但确有一些灾难发生，而让那些贪欲无止境的人们开始有所反省，开始尊重自然。然而，这二十年里我最开心的，是在 2025 年发生的一场翻天覆地的变革：地球遭受太阳风暴肆掠，黑森林成为景观，火山和温泉随处可见；汽车停止生产，只有自行车可以使用；飞机停航；高速公路消失，乡村小道如河网状密集；每条河道都丰盈无比，河面上的船只穿梭来往，没有大船，全是小舟……世界重新回到古代，远方重新变得遥远，远行已是远征，徒步重新成为乐趣盎然的旅行方式：每一座山都难于逾越，公路并不比沼泽便捷，像契柯夫年代生活的西伯利亚的吉利亚克人，在铺设好的马路边的密林里步行，带着女人和狗。人们开始崇拜所有的原始部落和少数民族，他们懂得翻译自然的语言，是我们和自然相处的老师。

国际公约还对旅行者特别规定：旅途里禁止摄取影像，照相机、摄像机、录音机通通禁用，不再有照片和录像，只允许用眼睛和心灵观察和表达。印刷也不再使用，信可以用树皮书写。使用计算机的人全都移民住到另外的星球，每周有星际航班通往火星和月球。他们在努力从遥远的星球旅行到更遥远的星球。

我现在所处的时代，人人都需要旅行，就像人人都需要阅读一样。在成功开设了第二十家酒店后，我退隐到一个少年时代最为倾心的山居小城，那里山水俱佳，清爽朴素，常有才学识兼备的旅行者造访，讲述他们的流浪续集。

写下这封信后的第五年，我们创办了"行李"，以人物访谈的形式，关注日渐稀薄的风土，重现人地关系。就像老赖在信里想象的那样，二十年后，我们希望旅行更纯粹、更纯净，远方重新变得遥远。在一个全球化泛滥、互联网越来越替代现场的时代，这期望另有一番滋味。

这本书里收录的，是我们从过去两百多篇访谈里选出来的十三篇。小川绅介说，"每个人都背负着不同形式的圆锥形的风土。所有的事物，语言、作物、思考问题的方式、空气、风、传统、历史，都有自己的风土。"十三位隐士，像十三位现代陶渊明，以他们新的眼光和创造力，守护住了他们所在那片田园的风土。

这是一次寻访陶渊明而非桃花源的旅行，因为桃花源常有而陶渊明不常有。有陶渊明，才有桃花源。

写完两本书，刚被读者认识后，
作家张小砚退回到家乡江西，寻找上好的泉眼和稻田，
开始自己酿起酒来。
[照片提供 / 张小砚]

在浙江一个至今不通公路的小乡村里，
有一位现代乡绅，在创建一个桃花源。
[照片提供 / 躬耕书院]

在江西云居山的后山里，
美国汉学家比尔·波特在一块竹林里
为他的读者讲《心经》。
[摄影 / 宋文]

旅行作家陈丹燕在塞尔维亚采访。
[照片提供 / 陈丹燕]

印尼华人作家奥古斯丁，曾有几年时间在中亚旅行，
在那些层峦叠嶂的大山的褶皱里，
有过很深入的采访，也拍下了很多精彩照片。
[摄影 / 奥古斯丁]

曹洞宗祖庭洞山寺，始建于唐代，
留下过很多佳话，也出过很多高僧，
这文脉延续至今。
[摄影 / 宋文]

地不自灵，因人而灵。
这个隐居山里的小茶室，往来的鸿儒和白丁都洞察人心，
世事练达。如果对岸有人，远远看过来，
一定以为这就是桃花源。
[摄影 / 宋文]

现实里的重庆如此生猛，
但在沱沱的彩铅画里，在他的回忆里，
温存绵长如千里江风。
[作品提供 / 沱沱]

行至竹林深处，
便是桃花源里。
[摄影 / 宋文]

受访者

## 张小砚

又称"砚台"，祖籍安徽桐城，出生于江西农村。
高中肄业，十五岁进城，游历于北京、广州、成都、
重庆、杭州、大连等多个城市，端过盘子摆过地摊，
做过营业员、广告人、儿童杂志编辑、影视美术
指导、创意总监、纪录片制片人、民间工作者（收
集民歌，及文字收录），还开过一家很快倒闭了
的公司。

2008 年"5.12"大地震后成为首批赴汶川的志愿
者，她"善交际，识人心"，灾后短短半个月时
间，完全凭借自己的力量拉赞助招募志愿者，建
起了七个帐篷学校。2009 年夏，在去汶川回访
帐篷学校孩子的回程路上，因桥断路塌，绕道走
远，信马由缰，路上还买了辆摩托车，一路进墨脱、
到西藏。原本三天的汶川回访计划，变成一场长
达七十一天，近万公里的即兴旅行，回程只用了
83 元到成都。连载"小砚 MM83 元走川藏"，红
透了天涯，点击量破 2000 万。2010 年结集出版
《走吧，张小砚》一书，成为当当网 2011 年度旅
行图书畅销榜第一名，更成为无数人说走就走的
起点。同年成立"马托邦"，鼓励人实践自己的自
由和梦想，做生活的侠客，分舵遍布全国。成名
后退隐庐山汉阳峰下桃花源，逐泉而居，赁屋起
灶，亲手种稻，引泉酿酒，隔数年写一封"邀酒信"，
以酒换故事，记录普通人的故事。

## 沱沱

作家、画家、摄影师……但他不喜欢这些定语，自称"十项全能中华小当家"。1975 年生于重庆，长于重庆。少年时的他曾是众人眼中的问题人物，高中没毕业，也未受过专业美术教育。在闯荡北京、上海等地数年后，2003 年他二十八岁时从 4A 公司辞职，专注于绘本《去飘流》的创作。2008 年汶川大地震，作为第一支进入所有震区的电影放映队成员留在了北川义务教导灾区孩子画画。 2005 年开始，在《博物》杂志连载一个写给青少年看的旅行故事，讲他带着张三弟和烧烧麦两条狗从北到南数年来的旅行，2006 年结集出版《风间少年》。

2017 年，耗费十四年创作的《去飘流》出版，全书一共六十二幅画，江水、索道、轮渡、老房子、巷道、树林、旧厂房……山城美得如梦似幻，文字也用了部分方言写作，充满重庆人的恣意、辛辣与细腻，勾勒出这一代人凶险而温柔、迷惘又坚定的成长，记忆与梦境中的童年与故乡。今年，他记录沸腾人间的故乡多年来烟火气变迁的摄影集《将进酒》也将由读库出版。

## 奥古斯丁（Augustin Wibowo）

祖籍福建南安的印尼华人，旅行作家。2000 年第一次来到中国，留学清华。2002 年前往蒙古，从此踏上旅行之路，以搭车、住最廉价旅馆的方式，深入那些被忽视的、宗教和历史丰满之地。2003 年起，三进阿富汗，深入争端之地瓦罕走廊，并游历中亚五国和岛国印尼的边界线，探讨人的身份与归属的关系，旅行与回家的关系。就自己的经历和中亚的游历，已在印尼出版三本畅销书。

## 宁肯

原名宁民庆，1959 年生于北京，在胡同里长大。20 世纪 80 年代初开始文学创作，大学期间在《萌芽》发表诗歌处女作《积雪之梦》。毕业于北京师范大学中文系，毕业后分配到北京一所中学任教，1984 年赴西藏拉萨六中支教两年。返京后陆续发表西藏题材系列散文作品，成为"新散文"创作的代表作家。

2001 年，第一部西藏题材的长篇小说《蒙面之城》出版，轰动文坛。2010 年，第二部西藏题材的长篇小说《天·藏》问世，再次引起轰动。另有散文集《北京：城与年》，将一个地域与一个人的童年记忆、印象结合，思辨城市与生命、时间的关系。

## 徐则臣

1978 年生于江苏东海，毕业于北京大学中文系，供职于人民文学杂志社。著有《午夜之门》《跑步穿过中关村》《夜火车》《耶路撒冷》《如果大雪封门》《王城如海》等，部分作品被翻译成十余种语言。他的作品里所写地域，从家乡东海开始，慢慢进入运河边的淮安，再顺着运河南下，至南京，然后北上北京。

获奖无数，小说式全景观照七〇一代在成长过程中的生活现状和精神困惑。2015 年被被《南方人物周刊》评为"年度中国青年领袖"。

## 郭净

云南昆明人，1955年生。人类学者，云南省社会科学院研究员，致力于影视人类学、仪式和环境史的研究。1997年起，以纪录片拍摄者和文化研究者的身份深入卡瓦格博附近的村庄，开展长期田野调研，以口述历史和调查笔记结合的方式写作《雪山之书》，拍摄多部纪录片，以《卡瓦格博传奇》为代表，纪录迪庆藏民的信仰和生活。他是国内首个提出"把摄像机交给村民"的学者。2000年，他创立的白玛山地文化研究中心就开始发起并组织云南各地的村民，记录并保存自己家乡的本土文化。2007年，"乡村之眼"团队在此基础上把乡村影像行动推向深入，近年来诞生了一大批优秀的纪录片作品。

代表作有专著《云南纪录影像口述史》《中国民族志电影先行者口述史》《雪山之书》《中国面具文化》等。

## 叶放

1962年生于苏州毕园，状元之后，文人世家。著名艺术家、园林专家，集写园、画园、造园于一身。2003年在苏州设计造园"南石皮记"，以个人的哲学思辨来诠释传统的造园艺术，将室外的山水园林与室内的雅致生活恰到好处地融为一体，被誉为"开现代造园艺术先河"的代表。叶放自己则说，那是他在南石皮弄的笔记，"造一个园子过日子，诗画载世；圆一个旧梦作新梦，文心当代。"2009年在意大利威尼斯建造"达园"，成为第一位以园林作品参加威尼斯双年展的中国人。

自1999年起召集各类雅集，近年致力于文人宴的恢复，被称为"现代雅集之父"。他不仅是雅学的研究者，也是雅学的践行者，一位融通生活与艺术的当代文人。现仍居住在苏州，游走于世界。

## 戴建军

1969 年生于浙江杭州，杭州龙井草堂创始人、躬耕书院创建人。怀抱理想主义，更有将事情做到极致的"呆劲"，人称"阿呆"。1999 年起，在杭州外鸡笼山建园林餐厅龙井草堂，2004 年开业。这个占地二十七亩的清幽园子仅设数席，与一万六千多家小农户合作，按节气采购可靠食材并记录来源，以古法烹调。《纽约客》有评："在这个有毒的时代，一家杭州餐厅还在追求纯净。"

2008 年，因追寻以"奶奶辈养鸡的方式"养成的土鸡，来到浙江省丽水市遂昌县黄泥岭村。爱其三面环水、远离工业文明的生态环境，次年在此兴建躬耕书院，作为农耕、教育和创作基地，有"现代桃花源"之誉：邀陈其钢等艺术家驻院创作，为当地孩子设夏令营、授文化课；向农民租地并雇其劳作，倡导原生态的生活方式，尽量自给自足，以传统方法耕地酿酒，延续传统食物品种。在以"呆劲"实现耕读之梦的同时，探索着山区发展的新可能性，被誉为"现代乡绅"。

## 寒玉

猪栏酒吧品牌创始人，八〇年代校园诗人，1993 年毕业于上海出版印刷学院美术系，2004 年离开上海来到徽州，开始乡居生活。猪栏酒吧乡村客栈作为一种保护、改造、利用老建筑的模式，同时也作为一种深受国内外高端游客喜爱并推崇的旅游产品备受关注。它从乡村出发，找到乡村的美好，并将自己的文化艺术修养和旅行经验与之嫁接，以期提供给来访者最好的乡村旅行和度假的体验。

它不仅仅是一座客栈，而是倡导着另外一种生活方式和生活观念。

## 比尔·波特 (Bill Porter)

1943 年生于洛杉矶，美国作家、翻译家、汉学家，笔名"赤松"。现居西雅图唐森港小镇。

童年家境富足，而决意不走追逐金钱之路。1970年于哥伦比亚大学攻读人类学博士，开始学习中文。1972 年携 200 美金赴台湾，住寺修行。后结识未婚妻，就职于一家广播电台，又至香港工作。其后多次游历中国大陆：1989 年，踏上寻访终南山隐士之旅，游历见于《空谷幽兰》，成为现象级读物；1991 年，受电台节目资助，从黄河入海口出发，探访黄河沿岸人文和自然景观，抵达黄河源头，后记录在著作《黄河之旅》中；同年从香港北上至浙江，作江南之旅，后记录在著作《江南之旅》中；1992 年，行丝绸之路，从西安出发，横穿中亚，抵印度；1993 年，从广东经广西、贵州，入云南，探访边陲少数民族，后记录在著作《彩云之路》里；2006 年，追寻禅宗祖师的背影，谒禅宗六大道场，游历见于著作《禅的行囊》，从此引发一股禅宗追寻热；2012年，携波旁威士忌，寻访中国古代三十六位诗人踪迹，自曲阜始而至天台山终，每至一处，以酒相酬，游历见于著作《寻人不遇》；今年（2018）4 月，带着"行李"队员走访了江西的几座禅宗祖庭，成为一时话题。译有《道德经》《楞伽经》《菩提达摩禅法》《寒山诗集》《石屋山居诗集》等的英文版本。

今年新出版的著作《一念桃花源——苏东坡与陶渊明的灵魂对话》，是对他最喜欢的中国诗人陶渊明，以及和他一样喜欢陶渊明、"发现"陶渊明的大诗人苏东坡二人的双重对话。

## 王子龙

王子龙，1991 年出生于内蒙，在上海、深圳长大，高二后前往德国和美国学习。三年前，听从内心召唤，决定以朝圣的方式，开始一次"东行心路"：从美国骑车回中国，每日白天骑行，晚上"托钵行乞"，敲门借宿。两个月前，完成朝圣之旅的国际部分，回到中国。

## 贾樟柯

贾樟柯，生于 1970 年，山西省汾阳人。现居北京。中国第六代导演的代表性人物，当今亚洲最为活跃的电影导演之一。

早年的电影多拍摄于家乡山西，后来在地域上慢慢往外扩展，到中国的中部、南部，一直到海外。也擅长写作，多年的电影笔记后来被整理成《贾想 I》《贾想 II》系列，记录了他的创作之路。

## 陈丹燕

陈丹燕，1958 年出生于北京，在上海长大。从少年时代开始写作，翻译，摄影，习画，毕业于华东师范大学中文系。代表作有"上海三部曲"——《上海的风花雪月》《上海的金枝玉叶》《上海的红颜遗事》。1990 年代初作为中国作家中第一个走出国门的背包客，成为中国最重要的旅行文学作家，开创"地理阅读"的文学旅行方式，在近三十年的旅行里，探索、践行自己的旅行哲学。著有旅行随笔《咖啡苦不苦》《我的旅行方式》《我的旅行哲学》《驰想日：〈尤利西斯〉地理阅读》《捕梦之乡：〈哈扎尔辞典〉地理阅读》。

2016 年被塞尔维亚国家旅游局任命为旅游形象大使。2017 年获塞尔维亚国家旅游局特别贡献大奖，创作执导中国与赛尔维亚合拍的记录电影《萨瓦流淌的方向》。

主编： 黄菊

采访： 黄菊
　　　 程婉
　　　 小司

摄影： 宋文
　　　 奥古斯丁
　　　 陈惜惜

绘图： 郭净

**图书在版编目（CIP）数据**

寻隐记 / 黄菊主编 . — 北京 : 人民文学出版社，2018
ISBN 978-7-02-011438-2

Ⅰ . ①寻… Ⅱ . ①黄… Ⅲ . ①名人—访问记—世界—
现代 Ⅳ . ① K812.5

中国版本图书馆 CIP 数据核字（2018）第 149278 号


责任编辑　朱卫净　张玉贞　汤　淼
装帧设计　李猛工作室


出版发行　人民文学出版社
社　　址　北京市朝内大街 166 号
邮政编码　100705
网　　址　http://www.rw-cn.com

印　　刷　上海盛通时代印刷有限公司
经　　销　全国新华书店等

字　　数　200 千字
开　　本　890 毫米 ×1240 毫米　1/32
印　　张　12
版　　次　2018 年 10 月北京第 1 版
印　　次　2018 年 10 月第 1 次印刷

书　　号　978-7-02-011438-2
定　　价　78.00 元

如有印装质量问题，请与本社图书销售中心调换。电话：010–65233595